RÉGION ET DÉVELOPPEMENT

n° 44-2016

Pauvreté et développement inclusif

REVUE RÉGION ET DÉVELOPPEMENT

Revue fondée en 1995 par Gilbert Benhayoun et Maurice Catin

Revue semestrielle référencée dans ECONLIT et dans IDEAS (REPEC)

Site web : www.regionetdeveloppement.org
ISSN 2117-0843

5-7, rue de l'Ecole-Polytechnique, 75005 Paris

http://www.harmattan.fr
ISBN : 978-2-343-11648-8
EAN : 9782343116488

EDITORIAL

La revue Région et Développement publie depuis son origine en 1995 des articles en français et en anglais et dispose d'un Comité scientifique comprenant un grand nombre de chercheurs étrangers. C'est le positionnement original de la revue, désireuse d'apporter une valeur ajoutée scientifique au croisement de deux domaines, l'économie du développement et l'économie géographique (spatiale, régionale), qui a largement imposé ce choix dès le départ.

Le dernier éditorial qui présentait les changements importants dans l'organigramme de la revue est paru dans le numéro 27-2008.

Depuis 2009, la revue connaît une forte progression des publications en anglais, qui représentent désormais plus de la moitié des articles. 269 auteurs ont publié (en comptant les copublications), dont, si on les classe par nationalité (selon leur institution d'appartenance), 134 français (soit 50 %), 31 des Etats-Unis, 18 de Turquie, 14 de Grèce, 13 de Tunisie, 12 d'Espagne, 11 d'Allemagne, 8 du Royaume-Uni, 6 du Maroc, 5 d'Italie, etc.

Une partie de la hausse relative des publications des articles en anglais dans la revue est due aux auteurs français même. Un tiers des articles publiés par des auteurs français sont en anglais depuis 2009.

Toutefois, on peut noter que le français reste d'une certaine manière attractif et particularise la revue parmi les publications scientifiques internationales : de nombreux articles soumis en français proviennent d'Afrique du Nord et de l'Afrique francophone.

En résultat, la publication croissante des articles en anglais a permis à Région et Développement de bénéficier d'une plus forte audience internationale. L'*impact factor* donné par IDEAS-REPEC place la revue Région et Développement aux premiers rangs des revues françaises en économie les plus citées, et dans le premier tiers au plan mondial.

L'évolution des thématiques de recherche et les effets de génération amènent à modifier périodiquement le Comité scientifique de la revue. Le renouvellement actuel s'appuie toujours sur un nombre important de chercheurs situés dans les universités et les institutions étrangères.

Surtout, le développement de la revue et sa progression à l'international nous ont amené à redéfinir et à élargir le Comité de rédaction pour mieux traiter les articles soumis et les numéros spéciaux.

Maurice Catin, fondateur de la revue et Directeur depuis l'origine, est désormais épaulé par Michel Dimou qui prend en charge la Direction de la rédaction.

La logistique et la gestion scientifique de la revue sont localisées depuis de nombreuses années à l'Université de Toulon, en s'appuyant sur les moyens du Laboratoire d'Économie Appliquée au Développement. Le Secrétariat général, la confection – en lien avec L'Harmattan – et la mise en ligne de la revue restent assurés par Christophe Van Huffel.

Maurice Catin
Directeur de la revue
Région et Développement

Région et Développement

n° 44 - 2016

Pauvreté et développement inclusif

Coordonné par
Valérie BÉRENGER et Jean-Claude VÉREZ

PRÉSENTATION DU NUMÉRO
PAUVRETÉS ET DÉVELOPPEMENT INCLUSIF

Valérie BÉRENGER et Jean-Claude VÉREZ

Depuis près de deux décennies, les banques de développement multilatérales ont fait du combat contre la pauvreté leur objectif principal. En 2000, dans le cadre des Objectifs du Millénaire pour le Développement, la communauté internationale s'est engagée à réduire de moitié la pauvreté. À la veille de l'adoption du programme onusien des Objectifs du Développement Durable post-2015 devant relayer les Objectifs du Millénaire, le bilan laisse apparaître des résultats mitigés. Bien que le nombre de personnes vivant dans la pauvreté absolue ait diminué au niveau mondial et que des progrès significatifs aient été accomplis dans les autres objectifs, il n'en reste pas moins que la pauvreté extrême persiste et que les progrès mesurés au niveau mondial masquent une augmentation des inégalités entre les pays et de profondes disparités au sein même des pays. En outre, les résultats accomplis restent fragilisés dans le contexte international actuel caractérisé par une croissance économique réduite, des problèmes d'emploi, des flux migratoires en hausse souvent liés à des situations de conflits et de guerre civile, liste à laquelle il faut ajouter la dégradation de l'environnement et les effets liés au changement climatique.

Pauvreté et développement continuent à représenter un véritable défi comme en atteste le Programme de développement des Objectifs du Développement Durable de l'après 2015. Il est requis désormais d'encourager une croissance inclusive, une prospérité partagée et équitable et un mode de vie durable pour tous. Ces nouveaux objectifs affichés sont la reconnaissance d'une approche plurielle du développement où les dimensions économiques, sociales, environnementales et institutionnelles sont interdépendantes. Ce futur programme renvoie à la nécessité d'une approche intégrée du développement et de la pauvreté dans ses multiples facettes combinant les aspects économiques à d'autres plus qualitatifs du bien-être.

Ce numéro thématique, pour partie tiré d'un colloque organisé par le LEAD à Toulon dans le cadre du GDRI du CNRS « Economie internationale et développement », réunit des articles qui cherchent à approfondir la réflexion sur les interactions entre la croissance et les multiples dimensions du développement et de la pauvreté.

Dans une note introductive, ***Valérie Bérenger Jean-Claude Vérez*** commencent par rappeler que la croissance économique dans les pays en développement n'est pas *de facto* inclusive. Il convient de dissocier le type de croissance et le type d'inclusion pour définir les politiques publiques adéquates. Il convient encore de cibler avec rigueur les populations pauvres et vulnérables, et de mesurer les conditions réelles d'application des politiques sectorielles. Concernant la politique de santé, le régime d'assistance médicale au Maroc est donné comme une illustration parfaite des enjeux et des défis pour les politiques publiques.

Dans une autre note, ***Stéphanie Treillet*** rappelle que l'objectif de la « croissance inclusive » ou du « développement inclusif » par les organisations internationales constitue un renouvellement de leur approche, à la fois sur le plan de la doctrine et sur celui des recommandations en termes de politiques publiques. Pour autant, les fondements théoriques des programmes suggérés (ou imposés ?) restent inchangés par rapport à la période précédente : ils renvoient principalement à la Nouvelle Economie Institutionnelle articulée à certains concepts empruntés à l'approche d'A. Sen en termes de conception de la pauvreté et du développement humain. L'auteur insiste sur la nécessité de cibler la croissance et les politiques sociales pour réduire les pauvretés et rappelle si nécessaire qu'un meilleur fonctionnement des marchés en général n'entraîne pas systématiquement une croissance plus favorable aux pauvres.

Dans une dernière note introductive, ***Audrey Verdier-Chouchane*** aborde les questions relatives au genre, notamment les effets d'une plus grande autonomisation des femmes sur la croissance et le développement inclusif. L'auteur souligne ainsi les progrès suscités par un meilleur accès à l'éducation, à l'emploi, aux revenus et donc au bien-être, en s'appuyant particulièrement sur les travaux de Sen. On peut en déduire que toute politique publique orientée vers un degré accru d'autonomie des femmes est à promouvoir, dès lors qu'elle permet un progrès réel en matière de *capabilities*.

Gadom Djal-Gadom et Armand Mboutchouang Kountchou analysent les causes des disparités de pauvreté inter-départementales au Tchad dans un contexte de développement de l'exploitation pétrolière. L'originalité de la démarche adoptée par les auteurs tient à la différenciation qu'ils opèrent entre les départements selon les montants de revenus pétroliers reçus rapportés à leur poids démographique. La décomposition des écarts de pauvreté constatés entre les départements, réalisée à partir de l'approche de Blinder-Oaxaca, leur permet de mettre en évidence l'inefficience dans la répartition et l'utilisation des revenus pétroliers. Ainsi, l'inclusion économique au Tchad nécessiterait que la politique de redistribution des revenus pétroliers s'adapte aux besoins spécifiques du développement local.

Radhouane Filali et Anis Bouabid cherchent à évaluer le poids de la classe moyenne en Tunisie et à analyser ses contours en adoptant une approche probabiliste. Ils montrent que la classe moyenne en Tunisie s'est élargie entre 2005 et 2010. La classe moyenne, comme dans de nombreux pays en développement, n'est pas homogène. Les auteurs dissocient trois catégories : les revenus supérieurs, la classe intermédiaire et les ménages vulnérables. L'intérêt de l'article est d'aller au-delà des revenus pour caractériser la classe moyenne en s'appuyant également sur les conditions de logement des ménages, le niveau d'éducation du chef de ménage et le nombre de salariés dans le ménage. Vivre en milieu urbain ou rural, dans l'Est ou l'Ouest du pays, permet également de comprendre les écarts de niveau de vie au sein de la classe moyenne.

Nicaise Misangumukini met en exergue les facteurs qui expliquent la pauvreté des chefs de ménage au Mali, notamment la pauvreté telle que ressentie par des chefs de ménage qui ne sont pas considérés comme pauvres d'un point de vue objectif, car ils sont au-dessus du seuil de pauvreté monétaire. Ce ressenti par une importante population implique de réviser les politiques de lutte contre la pauvreté dès lors que celle-ci est complexe, multidimensionnelle et, si on n'y prête pas attention, normative. Par rapport à la pauvreté objective, trois facteurs selon l'auteur impactent avec plus d'intensité la pauvreté ressentie par ces chefs de ménage vulnérables : la faiblesse du niveau d'instruction, l'âge et les chocs subis au long de la vie sans avoir les capacités de résilience (ex. effet sur les récoltes des aléas climatiques...).

Cécile Batisse et Nong Zhu traitent de manière originale la question de l'inclusion à travers une étude des disparités de revenu entre les immigrés des pays du Sud et les Canadiens de naissance. Les auteurs examinent les disparités liées aux différences de caractéristiques individuelles (genre, éducation, profession) comparativement à des facteurs non observés (discrimination, sous-qualification...). Ils analysent encore l'impact de la distribution du revenu sur la pauvreté ainsi que les facteurs de la croissance différentielle du revenu et du creusement des inégalités chez les immigrés et les natifs, à partir de la méthode de décomposition de Blinder-Oaxaca. L'un des traits majeurs qui apparaît est la surexposition au chômage des immigrés par rapport aux natifs et le fait que les emplois qu'ils occupent sont moins susceptibles de correspondre à leurs compétences initiales.

Paolo Verme aborde la question des déplacements de population fuyant les violences et les conflits dont l'ampleur n'a cessé de s'intensifier avec la crise des réfugiés syriens depuis 2011. Comme le montre l'auteur, ces flux sont à l'origine de l'émergence d'un nouveau paradigme du développement se caractérisant par l'inclusion d'une dimension humanitaire. Cependant, l'auteur regrette la quasi absence de littérature économique sur cette thématique. Il se propose de montrer que les nouvelles approches issues de la théorie des jeux, de la neuroéconomie et de l'économie comportementale peuvent être en mesure de fournir des outils méthodologiques pertinents pour mieux comprendre les prises de décision, les trajectoires et le bien-être de ces populations.

NOTE ET DOCUMENT

ENJEUX ET DÉFIS DES POLITIQUES PUBLIQUES EN MATIÈRE DE CROISSANCE INCLUSIVE

L'EXEMPLE DE LA RÉFORME DE LA SANTÉ AU MAROC

Valérie BÉRENGER[*] et Jean-Claude VÉREZ[*]

Résumé - *La croissance économique dans les pays en développement n'est pas de facto inclusive. L'impact des politiques publiques sur le rythme de la croissance n'est pas davantage acquis. Il convient donc de dissocier pour l'analyse le type de croissance et le type d'inclusion puis de définir les politiques publiques adéquates. Il convient encore de cibler avec rigueur les populations pauvres et vulnérables, et de mesurer les conditions réelles d'application des politiques sectorielles. Pour prendre l'exemple de la santé, le Régime d'assistance médicale (RAMED) au Maroc illustre parfaitement les enjeux et les défis des politiques publiques en matière de croissance inclusive. Assurer le droit à la santé à un plus grand nombre de marocains et éviter les dysfonctionnements exige une approche plus globale et multisectorielle de la pauvreté.*

Mots-Clés CROISSANCE INCLUSIVE, POLITIQUE PUBLIQUE SOCIALE, SANTÉ, PAUVRETÉ, MAROC

Classification JEL - O40, O38, I1, O55

[*] LEAD, Université de Toulon, LIA du CNRS « Inégalités, développement et équilibres politiques ».

1. INTRODUCTION

Les débats relatifs à l'impact de la croissance économique sur le développement humain sont anciens, nombreux et polysémiques. Plus récemment, les agences multilatérales se sont emparées du concept de croissance pro-pauvres avant qu'il ne soit élargi au concept de croissance inclusive. C'est dire si, implicitement, on reconnaît qu'un rythme de croissance économique n'entraîne pas *de facto* un meilleur développement pour les populations, notamment pour les plus pauvres et les plus vulnérables et, dans divers domaines comme celui qui nous intéresse ici, la santé.

Chez les économistes (et pas uniquement), un débat lui aussi ancien sépare ceux qui considèrent que les politiques publiques contribuent à une meilleure répartition de la croissance tandis que d'autres y voient un obstacle à l'allocation optimale des ressources en entravant les mécanismes du marché. Ces deux positions prennent une autre dimension quand il s'agit des pays en développement (PED), pour au moins quatre raisons. 1/ Il est plus difficile d'y différencier les pauvres parce qu'ils sont très souvent majoritaires, ce qui vaut également pour les vulnérables. 2/ Les revenus monétaires sont autant formels qu'informels ce qui renforce la limite soulevée au-dessus. 3/ Les recettes fiscales sont incertaines ce qui limite le financement de toute politique publique. 4/ Les besoins des populations sont nombreux ce qui renforce la pression sur les décideurs publics en matière de choix publics. Si nous y ajoutons des comportements non ou peu transparents, le recours à la corruption... il apparaît manifestement que les obstacles à une croissance inclusive peuvent être nombreux.

Dans la section 2, nous commençons par présenter le cadre d'analyse relatif à la croissance inclusive. Nous proposons ensuite dans la section 3 d'en cerner la définition et les dimensions. Enfin, dans la section 4, nous nous appuyons sur la mise en place puis la généralisation du Régime d'assistance médicale (RAMED) au Maroc pour montrer les limites des politiques publiques, bien qu'indispensables à tout objectif de croissance inclusive.

2. CADRE D'ANALYSE

Depuis la fin des années 2000, le concept de croissance pro-pauvres est omniprésent au sein des discours des agences multilatérales qui s'intéressent au développement. L'une des raisons tient certainement aux résultats insuffisants en matière de réduction des inégalités et des pauvretés dans les PED, malgré la mise en place de stratégies centrées sur la croissance. Depuis la publication du rapport de la Banque mondiale 2006 « Équité et Développement », ce concept a été élargi au concept de croissance inclusive. Il s'agit d'une approche plus large qui ne se centre pas uniquement sur la situation des pauvres mais analyse aussi la situation des groupes de population vulnérable.

La croissance qui veut inclure les acteurs traite des opportunités en matière d'accès aux ressources. De manière générale, elle sera considérée comme inclusive si elle se permet au plus grand nombre (à défaut de tous) de participer et d'accéder aux avantages de la croissance économique. Contrairement à ce que l'on pourrait croire, ce défi ne concerne pas les seuls PED. Au cours de l'année

2010, année de lutte contre la pauvreté et l'exclusion sociale, la Commission européenne a présenté une nouvelle stratégie pour les dix années à venir. La stratégie 2020 intitulée « Stratégie pour une croissance intelligente, durable et inclusive » propose cinq objectifs mesurables qui se déclineront en objectifs nationaux dans le cadre de la méthode ouverte de coordination. Parmi ces objectifs, les objectifs éducatifs et sociaux sont nouveaux. Il s'agit de ramener le taux d'abandon scolaire à moins de 10% (contre 15% actuellement) et d'atteindre un taux de plus de 40% des jeunes obtenant un diplôme de l'enseignement supérieur (contre 31% actuellement) et de réduire le nombre d'européens vivant en dessous des seuils de pauvreté nationaux. En outre cette stratégie 2020 comprend une série d'actions regroupées en trois chapitres parmi lesquels figure la croissance inclusive. Toutefois, aucun accord n'a été trouvé sur les objectifs chiffrés dans le domaine social.

Les enjeux ou défis des PED ne sont pas moins nombreux. Prenons le cas de la santé : une chose est de promouvoir l'accès aux soins pour le plus grand nombre, une autre est de combattre les déserts médicaux, de permettre aux plus pauvres (dont les analphabètes) d'être informés de l'accès aux soins, d'équiper les dispensaires et hôpitaux en quantité et en qualité, d'éviter les files d'attente et les délais trop longs source de tensions. La volonté politique et les moyens mis en œuvre ne suffisent pas à relever les défis, encore faut-il que le ciblage des politiques de lutte contre les pauvretés soit précis. Les politiques publiques peuvent avoir un impact différent des buts proclamés et aboutir à des externalités non prévues de sorte qu'elles finissent par exclure alors qu'elles cherchaient initialement à inclure. Pour éviter un tel scénario, il est souhaitable de définir et de délimiter le champ de la croissance inclusive. Mais il n'existe pas actuellement de consensus sur une définition précise de ce concept et de sa mesure. Les méthodologies utilisées pour rendre opératoire ce concept ont tendance à s'appuyer sur une approche monétaire des indicateurs de niveau de vie à l'instar de la croissance pro-pauvres alors même que sa définition suggère une approche plus large du bien-être afin de tenir compte des différents aspects des conditions de vie des individus tels que l'accès et les conditions d'emploi, le niveau d'éducation, l'état de santé, les conditions de logement, la capacité à prendre part à la vie en société, aspects qui restent malgré tout et à bien des égards corrélés aux contraintes budgétaires des ménages.

Le concept de croissance inclusive autorise toutefois à questionner les indicateurs de pauvreté et d'exclusion sociale qui y sont rattachés. Dans cette perspective, l'extension des méthodologies déjà expérimentées (Bérenger, 2010 et 2013 ; Bérenger et Bresson, 2012) pour apprécier la nature pro-pauvres de la croissance dans ses dimensions non-monétaires s'avère particulièrement pertinente pour mesurer l'impact de la croissance sur les groupes de population faisant face à un risque de pauvreté ou d'exclusion sociale. Une telle démarche permet par exemple de suivre les progrès accomplis dans certaines dimensions : opportunités d'accès à l'éducation, à la santé, au logement. En liaison avec la croissance, elle permet également de suivre l'évolution et la distribution d'un indicateur non monétaire le long de la distribution du revenu et en cela d'analyser si les progrès sociaux bénéficient aux plus pauvres en termes monétaires et d'apprécier ainsi l'impact distributif des dépenses sociales. En outre, les extensions de cette approche à la prise en compte de l'hétérogénéité de la population selon les besoins (Bérenger et Bresson, 2012) permettent de mesurer l'impact de la croissance en particulier sur les groupes de population faisant face à un risque de pauvreté ou d'exclusion sociale. Ainsi, la prise en compte de la nature multiforme du bien-être et de la pauvreté dans le diagnostic du caractère inclusif de la croissance rappelle qu'elle n'est au même titre que le revenu ou la dépense qu'un moyen et que sa finalité doit être le développement des potentialités humaines de tous. Dans cette perspective, la notion de développement inclusif se révèle plus cohérente et plus pertinente au regard de cette finalité.

Cette démarche exige de dissocier les pauvres et les non pauvres, les pauvres et les vulnérables. Des progrès méthodologiques ont été réalisés depuis plus de quatre décennies. L'importance accordée à la pauvreté s'est traduite par une évolution notable dans l'appréhension de ce phénomène qui se caractérise par un élargissement du cadre d'analyse traditionnellement utilisé pour définir le bien-être. La définition de la pauvreté ne se limite plus aux aspects purement économiques tels que l'évaluation du revenu ou de la dépense. La pauvreté s'étend désormais à la notion plus diffuse de privation, dont la pauvreté monétaire ne constitue qu'un aspect parmi d'autres. De nouvelles approches ont ainsi été développées notamment à la suite de l'approche en termes de « capabilités » de Sen (1985). Elles insistent sur le caractère multidimensionnel de la pauvreté où le volet économique est combiné à d'autres plus sociaux (accès à la santé, à l'éducation, à l'emploi, aux services publics, à l'estime de soi, etc.). Mais il faut aller beaucoup plus loin et l'un des problèmes majeurs tient au caractère individuel ou collectif que l'on attribue au revenu, aux dépenses, aux conditions de vie, aux consommations. Nous pouvons en effet questionner les modalités de mesures du bien-être ainsi que de l'inclusion (ou l'exclusion) quand un bien de consommation durable comme un téléviseur est accessible par les membres du village par le simple fait d'être posé sur une table ou à même le sol en plein air ? La propriété de ce téléviseur peut être privée et individuelle, « sa » consommation n'en reste pas moins collective. Il n'est même pas pensable selon les pays, les villages, les communautés que la consommation d'un tel bien soit personnelle.

Cibler les populations concernées ne saurait se contenter d'un questionnaire ou d'enquêtes « standard » qui s'adresse *a priori* à tous, sans dissocier zones urbaines et zone rurales, de même qu'il faut, dans les centres urbains, dissocier le centre ville et les bidonvilles. Cela implique également de concevoir des questionnaires d'enquêtes spécifiques selon que l'on s'adresse à des acteurs scolarisés ou analphabètes, occupés dans le secteur informel ou employés dans le secteur officiel.

En outre, les réflexions menées sur le concept même de pauvreté méritent d'être approfondies par des approches plus qualitatives mettant en jeu son aspect pluridisciplinaire. En particulier, afin de tenir compte de la véritable dimension humaine de la pauvreté, plutôt que de s'appuyer sur des indicateurs prédéfinis et purement quantitatifs issus d'enquêtes dont la finalité est en fait d'évaluer l'impact des politiques de santé ou d'éducation, il s'agirait d'obtenir des informations sur la manière dont les populations dans leur contexte de vie donnent un sens à la pauvreté. Cela permettrait en particulier de mieux intégrer les caractéristiques du contexte local, de mieux tenir compte du rôle joué par les réseaux sociaux et de l'aspect relatif de la pauvreté. Les approches subjectives du bien-être et de la pauvreté font actuellement l'objet d'un intérêt croissant au sein des sphères académiques et des institutions internationales (Pradhan et Ravallion, 2000 ; Rojas 2008 ; Kilburn *et alii*, 2016). Elles se rattachent aux travaux sur le *Happiness* et sont actuellement peu exploitées dans les pays en développement. Au regard du caractère arbitraire qui sous-tend le choix des dimensions et de leur pondération dans les mesures multidimensionnelles de la pauvreté, l'approche subjective présente l'intérêt d'identifier les dimensions fondamentales pour les populations et de les hiérarchiser (Kingdon et Knight, 2006 ; Guardiola et Guarcia Munoz, 2009). Ce type d'étude exige cependant le recours à des données d'enquêtes incluant des questions relatives à l'appréciation des individus de leur bien-être dans les différents domaines de la vie (économique, sociale,...), de leur degré de satisfaction de la qualité de l'éducation, des services de santé, de leur condition de logement, etc.

Les chercheurs ont donc comme première contrainte de comprendre les réalités des pays où la croissance est pro-pauvres ou insuffisamment inclusive, et c'est seulement après avoir établi un bon diagnostic de la situation qu'ils peuvent contribuer à la prise de décisions *via* des recommandations étayées et quantifiées auprès des décideurs.

Les travaux de Kuznets puis de Barro (2000, 2008) plutôt convergents sur la croissance et ses effets d'abord négatifs sur les inégalités avant de voir la tendance s'inverser si la croissance se poursuit, ont été mis à mal avec la croissance rapide dans certains pays asiatiques tels la Corée, Taïwan et, plus récemment, la Chine. Le débat portait principalement sur l'impact de la croissance sur la répartition des revenus dont les écarts commençaient à se creuser. Puis, l'intérêt des chercheurs s'est ensuite focalisé sur les effets de la croissance sur la pauvreté. Des inégalités de revenus, la réflexion s'est ainsi progressivement centrée sur la question de savoir comment rendre la croissance plus favorable aux pauvres. Bien que les économistes et praticiens du développement reconnaissent que la pauvreté est de nature multidimensionnelle et qu'elle n'est pas nécessairement réduite par des accroissements de revenu, la pauvreté continue bien souvent à être appréhendée sous l'angle purement monétaire comme l'attestent les statistiques publiées dans les rapports des institutions de développement et des instituts nationaux de statistiques. Ainsi, le cadre général de toutes ces approches a été et reste celui d'une économie officielle, quantifiable, mesurable. Et, du reste, on peut envisager une croissance économique, accompagnée d'un creusement des inégalités tout en constatant une réduction de la pauvreté monétaire. Si les plus hauts revenus augmentent plus vite que les revenus moyens ou faibles, les inégalités se creusent. Toutefois, l'accès à des activités monétarisées pour les très pauvres, dans un contexte où le secteur informel est important, peut leur permettre de sortir de l'extrême pauvreté.

Il y a donc un double enjeu à relever face à un défi ancien. Le défi est de lutter contre les pauvretés et de limiter le basculement de la population vulnérable vers la population pauvre ; l'enjeu consiste à assurer de façon pérenne la croissance économique puis à cibler les catégories sociales que la croissance pourrait inclure, ce qui exige d'identifier les acteurs du secteur informel, de dissocier absence d'emploi et absence de revenus, absence de revenu et privations multiples, propriété commune ou individuelle, consommation collective ou individuelle, pauvreté déclarée ou identifiée et pauvreté réelle. Il faut autant que faire se peut éviter que des acteurs aux activités déclarées soient écartés des dispositifs économiques ou sociaux de redistribution, parce que leurs revenus se situent juste au-dessus du seuil d'attribution fixé, tandis que des acteurs informels y seraient éligibles du fait de l'ignorance de leurs activités et de leurs revenus.

3. DÉFINITION ET DIMENSIONS DE LA CROISSANCE INCLUSIVE

Pour approfondir la réflexion, nous pouvons tenter de définir puis de désagréger l'inclusion. Selon une approche quelque peu étroite, la croissance inclusive est celle qui s'accompagne d'une réduction des disparités de revenus (Rauniyar et Kanbur, 2010). En revanche et à l'autre extrême, la croissance inclusive est parfois qualifiée de façon assez floue comme « profitant à tous ». Dans ce sens très large, cette vision laisse entendre que la croissance devrait « profiter à toutes les couches de la société, y compris les pauvres, les quasi-pauvres, les groupes à revenus moyens, et même les riches » (Klasen, 2010, in BAD, 2013, p. 6). L'auteur précise encore que l'on peut concevoir la croissance inclusive comme un processus plutôt que comme un résultat. Cette perspective a le mérite de ne pas se contenter d'un indicateur quantifiable à un moment donné mais de se situer dans une dynamique de croissance qui pourrait réduire les pauvretés et les inégalités. Si les bienfaits de la croissance sont conçus uniquement en termes de résultats (par exemple, amélioration des revenus et/ou de l'accès aux biens sociaux, filet de sécurité), la mesure est généralement plus facile, car les résultats sont aisément quantifiables. En revanche, quand l'accès à la croissance et à ses bienfaits est envisagé en termes de processus, la mesure devient complexe. Selon Klasen (2010), l'absence d'un concept universellement accepté de croissance inclusive a conduit à créer un large éventail d'indicateurs qui varient de « peu clairs » à « simples » ou à « techniquement difficiles ».

Si on assimile la croissance inclusive à une « égalité des chances [...] avec l'accent à la fois sur la création d'opportunités et sur le fait de les rendre accessibles à tous » (Ali et Zhuang, 2007 in BAD 2013, p. 7), on se rapproche des *capabilities* de Sen soit une croissance synonyme d'un processus grâce auquel chacun a plus de chances d'accéder aux externalités positives de la croissance économique. Il reste cependant à identifier le processus dont il est question, ce qui ne semble pas possible en respectant les seules règles du marché. Il convient au contraire de réfléchir à la répartition des fruits de la croissance ce qui peut se concevoir *via* le recours à l'État. Toutefois, si l'intervention publique est nécessaire, elle n'en est pas moins suffisante. Les conditions dans lesquelles la puissance publique s'est édifiée, les règles institutionnelles en vigueur, le niveau de transparence de l'action publique, le degré de moralité des acteurs, la présence ou non de corrupteurs et de corrompus, sont des variables aussi déterminantes que l'action de l'État elle-même. D'un côté, on peut croire que les mécanismes du marché peuvent assurer la diffusion des retombées de la croissance inclusive, avec des chances pour tous. Il s'agit donc plus de soutenir la croissance, de favoriser l'accès pour tous à la création de richesses que de mener une politique de redistribution. De l'autre, il est plutôt question de promouvoir des biens publics, collectifs ou communs (Vérez, 2015), notamment dans les domaines de l'éducation et de la santé et éviter une croissance exclusive.

Bien que la définition de la croissance inclusive soit complexe, nous pouvons tenter d'en identifier les dimensions (tableau 1).

Tableau 1 : Dimensions de la croissance inclusive

Champs	Critères	Formes
Économique	Employabilité ou occupations	Accès aux ressources monétaires
Social	Offre de services sociaux	Accès par ex. à la santé publique
Spatial	Services publics accessibles	Infrastructures territoriales
Politique	Acteurs représentés	Participation à la vie démocratique

Dans *le champ économique*, il s'agit de dissocier les emplois formels des occupations informelles, qui ne sont en rien assimilées à un statut d'actif occupé sur le marché du travail. Cela devient plus compliqué quand un fonctionnaire mène également des activités secondaires non déclarées dont les revenus peuvent dépasser son salaire officiel. Dans les deux cas, il y a accès à des ressources monétaires et donc inclusion.

Dans *le champ social*, il est indispensable de mesurer si les services sociaux existent, s'ils sont ou non accessibles, s'ils sont connus ou non du plus grand nombre, etc. L'éducation ou la santé sont particulièrement concernées et l'absence de pauvreté monétaire ne signifie pas nécessairement un accès à ces services. De même, si les services existent et sont accessibles en quantité, cela n'implique pas qu'ils répondent aux critères qualitatifs requis. C'est notamment le cas dans l'éducation quand la corruption règle les échanges entre enseignants et élèves et parents d'élèves (Vérez, 2013). Les rapports sont biaisés et les plus pauvres sont plus affectés que les moins pauvres faute de pouvoir satisfaire le corrupteur. Le secteur de la santé peut connaître les mêmes difficultés (cf. *supra*).

Le dilemme quantité-qualité des services offerts et le niveau pour y accéder se retrouve dans le *champ spatial* et dans *le champ politique*. Si les capitales des PED sont pourvues d'un hôpital, les zones rurales les plus reculées « se contentent » de dispensaires. De même, l'accès à l'université peut être à son tour localisé dans la capitale tandis que les écoles primaires peuvent être disséminées dans tout le pays. Par ailleurs, la localisation des infrastructures peut répondre à des critères politiques : le pouvoir se préoccupe avant tout de développer des infrastructures au sein de la région d'où est issu le chef de l'État et ce sont donc des préoccupations de solidarité ethnique qui prédominent. La croissance est inclusive pour une partie de la population, que l'on peut considérer comme privilégiée. Si la croissance est un défi majeur, simultanément, il faut se préoccuper de ses retombées réelles sur chaque individu, sur chaque ménage.

Dans ces conditions, il convient d'analyser les opportunités « propres » aux acteurs individuels et les résultats auxquels ils parviennent. Roemer (2006) classifie les inégalités de résultats en deux catégories mutuellement exclusives : celle attribuée à l'effort, au mérite et à la responsabilité individuelle et l'autre due aux circonstances sur lesquelles les individus ont peu d'influence. Cette dernière repose à la fois sur des facteurs individuels tels le sexe, le milieu familial, l'éducation des parents, etc.) mais aussi sur des institutions, des politiques publiques et sociales. Le critère d'égalité d'opportunité s'impose désormais comme le critère de justice sociale (Bourguignon *et alii*, 2013 ; Sen 1992). Le défi de la croissance inclusive consisterait simultanément à inciter les personnes à chercher de nouvelles opportunités, essentiellement sur une base individuelle, et à garantir « l'égalité d'accès » à ces opportunités à tous les segments de la population (Ali, 2007).

4. LE RÉGIME D'ASSISTANCE MÉDICALE AU MAROC

Pour illustrer notre réflexion, nous nous appuyons sur l'instauration d'un mécanisme d'accès à la santé au Maroc pour les pauvres et les vulnérables. Le Régime d'assistance médicale (RAMED) a été lancé en 2008 *via* une expérience pilote dans une des régions les plus pauvres du Maroc (Tadla Azilal) avant d'être généralisée à tout le pays à partir de 2012[1]. Cette expérience s'inscrit d'une part, dans le contexte international de coopération d'aide au développement et, d'autre part, dans le cadre national marocain où l'enjeu consiste à dépasser le régime des indigents[2]. L'origine du projet tient encore au constat que la croissance économique marocaine (4% en moyenne par an depuis 2010), ne permet pas *de facto* aux plus démunis d'accéder aux soins les plus élémentaires : parmi les causes de non consultation médicale, 60,2% des marocains déclarent ne pas pouvoir payer la consultation (ONDH, 2012). En outre, plus de 70% de marocains qui n'étaient pas couverts par les régimes d'assurance préexistants au RAMED déclaraient n'être éligibles à aucun régime d'assurance maladie.

Au niveau international, en 2000, il est souligné, au cours d'une réunion de l'ensemble des grands bailleurs sur la santé et la pauvreté, qu'il faut « examiner les conditions sanitaires qui créent et perpétuent la pauvreté ; rendre les systèmes sanitaires plus sensibles aux besoins des pauvres ; intégrer les problèmes de santé plus directement dans les stratégies de réduction de la pauvreté ; et mobiliser des ressources supplémentaires pour garantir les résultats de ces mesures » (Hanchane et Firano, 2015). C'est dans ce contexte que l'idée de développer une couverture médicale pour les populations démunies fait son chemin au Maroc. Il s'agit ni plus ni moins de mettre en œuvre les orientations de

[1] Le Ramed s'inscrit dans le pilier de la réforme financière du système de santé que le Maroc a institué en 2002 par la loi 65.00. Cette réforme prévoyait un système à deux composantes : (i) un régime d'assurance maladie obligatoire de base (AMO) entré en vigueur en 2005. L'AMO assure une couverture aux salariés actifs et aux pensionnés des secteurs public et privé et ses modalités de fonctionnement reposent sur les principes de l'assurance sociale ; (ii) un régime d'assistance médicale aux plus démunis (RAMED) qui constitue le volet assistance.

[2] Ce régime prévoyait l'exemption de paiements conditionnée à la présentation d'un certificat d'indigence délivré par l'autorité locale sur la base de critères d'éligibilité non standardisés et peu transparents (Kerbach *et al.*, 2007).

l'OMS pour parvenir à l'étape ultime de la couverture santé universelle. Le but de la couverture universelle en matière de santé est de faire en sorte que tous les individus aient accès aux services de santé sans encourir de difficultés financières. Pour cela il faut : 1/ Un système de santé solide, efficace et bien géré. 2/ Des soins à un coût abordable. 3/ L'accès aux médicaments et technologies médicales. Il faut enfin disposer des personnels de santé en nombre suffisant, bien formés et motivés afin de garantir un accès équitable aux services de santé.

Avant de nous arrêter plus précisément sur les résultats du RAMED, nous devons souligner que les orientations de l'OMS rejoignent ou découlent des nombreux débats sur la thématique de la croissance qui lutte (ou pas) contre les pauvretés et qui inclut (ou pas) les acteurs individuels. Ces débats s'inscrivent dans une tendance plus générale où les agences multilatérales et institutions internationales ont été amenées à infléchir certains aspects de leur politique de coopération au développement. Chacun se souvient des objectifs majeurs du Consensus de Washington avant que l'on évolue vers le post-Consensus. Après avoir dénoncé le rôle des pouvoirs publics, on a constaté depuis un « retour en grâce » de la *good governance*, soit la nécessité de pouvoir compter sur des institutions transparentes, indispensables aux mécanismes du marché dont le caractère (supposé) autorégulateur ne suffit pas pour régler les questions multiples des pauvretés.

Au niveau des politiques de coopération au développement (Campbell *et alii*, 2016) et en matière de projets de l'aide au développement, on relève également une évolution dans les discours et les pratiques, notamment du fait de la multiplicité des acteurs, des différents niveaux de coopération (local, bilatéral, multilatéral), d'une plus grande complexité des processus de décision et des transformations aussi bien dans l'architecture institutionnelle de l'aide que dans les formes et les instruments de la coopération. Les objectifs assignés aux politiques « dites de coopération pour le développement », en se multipliant ont fini par perdre de leur lisibilité. Les frontières entre sphère publique et sphère privée tendent à s'estomper au point de laisser place à des configurations institutionnelles hybrides.

Enfin, le fossé entre normes internationales et spécificités nationales risque d'éloigner la mission que se donne la coopération : une chose est de fixer des objectifs comme la bonne gouvernance, la participation de la société civile ou les Objectifs du millénaire pour le développement (OMD), une autre est de mesurer leur degré réel d'application « sur le terrain ».

Les autorités du Maroc qui s'efforcent depuis 2008 de permettre l'accès à la santé pour les plus pauvres ont bénéficié de l'aide internationale et ont fixé des objectifs conformément aux orientations citées. Si, de toute évidence, le RAMED (encadré 1) est une réussite par le simple fait qu'il s'est substitué au régime des indigents, les résultats et les perspectives sont plus controversés de sorte que de nouveau, il apparaît que la volonté politique d'une croissance inclusive se heurte à des réalités complexes, où la multiplicité des acteurs, la divergence des intérêts individuels, les pratiques sociales et autres rapports de force, limitent la faisabilité des projets – *a fortiori* si ceux-ci ont été mal conçus.

Encadré 1 : Caractéristiques majeures du RAMED

Pour bénéficier du RAMED, le chef du ménage ne doit pas être assujetti à un régime d'assurance maladie obligatoire de base. Il ne dispose pas de ressources suffisantes pour faire face aux dépenses médicales. Son conjoint, les enfants à charge de moins de 21 ans, les enfants handicapés et autres personnes vivant sous le même toit et à sa charge effective sont également bénéficiaires du dispositif.

La prise en charge porte sur des frais de soins dispensés dans les hôpitaux publics, les établissements publics de santé et les services sanitaires relevant de l'État. Les prestations et services couverts sont les suivants : soins préventifs, actes de médecine générale et de spécialités médicales et chirurgicales, soins relatifs au suivi de la grossesse, à l'accouchement et à ses suites, soins liés à l'hospitalisation et aux interventions chirurgicales, analyses de biologie médicale, radiologie et imagerie médicale, médicaments et produits pharmaceutiques administrés pendant les soins, articles de prothèse, lunetterie médicale, soins bucco-dentaires, orthodontie pour les enfants, actes de rééducation fonctionnelle et de kinésithérapie.

Le régime d'assistance médicale est financé principalement par l'État (75%), les collectivités locales (6%) et par la participation des bénéficiaires (19%) en situation de vulnérabilité. Leur contribution annuelle est fixée à 120 dirhams (11 euros) par personne et par an dans la limite d'un plafond de 600 dirhams par ménage (ANAM, 2013).

En soi, toute politique publique engendre des effets non prévus, non voulus ou dysfonctionnels par rapport aux buts recherchés par les concepteurs (Boudon, 1993, *in* Ferrié, 2015, p. 4). L'erreur consisterait à considérer que les biais relèvent avant tout de la mise en œuvre de la politique publique alors qu'ils relèvent peut-être d'abord d'une ambigüité au niveau du projet initial, de sa conception, du ciblage de la population et du degré de faisabilité. De ce point de vue, le RAMED est un bon exemple. *A priori*, une offre de soins aux plus démunis ne peut que renforcer la demande de soins, laquelle ne peut être satisfaite que si l'offre est en mesure *ex post* d'y faire face en quantité et en qualité. En se focalisant sur la couverture financière des usagers, le problème est de ne pas avoir anticipé avec précision les moyens pour que l'offre réponde à la demande accrue de soins. Il s'en est suivi des files d'attente dans les dispensaires ou hôpitaux, insatisfaisantes pour les usagers qui, mécontents, ont eu recours pour certains d'entre eux à la corruption. Celle-ci n'est pas née au Maroc[3] avec le RAMED mais il est peu probable que les autorités aient anticipé un développement de cette pratique alors que leur volonté était justement de déployer une politique

[3] Le Maroc était classé 91 sur 117 pays en 2013 en termes de perception de la corruption mesurée par l'indice de *Transparency International*, avec un score de 37 sur 100. Selon *World Governance Indicators*, les indicateurs du Maroc sur la gouvernance et la lutte contre la corruption ont été parmi les moins performants en 2013 : -0,04 en matière d'efficacité des politiques et institutions des pouvoirs publics et -0,41 pour le contrôle de la corruption.

publique équitable destinée à préserver la cohésion sociale[4]. De ce point de vue, le RAMED est plus une politique sociale qu'une politique de santé.

Par ailleurs, le RAMED a entraîné un malaise au sein du personnel de santé confronté à une demande accrue de soins sans que les ressources humaines et les équipements aient été à la hauteur des nouveaux enjeux. Des dysfonctionnements sont apparus également entre les différents services du système sanitaire marocain, liés à des questions d'organisation, de localisation hétérogène des lieux de soins, de niveaux de décision multiples. C'est finalement toute la filière qui est ici en jeu et qui apparaît au centre des dysfonctionnements du fait d'un dispositif complexe avec des centres de soins hiérarchisés et des procédures administratives insatisfaisantes pour les patients. Nombre d'entre eux arrivent directement au Centre hospitalier régional, sans respecter les étapes préalables ou parce que renvoyés par le centre de soin précédent (Ferrié et Radi, 2015). Les problèmes de gouvernance ont été mal anticipés.

Enfin, le ciblage des populations pauvres et vulnérables s'est heurté à des problèmes méthodologiques bien connus dans les économies informalisées où l'actif déclaré dispose de revenus supérieurs au seuil d'éligibilité au RAMED tandis que son compatriote occupé dans le secteur informel en bénéficie sans que ses revenus soient nécessairement inférieurs. Le principe des politiques ciblées est d'allouer en priorité les ressources des programmes de lutte contre la pauvreté aux personnes et aux ménages dans une pauvreté extrême. La méthode utilisée dans le cadre du RAMED est une approche qui combine un ciblage géographique, une évaluation directe des revenus des ménages notamment en milieu urbain et une évaluation indirecte des ressources (Test d'éligibilité multidimensionnel, TEMD, ou Proxy Means Testing, PMT) sur la base d'indicateurs reflétant le statut socio-économique du ménage[5]. En tout état de cause, cette approche repose sur une conception purement matérielle du bien-être qui n'est qu'une manière contournée de s'appuyer sur une conception purement monétaire de la pauvreté. En outre, en pratique, pour être éligible, les populations potentiellement bénéficiaires doivent en faire la démarche et remplir un questionnaire. Les populations ayant un faible niveau d'instruction peuvent se

[4] Dans le document Stratégie sectorielle de santé 2012-2016 du Ministère de la santé, on peut lire en effet : « l'accès aux soins, aux médicaments et à la couverture sociale se retrouvent comme des priorités de fait et non comme des choix politiques. Ces dernières années, le Maroc s'est engagé dans de grands chantiers de réformes politiques et sociales visant la consolidation de la démocratie, la promotion des droits humains et la lutte contre la pauvreté ».

[5] Les critères d'éligibilité sont différenciés selon le lieu de résidence. Ainsi, dans les zones urbaines, l'éligibilité repose sur le revenu annuel pondéré par personne et la construction d'un score agrégeant des indicateurs des conditions de vie des ménages. Dans les zones rurales, l'éligibilité s'appuie sur un score calculé à partir de la déclaration du patrimoine et un score des conditions de vie comparable au score défini pour le milieu urbain. Les populations pauvres et vulnérables sont identifiées selon des seuils différents. Dans le milieu urbain, les seuils de pauvreté et de vulnérabilité sont de 3767 et 5650 dihrams respectivement pour le revenu et un score inférieur à 11. Dans le milieu rural, les seuils d'identification pour les pauvres (vulnérables) sont de 28 (70) pour le score patrimonial et de 6 pour le score des conditions de vie (Banque mondiale, 2012).

trouver démunies face aux procédures administratives à accomplir pour bénéficier du RAMED. Théoriquement, le ciblage contribue au succès d'une politique de lutte contre la pauvreté : i) en mettant en place des programmes spécifiques aux pauvres ; ii) par une utilisation efficace des ressources des programmes au profit des plus pauvres.

La mise en application du RAMED témoigne finalement de sérieuses difficultés car les résultats attestent d'erreurs d'inclusion et d'exclusion. « Par exemple dans les régions de Rabat et de Casablanca, les taux de réalisation dépassent largement les 100%. Par contre, la région du Gharb dont le taux de pauvreté est parmi les plus élevés au Maroc s'est limitée à un taux de réalisation de l'ordre de 50%. Le ciblage territorial du RAMED, sa capacité de pénétration et les ressources allouées à sa gouvernance dans les régions pauvres nécessite de profondes investigations » (Hanchane et Firano, 2015, p. 62). La politique publique décidée par les autorités marocaines avec l'appui des institutions internationales apparaît simultanément peu équitable, peu performante, de sorte que les détracteurs des politiques publiques y trouvent leur compte.

Nous sommes convaincus, au contraire, de l'utilité de ce dispositif lequel a permis à des millions de marocains d'accéder à des soins auxquels ils n'auraient pu accéder. Mais cela n'occulte en rien les problèmes soulevés et les défis à relever. La qualité d'une politique publique et, dans le cas du RAMED, d'une politique sociale, dépend autant des moyens mobilisés (tant budgétaires qu'humains) que de la façon dont les usagers accèdent au service proposé, avec la satisfaction d'être aussi bien traités que ceux qui peuvent s'offrir le service en réglant eux-mêmes les prestataires. Si, à l'opposé, il faut subir des files d'attente tandis que d'autres y échappent par des moyens détournés, s'il faut payer de nombreux déplacements pour aller d'un service de santé à l'autre alors que les patients sont pauvres ou vulnérables, si les équipements sont différenciés selon les territoires, si les personnels tendent à fuir les zones rurales isolées malgré le contrat qui les relie à leur ministère, le sentiment d'injustice domine et l'exclusion prend le pas sur l'inclusion avec un renoncement partiel ou total à la gratuité des soins.

Les inégalités de santé au moyen du RAMED ne s'estompent donc pas en raison des inégalités territoriales, outre les inégalités devant la corruption qui frappe les plus pauvres, et des inégalités administratives définies comme la capacité (ou l'incapacité) de défendre ses droits, ce qui suppose d'en être informés puis de les faire respecter. On comprend que la population analphabète est davantage dépourvue que la population alphabétisée et elle est très majoritaire chez les ramedistes (70% selon Hanchane et Firano, 2015). « La gouvernance hospitalière du RAMED apparaît très largement ambivalente. Elle réintroduit de fait un principe d'inégalité dans un dispositif fondé sur le principe de l'égal accès de tous aux soins [...] Plus on est démunis, moins on tend à profiter du RAMED » (Ferrié et Radi, 2015, p. 46). « Sur le plan national, la répartition des ressources humaines sanitaires des médecins généralistes et spécialistes indique que les régions dont le taux de pauvreté est élevé sont celles où le nombre de médecins est le plus faible. Par contre, les régions où les taux de pauvreté sont faibles sont dotées de plus de médecins généralistes ou encore spécialistes » (Hanchane et Firano, 2015, p. 75).

Le financement du dispositif à moyen terme (*a fortiori* à long terme) n'est pas le moindre défi à relever. « Après trois ans de généralisation, le financement du RAMED est devenu assez délicat, surtout que les contributions des différentes parties prenantes n'ont pas été respectées... La contribution des vulnérables au financement du régime fut faible. Elle n'a pas dépassé 44 millions de dirhams au lieu de 513 millions prévus, soit un taux de réalisation de 8,6% » (Hanchane et Firano, 2015, p. 88). De fait, le financement du RAMED est en très grande partie financé par l'État, qui a d'ores et déjà mis en place un fonds de solidarité sociale (FSS) pour le soutenir. Le budget alloué au RAMED pour l'année 2015 ne dépasse pas un milliard tandis que les dépenses sont estimées à 2,6 milliards de dirhams, en raison de la contribution des personnes vulnérables moins élevée que prévue.

S'y ajoute la nécessité d'offrir des soins de qualité ce qui exige de former du personnel de santé, la capacité à convaincre une partie de ce personnel à exercer dans des lieux reculés (certains personnels de santé préfèrent payer une amende que d'exercer en zone rurale isolée), l'obligation de réviser les politiques de ciblage pour aider réellement les plus démunis. Face à de tels défis, et dès lors que les ressources sont limitées, il est impossible de régler les problèmes de santé de manière équitable. Il faut s'en rapprocher et peut-être commencer par fixer des objectifs intermédiaires en tenant compte de l'offre disponible et/ou future et définir ensuite le niveau de la demande que l'on peut satisfaire. Concrètement, cela peut consister à cerner certains soins, certaines régions (les plus reculées) et les catégories les plus pauvres (avec toutes les contraintes méthodologiques soulevées). Une politique sociale ciblée, financée par la croissance économique et décidée puis mise en œuvre par les autorités politiques doit éviter que les catégories d'acteurs concernés et différenciés (les ramedistes, le personnel de santé, le personnel administratif) ne se retrouvent en situation de défiance relative. L'inclusion exige de la solidarité et ne peut s'accommoder d'une stigmatisation d'une partie de la population. Or, il n'est pas interdit de penser que les non-ramedistes ainsi qu'une partie des personnels de santé considèrent que les dysfonctionnements cités soient dus aux ramedistes. Ce qui revient à stigmatiser les premiers comme l'étaient jadis les indigents. Le défi de citoyenneté et de cohésion sociale vole en éclats.

5. CONCLUSION

Toute volonté de croissance inclusive dans les PED comme le Maroc nécessite en amont une profonde réflexion sur les objectifs ciblés, les moyens alloués, tant monétaires que physiques et humains, les priorités inter-sectorielles (santé ou éducation, transports ou logements) et intra-sectorielles (dans le secteur de la santé : dispensaires dans les zones les plus reculées et/ou CHU dans les grandes villes, soins maternels et accompagnement pré, post-natal et/ou lutte contre le diabète, etc.). Ces choix sont difficiles mais indispensables pour une réelle inclusion. Toute politique d'envergure macroéconomique ne permet pas nécessairement d'atteindre les plus pauvres, quelle que soit la bonne volonté des bailleurs de fonds, des agences multilatérales et des responsables politiques nationaux. La spécificité de la croissance inclusive est de parvenir à satisfaire les individus par rapport à ce qu'ils attendent pour améliorer leur vie et leurs moyens de subsistance décents.

Toute politique publique sociale dont le défi est de lier la croissance économique au développement humain et au bien-être doit prendre en considération le degré d'informalité de l'économie, la qualité des institutions, le niveau de transparence des choix politiques et économiques. L'aide au développement ne peut ignorer la complexité des terrains où elle est censée être utile. Les autorités locales ne peuvent pas davantage ignorer les comportements d'acteurs différenciés aux intérêts divergents. Les modalités à partir desquelles elles élaborent leur projet initial, le conçoivent, ciblent les populations et les objectifs, sans oublier le degré de faisabilité, sont aussi déterminantes que la mise en application des politiques publiques retenues.

Enfin, la façon dont on définit la pauvreté, la vulnérabilité et les méthodes utilisées pour les quantifier et les dissocier, peut avoir une incidence sur le type de politique publique sociale mis en œuvre pour les combattre, ou du moins les réduire. L'exemple du RAMED atteste de divers dysfonctionnements, tant en matière de ciblage que de moyens matériels et humains insuffisants face à une demande croissante, de coût global sous-estimé, de surcharge d'activités pour les personnels face à des files d'attente source de passe-droits, d'inégalités entre ceux qui auraient dû être inclus mais qui sont restés exclus et inversement. Le Maroc parviendra à une réelle croissance inclusive si les programmes publics réussissent à associer croissance et inclusion, ici dans le cadre de la santé, ce qui suppose de caractériser le type de croissance qui améliore l'inclusion et l'identification des changements permis par l'inclusion.

REFERENCES

Ali I., 2007, "Pro-Poor to Inclusive Growth: Asian Prescriptions", *ERD Policy Brief, BAD*, n° 48.

Ali I., Zhuang J., 2007, "Inclusive Growth toward a Prosperous Asia: Policy Implications", ERD Working Paper Series, *BAD*, n° 97.

Agence nationale de l'Assurance Maladie (ANAM), 2013, *Rapport annuel 2013 et plan d'action 2014-2016 relatif au Ramed*, Royaume du Maroc.

Banque Africaine de Développement, 2013, La recherche d'une croissance inclusive en Afrique du Nord : une approche comparative, Note économique. www.afdb.org.

Banque mondiale, 2012, Ciblage et protection sociale : Note d'orientation stratégique- Maroc-MENA, 161 p.

Barro R.J., 2000, "Inequality and Growth in a Panel of Countries", *Journal of Economic Growth*, 5(1), p. 5-32.

Barro R.J., 2008, “Inequality and Growth Revisited”, *Working Paper Series on Regional Economic Integration* n° 11, ADB, Manila.

Bérenger V., 2010, “Multidimensional Fuzzy Poverty and Pro-Poor Growth Measures in non-monetary Dimensions in Egypt between 1995 and 2005”, *Middle East Development Journal*, vol.2 (1), 15-38.

Bérenger V., Bresson F., 2012, “On the ‘Pro-Poorness’ of Growth within Multidimensional Context”, *Review of Income and Wealth*, vol. 58(3), 457-480.

Bérenger V., 2013, “Impact de la croissance sur le niveau de vie et l’éducation en Egypte entre 2000 et 2008”, *Région et Développement*, 37, 119-148.

Bourguignon F, Ferreira F.., Menéndez M., 2013, “Inequality of Opportunity in Brazil: A Corrigendum”, *Review of Income and Wealth*, vol. 59(3), 551-555.

Campbell B., Gabas J-J., Pesche D., Ribier V., (dir.), 2016, *Les transformations des politiques de coopération : secteurs agricoles et miniers au Canada et en France.* Ed. Karthala, Presses de l’université du Québec, 202 p.

De Martino C., 2016, “Where is the Wealth? Echoing the King’s 2014 Speech in Light of the Implementation of the New Constitution”, *Policy Brief on Socio-Economic Rights in Morocco, EUSPRING,* February.

Ferrié J-N., Radi S., 2015, *Rapport sur la gestion et la gouvernance hospitalières du RAMED, une enquête multisituée*, ONDH, UIR, LIA du CNRS “Inégalités, développement et équilibres politiques”, LEPOSHS, Rabat.

Frey B.S., Slutzer A. 2002, "What can economist learn from happiness research?", *Journal of Economic Literature*, 40(2), pp.402-435.

Guardiola J., García-Muñoz T., 2009, “Subjective well-being and basic needs : Evidence from rural Guatemala”, *XVI Encuentro de Economía Pública.*

Hanchane S., Firano Z., 2015, *Pertinence et enjeux du RAMED*, ONDH, Maroc.

Kherbach F, El Alami El Fellousse A., 2007, *Étude sur le financement des soins de santé au Maroc*. Organisation Mondiale de la Santé. 2007. 100 p.

Kilburn K., Handa S., Angeles G., Mvula P, Tsoka M., on behalf of the Malawi Social Cash Transfer Evaluation Team, 2016, “Happiness and Alleviation of Income Poverty: Impacts of an unconditional cash transfer programme using a subjective well-being approach”, *Innocenti Working Paper* n°.2016-23, UNICEF Office of Research, Florence.

Kingdon G. and Knight J., 2006,"Subjective well-being poverty vs . Income poverty and capabilities poverty?," *Journal of Development Studies*, 42(7), 1199-1224.

Klasen S., 2010, “Measuring and Monitoring Inclusive Growth: Multiple Definitions, Open Questions, and Some Constructive Proposals”, *ADB Sustainable Development,* Working Paper Series, n° 12.

ONDH, 2012, *Les disparités dans l’accès aux soins au Maroc*, Rabat.

Pradhan M. and Ravallion M., 2000, Measuring poverty using qualitative perceptions of consumption adequacy. *The Review of Economics and Statistics*, 82(3), 462-471.

Rauniyar G. et Kanbur R., 2010, "Inclusive Development: Two Papers on Conceptualization, Application, and the ADB Perspective", *Occasional Paper n°8*, Independent Evaluation Department, ADB, Manila.

Roemer J. E., 2006, "Economic Development as Opportunity Equalization", *Cowles Foundation Discussion Paper*, n° 1583, Yale University.

Rojas M., 2008, "Experienced Poverty and Income Poverty in Mexico: A Subjective Well-Being Approach", *World Development*, 36(6), 1078-1093.

Sen A., 1985, *Commodities and capabilities*. Amsterdam: North Holland.

Sen A., 1992, *Inequality Reexamined*, London: Harvard University Press.

Vérez J.-C., 2013, "Les défis de l'éducation dans les pays riverains de la Méditerranée", *Mondes en développement*, n° 164, 115-138.

Vérez J.-C., 2015, "Des biens collectifs aux biens communs en Europe : quelles règlementations ?", *L'Europe en formation*, CIFE, n° 376. 63-75.

PUBLIC POLICIES STAKES AND CHALLENGES IN ACHIEVING INCLUSIVE GROWTH - THE CASE OF MOROCCO'S HEALTH REFORM

Abstract - *The economic growth in developing countries is not de facto inclusive. This does not mean that the impact of public policies on the pace and pattern of growth should be taken for granted. Thus, it is necessary to dissociate the type of growth from the type of inclusion in order to frame the relevant public policies to achieve inclusion. This requires performing sophisticated targeting of the poor and vulnerable and assessing the actual conditions under which sectoral policies such as health policy are implemented. The reform of Morocco's health system with the extension of medical coverage targeting the poorest (RAMED) provides an instructive illustration of the arduous challenges that government faces to frame inclusive public policies. Ensuring the right to health to a wider number of Moroccan citizens requires having a more comprehensive and multi-sectoral approach to health.*

Keywords - INCLUSIVE GROWTH, SOCIAL POLICIES, PUBLICS POLICIES, HEALTH, POVERTY, MOROCCO

NOTE ET DOCUMENT

QUEL CIBLAGE DE LA CROISSANCE ET DES POLITIQUES SOCIALES DANS LE CADRE DE L'ÉVOLUTION DES STRATÉGIES DE RÉDUCTION DE LA PAUVRETÉ ?

Stéphanie TREILLET[*]

Résumé - *La promotion récente par les organisations internationales de l'objectif de « développement inclusif » pour les pays en développement crée les conditions d'une convergence, dans les politiques de développement, de deux agendas jusqu'alors développés de façon indépendante : la réduction de la pauvreté d'une part, la croissance d'autre part. Quels peuvent être alors, dans le cadre des hypothèses théoriques de la Nouvelle Economie Institutionnelle, les mécanismes permettant de mettre en place une croissance bénéficiant aux plus pauvres ? En quoi le ciblage, concernant les politiques sociales, peut-il constituer un levier pour atteindre cet objectif ?*

Mots-clés - RÉDUCTION DE LA PAUVRETÉ, POLITIQUES SOCIALES, CROISSANCE INCLUSIVE, CIBLAGE.

Classification JEL - B50, O10, O11, O20

[*] Centre d'Economie de l'Université Paris-Nord (CEPN), stephanie.treillet@u-pec.fr

1. INTRODUCTION

La promotion récente par les organisations internationales (OI) de l'objectif de la « croissance inclusive » ou du « développement inclusif » dans l'agenda du développement constitue un renouvellement de leur approche, à la fois sur le plan de la doctrine et sur celui des recommandations en termes de politiques publiques. Cette notion articule en effet deux objectifs qui ont été développés de façon parallèle et indépendante au cours des vingt dernières années : la croissance d'une part, et la réduction de la pauvreté d'autre part. Cependant, les fondements théoriques de ce programme restent inchangés par rapport à la période précédente. Il s'agit principalement de la Nouvelle Economie Institutionnelle (NEI), articulée à certains concepts empruntés à l'approche d'A. Sen en termes de conception de la pauvreté et du développement humain. Dans cette optique est affirmé l'objectif d'une croissance bénéficiant en priorité aux plus pauvres. Le questionnement soulevé est donc double : par quels mécanismes une telle croissance peut-elle être suscitée ? Que signifie l'objectif affirmé de ciblage des stratégies de croissance, dans un contexte où le ciblage des politiques sociales, instauré depuis deux décennies, arrive à l'étape des premiers bilans ?

On examinera dans un premier temps de quelle façon les recommandations, formulées par les OI en direction des pays en développement (économies à faibles revenus et à revenus intermédiaires) tentent aujourd'hui d'articuler des objectifs jusqu'alors conçus comme séparés, voire le cas échéant antinomiques. On examinera dans un deuxième temps les mécanismes mis en avant pour promouvoir le caractère inclusif de la croissance. Il apparaît que le caractère exclusivement microéconomique de ceux-ci débouche sur certaines limites, tandis que les politiques sociales destinées à renforcer l'orientation des prestations en direction de la fraction la plus pauvre de la population semblent rencontrer une controverse, réanimée aujourd'hui entre OI, entre ciblage et universalisme. Les ambiguïtés de ce mot d'ordre de ciblage nécessitent donc d'être éclaircies.

On notera que si l'évolution des économies dites émergentes n'est pas visée en tant que telle dans ces recommandations, en revanche les faits stylisés (articulation entre croissance, recul de la pauvreté, amélioration des indicateurs de développement humain et évolution des inégalités) tirés de leur expérience récente, viennent appuyer les considérants qui les motivent.

2. ARTICULATION ENTRE POLITIQUES DE CROISSANCE ET STRATÉGIES DE RÉDUCTION DE LA PAUVRETÉ : UN RENOUVELLEMENT DE L'ANALYSE

La réhabilitation de l'objectif de croissance et l'allongement de l'horizon temporel constituent en eux-mêmes des enjeux dans le contexte qui fait suite à la mise en place des Programmes d'ajustement structurel (PAS) au début des années 1980. L'objectif de réduction de la pauvreté promu à partir de la fin des années 1990 reste largement étranger aux problématiques de croissance ou de développement entendus au sens macro-économique du terme. L'interrogation sur les interactions entre croissance-inégalité-pauvreté resurgit cependant au cours de la décennie 1990, à la faveur de l'observation des économies émergentes. Elle apparaît comme pouvant nourrir la réflexion renouvelée sur le contenu et l'orientation de la croissance.

2.1. Un cheminement parallèle

Les modalités contemporaines de théorisation des conditions de la croissance dans les PED s'inscrivent dans un contexte qui est celui de la rupture introduite par les PAS au début des années 1980, principalement en Amérique latine et en Afrique.

Suite à la crise de la dette extérieure, la mise en œuvre de mesures d'ajustement conjoncturel dans le cadre de la conditionnalité du FMI inaugure un abandon de l'objectif non seulement de développement mais également de croissance économique. En effet, dans le contexte de l'urgence du paiement du service de la dette, le raccourcissement de l'horizon temporel rabattu sur le rétablissement des équilibres budgétaire et courant, nécessaires à la restauration de la solvabilité des économies, disqualifie toute action orientée vers une relance de l'activité économique (Fontaine, 1994 ; Fontaine et Lanzarotti, 2001). Avec le passage progressif aux réformes structurelles qui, tout au long de la décennie 1990, s'autonomisent par rapport au problème de l'endettement pour constituer une nouvelle norme (Treillet, 1993), le retour de la croissance est attendu d'une allocation plus efficiente des facteurs de production. Mais il ne redevient pas pour autant un objectif explicite des politiques publiques. Par ailleurs, les conséquences sociales des PAS en termes d'augmentation de la pauvreté et des inégalités ainsi que de dégradations des indicateurs de développement humain dans de nombreux pays (taux de mortalité infantile et maternelle, taux de scolarisation), quel que soit par ailleurs leur catégorie en termes de revenu par tête, sont ignorées.

Les Stratégies de réduction de la pauvreté (SRP), lancées à la fin de la décennie 1990, marquent à la fois une continuité et un tournant par rapport à ce cadre. L'essentiel des politiques macroéconomiques reste inchangé. « *Ce manque de remise en question du contenu des politiques passées par les IBW*[1] *est encore plus marqué dans les DSRP*[2] *existants. Dans la majorité des cas, ils ne font que reconduire en les recyclant, les orientations antérieures. Les Documents Stratégiques de Réduction de la Pauvreté, qui remplacent les Documents Cadres de Politique Economique (DCPE), ne constituent bien souvent qu'un reflet déformé des options préconisées par les IBW* » (Cling et al., 2009, 10) à savoir libéralisation des marchés et privatisations. D'un autre côté, la formulation d'objectifs de réduction de la pauvreté constitue une inflexion réelle :elle prend acte des conséquences sociales négatives des PAS et élabore des propositions, conçues pour réorienter les financements internationaux mais également les politiques publiques nationales, via les DSRP, afin de réduire la pauvreté et d'améliorer les indicateurs de développement humain. Les Objectifs du Millénaire pour le Développement (OMD) lancés conjointement avec les Nations-Unies la même année, vont dans le même sens.

[1] Institutions de Bretton-Wood.

[2] Documents stratégiques de réduction de la pauvreté.

Mais les mécanismes pouvant conduire à la réduction de la pauvreté sont conçus comme reposant principalement, au niveau microéconomique, sur des incitations des agents économiques dans un contexte d'information imparfaite et asymétrique, ainsi que de marchés incomplets. Les politiques doivent chercher à agir sur les facteurs qui génèrent la pauvreté au niveau des individus ou des ménages, et qui provoquent sa transmission intergénérationnelle (d'où l'accent mis sur l'éducation et la formation lues à travers le prisme de la théorie du capital humain). Dans ce cadre, la question des facteurs de la croissance au niveau macroéconomique n'est quasiment pas posée, restant en quelque sorte hors-champ. Les agendas de la réduction de la pauvreté et plus globalement du développement humain d'une part, de la croissance comprise comme fondée sur une réforme des marchés et des politiques macroéconomiques appropriées d'autre part (correction des déséquilibres, allocation efficiente des facteurs de production) continuent donc à se développer de façon parallèle et sans articulation directe entre eux.

On peut cependant leur trouver un cadre conceptuel commun : la mise en avant du rôle des institutions dans le cadre de la NEI. Celle-ci devient la grille de lecture dominante des recommandations des OI, notamment à partir du Rapport sur le développement dans le monde (RDM) de la Banque mondiale en 2002, *Des institutions pour les marchés*. En effet le RDM 2002, qui s'appuie sur tout le corpus antérieur de la littérature de la NEI orientée vers le développement (Acemoglu et al., 2001), se donne pour objectif de traiter « *d'institutions de marché favorables à la croissance et au recul de la pauvreté* » et d'analyser « *comment les institutions peuvent promouvoir des marchés ouverts à tous et intégrés et assurer une croissance stable, conduisant par là à une élévation spectaculaire des revenus de la population et au recul de la pauvreté* » (Banque mondiale, 2002, Avant-propos). Posant la question de déterminer les raisons pour lesquelles les marchés fonctionnent dans un sens favorable à la croissance dans certains pays et n'y parviennent pas dans d'autres, le rapport étudie de quelle manière les dispositifs institutionnels peuvent faire la différence, en recensant leurs trois fonctions principales : diffusion de l'information, création et garantie des droits de propriété et de juridictions assurant le respect des contrats, organisation de la concurrence. Si l'ensemble de l'étude revendique une démarche pragmatique, consistant à s'appuyer sur les dispositifs existants en essayant de les transformer si nécessaire, et en récusant l'idée de rechercher un modèle d'institutions optimales, elle n'en préconise pas moins la généralisation de la concurrence à toutes les catégories d'agents et d'institutions. En effet, si dans la NEI la mise en avant des institutions, comme mode de coordination des actions des agents alternatif au marché et complémentaire de celui-ci, atteste que toutes les interactions ne peuvent passer exclusivement par l'échange marchand, en revanche le postulat est bien que la concurrence constitue le principe unique d'efficacité, à même notamment d'opérer une sélection entre les institutions en permettant de retenir les plus efficaces. Sur cette base, le rapport se donne pour objectif d'étudier concrètement quels dispositifs favorisent la croissance et lesquels ont un impact sur la pauvreté. La plus ou moins grande efficacité des dispositifs institutionnels, notamment ceux qui ont pour fonction d'appuyer le fonctionnement du marché, permet donc dans cette approche de rendre compte à la fois des différentes trajectoires de croissance entre les pays – on retrouve là la notion de « dépendance au sentier » mise en avant par North (1990).

D'une façon générale, des institutions efficaces ont une influence sur l'économie en modifiant le système d'incitations et les comportements des agents, en créant un besoin d'institutions nouvelles, en favorisant l'égalité des chances et en stimulant l'innovation. La philosophie générale est résumée par la citation de North (1990) placée en exergue du rapport « *Il nous faut encourager les individus à investir dans des technologies plus efficaces, à développer leurs compétences et à organiser des marchés qui fonctionnent bien. Les institutions sont l'expression concrète de ces incitations* ». En exerçant les trois principales fonctions recensées, les structures institutionnelles influent en effet sur la répartition des actifs, des revenus et des coûts. Dès lors, les mécanismes générateurs de croissance sont à chercher dans cette approche du côté des incitations à investir et à innover que des institutions efficaces transmettent aux agents. Il s'agit donc de mécanismes agissant uniquement au niveau microéconomique : la croissance repose sur une addition de comportements individuels efficaces (Collier et Gunning, 1999). Aucune politique industrielle ou sectorielle n'est envisagée : par politique industrielle on entendra des politiques volontaristes de soutien ou de financements sélectifs en direction de branches spécifiques de la production ; de telles politiques ont été pratiquées par exemple dans les années 1970 et 1980 dans certains pays d'Asie de l'est – notamment en Corée du Sud qui a été jusqu'à la planification – et on peut considérer que c'est le cas aujourd'hui en Chine. Cette donnée confère aux mécanismes de croissance de plusieurs économies émergentes un caractère atypique par rapport aux recommandations des OI (Ruet, 2016).

Du côté de la lutte contre la pauvreté, le renforcement des droits de propriété notamment avec la garantie de droits fonciers dans le secteur rural doit assurer la sécurité des plus pauvres en leur permettant d'utiliser la terre comme caution afin d'emprunter, et en les incitant à utiliser des technologies plus efficaces (Deininger, 2001). Plus globalement, en assurant un fonctionnement efficient des marchés (décloisonnement, circulation de l'information, recul de la corruption et des comportements de rente), des institutions appropriées peuvent faire en sorte que les marchés offrent aux plus pauvres des opportunités et leur permettent d'échapper à l'exclusion et à la marginalisation en exerçant des activités génératrices de revenus.

Cette limitation de l'agenda de la réduction de la pauvreté au niveau strictement microéconomique tant sur les plans explicatif qu'opérationnel, symétrique de celle qui a été identifiée à propos de la croissance, est renforcée par la place croissante prise aujourd'hui par l'approche expérimentale par *randomisation* aléatoire (Banerjee et Duflo, 2012), excluant explicitement du champ de la recherche le cadre global et la dynamique macroéconomique. Cette absence revendiquée de cadre macroéconomique pose des problèmes méthodologiques par rapport à l'objet de l'étude lui-même. « *Ils auraient également pu faire une critique exhaustive de l'impact de l'ajustement structurel et de ses avatars sur la situation de l'éducation dans les PVD, soumis à la fois à une démographie forte et à des ressources financières en raréfaction. L'absence d'une vision macroé-*

conomique des problèmes éducatifs, dans un contexte de prédominance d'une idéologie prônant le retrait de l'Etat, ne permet pas aux auteurs de dépasser le stade anecdotique dans l'analyse des déterminants de la faible performance des systèmes éducatifs dans les PVD » (Nubukpo, 2012, p. 2).

Le fait de récuser toute grille d'analyse théorique en revendiquant la comparaison avec le statut du plombier par opposition au théoricien[3] alors même que les références implicites sont les mêmes que les travaux de la NEI soulève également des questionnements et introduit « *une dimension nouvelle : celle que nous qualifions de "normativité déconcertante" dans la mesure où des questions systémiques ou holistiques, comme celle des institutions, vont être convoquées, sans précaution, à l'appui d'une lecture anecdotique de la rationalité individuelle* » (id., p. 3-4), ignorant par ailleurs les travaux sociologiques ou anthropologiques antérieurs.

Il n'y a donc pas de lien direct entre un meilleur fonctionnement des marchés en général pouvant favoriser la croissance et un fonctionnement plus favorable aux pauvres. L'efficacité institutionnelle se limite en quelque sorte à constituer une variable explicative commune aux deux processus. De fait, le postulat semble être alors qu'en tant que telle la croissance ne peut qu'être favorable aux plus pauvres (Dollar et Kraay, 2002 ; Dollar et al., 2013). Cette idée renoue avec l'image ancienne du ruissellement (*trickle-down*) : une croissance suffisamment forte doit entraîner une augmentation du revenu dans toutes les catégories, donc également en bas de la pyramide.

En effet, avec l'évolution des grandes économies émergentes, le constat a été fait qu'une forte croissance dans un laps de temps relativement court pouvait faire reculer la pauvreté absolue, comme cela a été le cas en Chine au cours des deux dernières décennies (Ravallion et Chen, 2007). Mais cet exemple, bien que présentant une grande importance du point de vue démographique comme économique, ne semble pas pouvoir être généralisé à tous les pays. Dans le même temps, a été formulé, notamment par le PNUD, le diagnostic selon lequel il était impossible d'établir de façon générale une corrélation claire entre les performances en termes de croissance et de développement humain (PNUD, 2010). Si l'on considère les progrès de l'IDH comme variable approchée du recul de la pauvreté – permettant la comparaison qu'effectue le rapport entre des pays par ailleurs fort éloignés du point de vue du revenu par tête et du degré de diversification de l'économie – une des leçons centrales de l'étude des vingt dernières années est le constat d'une relation étonnamment faible entre croissance économique et amélioration en matière de santé et d'éducation.

La corrélation en dynamique est encore plus faible si on ne considère que l'IDH non monétaire, donc n'intégrant pas le RNB/tête dans sa composition, mais seulement les indicateurs d'espérance de vie et de scolarisation. La tentative de construire une typologie des pays définis comme performants du point de vue de l'IDH (pays dont l'IDH augmente le plus rapidement) se heurte en

[3] « Un économiste doit être plus proche d'un plombier que d'un physicien qui cherche à dégager les grandes lois du monde », E. Duflo, entretien avec Grzybrowsky, La vie des idées, 22-10-2009.

partie à une impasse, car toutes les configurations possibles se présentent. Parmi les pays qui ont progressé de façon importante sur le plan de l'IDH – définis par une déviation importante de l'évolution de l'indicateur par rapport au *trend* calculé d'après la situation de départ – on trouve aussi bien des pays à forte croissance (même s'ils sont relativement rares) que des pays à faible croissance, on y repère des pays émergents à croissance rapide, comme la Chine – dont les enseignements en terme de recul de la pauvreté coexistant avec une augmentation importante des inégalités peuvent alimenter la réflexion – mais aussi d'autres qui sont bien éloignés de cette situation et ne sont pas habituellement cités comme des exemples de succès. Inversement, tous les rythmes de croissance se rencontrent inversement, parmi les pays à faible performance d'IDH.

Tableau 1. Exemples de pays classés du point de vue de l'évolution du PIB et de l'IDH de 1990 à 2010

	Forte croissance du PIB	Faible croissance du PIB
Forte croissance de l'IDH	Chine, Indonésie, Corée du Sud	Népal, Ethiopie, Tunisie, Burkina Faso
Faible croissance de l'IDH	Brésil, Mexique	Sénégal, Côte d'Ivoire, Madagascar

Source : PNUD (2010).

Ainsi, de nombreuses « combinaisons gagnantes » différentes (ou, inversement, «perdantes») coexistent. Cette aporie renvoie selon le PNUD les explications des différences entre pays à une variable qualité des politiques publiques et des institutions. On retrouve donc là en grande partie le paradigme néo-institutionnaliste déjà évoqué. Mais elle ouvre également la porte à la thématique du « développement inclusif » mis en avant aujourd'hui.

2.2. Un renouvellement du questionnement

La question de l'articulation de la croissance et du recul de la pauvreté est donc posée aujourd'hui sur des bases renouvelées. Le Programme de développement des Objectifs du Développement Durable (ODD) de l'après 2015 met en avant l'idée d'une croissance et d'un développement inclusifs, c'est-à-dire d'une croissance organisée de façon à ce que toute la population puisse en bénéficier. En 2013, la Banque mondiale se fixe deux nouveaux objectifs chiffrés : en finir avec l'extrême pauvreté d'ici 2030 (soit ramener la proportion d' « extrêmement pauvres » à 3 % de la population mondiale, avec un objectif intermédiaire de 9 % en 2020), et promouvoir une prospérité équitablement partagée dans la population, en élevant le revenu des 40 % plus pauvres, ce de façon soutenable (Banque mondiale, 2014a). Si une croissance économique soutenue est toujours affirmée comme essentielle pour réduire la pauvreté extrême, il apparaît qu'elle n'est pas suffisante, pour plusieurs raisons : plus la pauvreté extrême se réduit, plus les groupes de population les plus exclus et marginalisés pour diverses raisons apparaissent hors d'atteinte des effets de la seule croissance, qui devient donc de moins en moins efficace de ce point de vue ; elle ne suffit pas non plus à enclencher un processus qui leur permette de véritablement améliorer leur situation dans la durée ; enfin le retour à une croissance soutenue apparaît comme aléatoire et incertain dans bien des pays. Pour ces raisons, *« les politiques de croissance doivent être renforcées et complétées par des programmes et des stratégies ciblées pour atteindre les populations extrêmement pauvres.* » (Banque mondiale, 2014a, p. 4)

Ce programme soulève trois catégories de questionnements : le contenu et l'orientation de la croissance, les déterminants de la croissance et les politiques sociales complémentaires. La principale difficulté est d'arriver à « *rendre la croissance inclusive* », ce qui suppose principalement de créer des emplois notamment pour les plus pauvres, et de rendre plus aisé leur accès aux services publics de base. D'un autre côté, la question des facteurs de la croissance eux-mêmes est à nouveau largement laissée de côté, ou plutôt évoquée rapidement comme le résultat de réformes structurelles et de politiques visant à augmenter la productivité du travail. Il s'agit d'élever le niveau de la croissance potentielle par l'augmentation du taux d'activité de la population et l'amélioration de sa formation. Comme à l'étape précédente, la croissance n'est pas considérée comme pouvant être stimulée par des politiques de soutien à l'activité économique (budgétaires ou monétaires) ni par des politiques industrielles ou sectorielles. On peut même dire que l'élévation du niveau de la croissance doit résulter d'une augmentation de l'emploi, et non l'inverse. Par ailleurs il est entendu qu'il s'agit d'un objectif à moyen terme, qui doit être complété dans l'immédiat par « *des programmes d'assistance sociale appropriée* » en direction des plus pauvres (id., p. 4-5). La stratégie en discussion porte donc sur le changement de nature de la croissance et non sur ses conditions de possibilité, en termes de politiques publiques. Dans la cohérence de l'approche néo-institutionnaliste, cette interrogation pourrait en particulier étudier les conditions requises pour la réussite de telles politiques publiques, à partir notamment des exemples de réussites, en termes de transparence, d'absence de détournement des moyens par rapport aux objectifs affichés, d'utilisation des fonds publics, etc.

Les inégalités, dont l'analyse dans le cadre du développement s'est renouvelée depuis le début des années 2000 (Banque mondiale, 2006 ; PNUD, 2010), apparaissent comme une variable intermédiaire entre croissance et recul de la pauvreté ou avancée du développement humain. L'approche traditionnelle de la croissance jusqu'à la fin des années 1990 était largement fondée sur l'idée d'un *trade-off* entre croissance et réduction des inégalités, ces dernières apparaissant communément comme la condition indispensable au décollage (augmentation des taux d'épargne, encouragement à la prise de risque et à l'innovation). Cependant, le renouvellement de la réflexion au cours des quinze dernières années a conduit à prendre en compte la relation inverse ; des inégalités excessives peuvent à la fois constituer une entrave à la croissance et une cause d'aggravation de la pauvreté. « *Avec des marchés imparfaits, les inégalités de pouvoir et de richesse se traduisent en inégalité des chances, source de gaspillage du potentiel productif et d'inefficacité dans l'allocation des ressources.* » (Banque mondiale, 2006, p. 8), les inégalités politiques et économiques étant elles-mêmes attribuées à *« un développement institutionnel déficient »* (id., p. 9). L'expérience de la Chine et de l'Inde montre que le recul de la pauvreté absolue en situation de forte croissance (extravertie) peut s'accompagner d'une augmentation prononcée des inégalités sous différences formes (entre niveaux de revenus, entre régions, entre villes et campagnes). Or la capacité d'un point de croissance à faire reculer la pauvreté dépend en grande partie du degré d'inégalités (Ferreira, 2010).

Certes, l'idée que le recul de la pauvreté dépend des modalités de la croissance est ancienne dans la théorie du développement, de même que la distinction entre croissance quantitative et indifférenciée et développement mettant l'accent sur les aspects structurels et qualitatifs du changement des sociétés. Déjà, Perroux (1981) exprimait des questionnements *« La croissance pour qui ? Pour certains membres de la communauté nationale, ou pour tous ? »* qui furent éclipsés pendant plusieurs décennies.

3. QUEL CIBLAGE ?

Cette nouvelle approche se pose la question de l'interaction réciproque entre recul de la pauvreté et croissance, ce qui implique la recherche des conditions pour l'établissement d'un cercle vertueux. Dans cette optique, la notion de ciblage de la croissance acquiert un statut particulier.

3.1. Une croissance mieux ciblée ?

La question des instruments efficaces, au niveau des politiques publiques, pour parvenir à mettre en œuvre un tel cercle vertueux, est donc posée. Pour la Banque mondiale (2014a) permettre aux 40 % les plus pauvres de la population de voir leur revenu moyen progresser suppose une « croissance ciblée ». Cette idée de ciblage prend le contre-pied de la théorie du ruissellement citée plus haut. Les faits stylisés repérés notamment à partir des économies émergentes obligent à approfondir l'analyse.

Cependant la notion de ciblage comporte de nombreuses ambiguïtés et imprécisions. Tout d'abord, il faut noter qu'il s'agit d'une acception assez restrictive de la notion. Elle renvoie au ciblage en direction des la fraction la plus pauvre de la population, mais ne comporte pas de dimension qualitative intégrant la différenciation des structures économiques des pays : régions reculées versus grandes métropoles, régions rurales ou faiblement développées versus régions industrialisées par exemple. Cet aspect n'est concerné qu'indirectement à travers la question générale de la pauvreté. Ce point aveugle est d'autant plus notable que précisément dans les grandes économies émergentes ou à revenus intermédiaires les épisodes de croissance rapide ont pu se traduire par des écarts croissants entre régions et secteurs de l'économie, interférant avec les inégalités de revenus. Par ailleurs s'il s'agit du ciblage général des politiques de croissance, la question des mécanismes appropriés est posée, dans un contexte de contrainte budgétaire : s'agit-il en premier lieu de créer des emplois en priorité pour les moins qualifiés ? De mettre en place pour les moins éduqués et les moins qualifiés une politique de formation dans l'objectif d'améliorer d'abord le capital humain ? D'aménager l'accès de tous aux services de base ?

La thématique d'une croissance en elle-même mieux ciblée renvoie à des questionnements sur les politiques de l'emploi qui sont aujourd'hui ouvertes. Si la doctrine dominante depuis les années 1990, confirmée avec les SRP, a été d'associer les réformes renforçant la flexibilité du marché du travail avec les politiques dites d' « activation », la Banque mondiale (2013) tire aujourd'hui un bilan mitigé de cette orientation, reconnaissant que dans un contexte d'insuffisance chronique de créations d'emplois, les mesures d'activation ne peuvent suffire. L'augmentation de la flexibilité a même pu aggraver la situation des plus pauvres en étendant la précarité et en contribuant à dégrader la qualité des emplois (OIT, 2015).

La thématique du ciblage peut également désigner plus spécifiquement les politiques sociales en direction des plus pauvres, par opposition à des prestations à caractère universel.

3.2. Politique sociales : ciblage ou universalisme ?

Le cadre théorique général des SRP a abouti à recommander des politiques sociales ciblées sur les plus pauvres (sous conditions de ressources) et fréquemment assorties d'une conditionnalité en termes de comportement (Banque mondiale, 2000/01 ; Treillet, 2005 ; Lautier, 2002 ; 2006 ; Cling et al., 2009 ; Banque mondiale, 2015). Ces recommandations se sont également appuyées sur la thématique des effets pervers mise en avant avec les PAS (Treillet, 1993) : les programmes sociaux à vocation universaliste privilégieraient une minorité de salariés du secteur formel en laissant de côté les plus pauvres, agriculteurs ou actifs du secteur informel.

Ces dispositifs, recensés sous le terme de « filets de sécurité sociaux », ont été implantés, parfois antérieurement au lancement des SRP, dans un très grand nombre de PED depuis une quinzaine d'années – à raison souvent de plusieurs programmes coexistant dans un même pays –, en direction des populations repérées comme les plus pauvres et les plus vulnérables (Barrientos et Scott, 2008). Il est possible de recenser une variété très grande de ces dispositifs, notamment en Amérique latine, certains ont parfois pris place dans un contexte de remise en cause de systèmes antérieurs de protection sociale dans le cadre des PAS et de libéralisation des économies.

A partir de critères distinguant les modalités de l'aide (monétaire ou en nature) ainsi que celles du ciblage des bénéficiaires et des formes de la conditionnalité, la Banque mondiale (2015) établit une typologie, recensant ainsi 6 catégories de dispositifs :

- prestations monétaires conditionnelles (*Conditional cash transfers, CCTs),* les plus largement répandues et dont le nombre augmente le plus vite, qui sont des transferts monétaires réguliers conditionnés à des comportements considérés comme devant améliorer l'investissement en capital humain (scolarisation, vaccination ou suivi médical des enfants, suivi d'une formation) ;
- prestations monétaires inconditionnelles (*Unconditional cash transfers, UCTs)* ciblant différentes catégories de population (personnes âgées, enfants, handicapés) ;

- programmes d'alimentation scolaires, transferts en nature conditionnés également à la fréquentation scolaire ;
- prestations en nature inconditionnelles, notamment les programmes de lutte contre la sous-nutrition ou la malnutrition des enfants ;
- programmes d'emploi public (*Public works programs, PWs*), la deuxième catégorie en nombre, engageant les participants dans des travaux destinés à construire ou réparer des infrastructures publiques ;
- dispense de paiement de droits, se rapportant à des services publics, le plus souvent éducation ou santé.

Il n'existe pas de bilan d'ensemble de ces politiques. Seules des études de cas permettent d'examiner leurs résultats (Banque mondiale, 2015 ; De Janvry et al., 2001). Ceux-ci sont en général recensés comme positifs sur trois plans : l'amélioration du revenu des catégories de population bénéficiaires ; les comportements faisant l'objet d'incitations (scolarisation, suivi sanitaire, formation) et permettant en tant que tels de faire reculer la pauvreté ; les externalités concernant le reste de la communauté (catégories de population non bénéficiaires).

Ce dernier point mérite une attention particulière car il permet de repérer un effet multiplicateur de ces programmes, en général estimé comme supérieur à 1. Ainsi, l'étude par De Janvry et al. (2001) des résultats du programme PROCAMPO au Mexique (programme destiné à compenser pour les agriculteurs les effets négatifs de l'ALENA sur l'évolution des prix agricoles), identifie dans le secteur de l'*ejido* (propriété communautaire) un multiplicateur compris entre 1,5 et 2,6. Parmi les mécanismes identifiables de cet effet multiplicateur, on peut repérer notamment la levée partielle de la contrainte de liquidité pour les producteurs, leur permettant d'avoir accès à d'autres opportunités de génération de revenu. On peut donc identifier un lien avec l'enclenchement d'un processus de croissance inclusive, même si cet effet rencontre plusieurs limites. La première est le caractère conditionné des externalités positives : dans le cas des agriculteurs, la mise en œuvre d'une assistance technique apparaît comme une condition de la réussite des activités complémentaires. Le caractère redistributif du processus ne semble pas avéré, au contraire, puisque le multiplicateur est plus important dans les régions les plus riches et pour les agriculteurs les moins pauvres. Enfin ce multiplicateur opère au niveau socio-économique (village, communauté) mais ne permet pas d'identifier un processus de croissance au niveau macroéconomique.

Sur la question du ciblage, le débat semble ouvert entre la Banque mondiale – qui continue à encourager des programmes sociaux ciblés (2014b) même si son approche s'inscrit désormais dans l'objectif d'augmenter la couverture sociale de l'ensemble de la population (2015) dans le cadre de sa Stratégie pour la Protection Sociale et l'Emploi 2012-2022 – et le PNUD (2014), ainsi que l'OIT (2014-2015), qui dans le principe affirment qu'il vaut mieux aujourd'hui y renoncer et rechercher l'universalisme des prestations sociales.

Les arguments en faveur ou en défaveur de ce type de ciblage concernent à la fois son efficacité en termes d'incitations (débat sur l'existence de trappes à inactivité), ainsi que les éventuels effets pervers par rapport à l'objectif de réduction de la pauvreté lui-même. Le PNUD pointe les risques de stigmatisation des bénéficiaires, de dualisme dans la fourniture des services et d'érosion des recettes en raison de la diminution du consentement à payer des classes moyennes, rejoignant sur ces points les conclusions de nombre d'études antérieures portant sur les pays industrialisés (Barbier, 2010, Warin, 2010). C'est le « paradoxe de la redistribution » souligné par Korpi et Palme (1998). Le PNUD plaide donc pour une protection sociale universelle qui apparaît plus efficace dans la lutte contre la pauvreté que des dispositifs explicitement ciblés en direction des plus pauvres.

Cependant l'opposition ne semble plus aussi tranchée dès lors que des exemples de pratiques sont convoqués. Tout d'abord la dimension d'inclusivité de la protection sociale implique de parvenir à mettre en œuvre des mécanismes d'extension de la couverture par les prestations des catégories de la population qui en sont souvent exclues (Union européenne, 2010) : une partie des plus pauvres, des habitants des régions rurales isolées et, plus particulièrement dans les PED, des actifs du secteur informel. Tout cela s'applique dans un contexte d'offre fortement contrainte au niveau des politiques sociales, notamment dans les économies à faibles revenus (Barrientos, 2010). De plus le PNUD, comme la Banque mondiale, fait référence à des expériences nationales qui constituent de fait des dispositifs de ciblage. Parmi les plus emblématiques, on peut cibler des programmes de type CCT fondés sur une prestation monétaire – *Progresa* puis *Oportunidade*s au Mexique, *Bolsa familia* au Brésil, ou plus spécifiquement centrés sur l'emploi, *Rural Employment Guarantee Scheme* (Garantie d'emploi rural) en Inde, « vivres contre- travail » au Bangladesh, l'initiative *Jefes y Jefas de Hogar Desocupados* (chefs et cheffes de famille au chômage) en Argentine parmi les plus emblématiques

4. CONCLUSION

On peut donc s'interroger sur le développement actuel de ce débat entre ciblage et universalisme des politiques sociales, dans la doctrine des Organisations internationales mais également dans les politiques recommandées et mises en œuvre. Il semble qu'il soit possible de repérer, dans le contexte de l'agenda de la croissance inclusive, une norme en cours de reformulation, articulant un nouvel objectif d'universalisme avec certaines formes spécifiques de ciblage. Cette norme peut apparaître cohérente avec le paradigme néo-institutionnaliste qui sous-tend les réformes des politiques sociales.

La question de savoir si cette voie étroite apparaît en mesure de remplir la condition d'un meilleur ciblage général des politiques de croissance, conformément à l'objectif annoncé. Cette question comme on l'a vu dépend également des réorientations éventuelles des politiques de l'emploi, que semblent introduire les interrogations actuelles de la Banque mondiale. Il serait donc utile que les recommandations dans ce domaine soient davantage précisées, au-delà des hésitations actuelles.

REFERENCES

Acemoglu, D., Johnson, S., Robinson, J.A., 2001, "The Colonial Origins of Comparative Development: An Empirical Investigation", *The American Economic Review*, 91, 5, 1369-1401.

Baneerjee, A., Duflo, E., 2012, *Repenser la pauvreté*, Paris, Le Seuil, 432 p.

Banque mondiale, 2015, *The State of Social Safety Nets*, Washington, 185 p.

Banque mondiale, 2014a, *Prosperity for all, ending extreme poverty,* World Bank Group, Spring meetings, 30 p.

Banque mondiale, 2014b, « Risques et opportunités : la gestion du risque à l'appui du développement », *Rapport sur le développement dans le monde,* Washington.

Banque mondiale, 2013, « L'emploi dans le monde », *Rapport sur le développement dans le monde,* Washington, 423 p.

Banque mondiale, 2006, « Equité et développement », *Rapport sur le développement dans le monde,* Washington, 340 p.

Banque mondiale, 2002, « Des institutions pour les marchés », *Rapport sur le Développement dans le monde*, Washington, 298 p.

Banque mondiale, 2000/01, « Combattre la pauvreté », *Rapport sur le Développement dans le monde*, Washington, 402 p.

Barbier, J.C., 2010, « Stratégie de Lisbonne : les promesses sociales non tenues », Documents de Travail du Centre d'Économie de la Sorbonne, n° 18. ftp://mse.univ paris1.fr/pub/mse/CES2010/10018.pdf

Barrientos, A., Scott, J., 2008, "Social Transfer and Growth: A Review", *BWPI Wor-king Paper* 52.

Barrientos, A., 2010, "Social Protection and Poverty. Social Policy and Development", Programme Paper 42, UNRISD for Social Development.

Barrientos, A., 2012, "Social Tranfers and Gowth : What Do We Know ? What Do We Need to Find Out ? ", *World Development,* 40, 1, 1-20.

Ben Hammouda, H, 1999, *L'économie politique du post-ajustement*, Karthala, Paris, 393 p.

Cling, J-P., Razafindrakoto, M., Roubaud, F., 2002, « La Banque mondiale et la lutte contre la pauvreté : tout changer pour que tout reste pareil ? », Document de travail Dial, 02/09.

Collier, P., Gunning, J.W., 1999, "The Microeconomics of African Growth", 1950-2000, Thematic Paper for the AERC Collaborative Research Project on 'Explaining African Economic Growth, 1950-2000.

Deininger, K., 2002, "Land Policy and Its Impact on Competition and Functioning of Factor Markets : Conceptual Issues and Empirical Evidence", Banque mondiale, Washington.

De Janvry, A., Sadoulet, E., Davis, B., 2001, "Cash Transfer Programs with Income Multipliers : PROCAMPO in Mexico", *World Development*, 29, 6, 1043-56.

Dollar, D., Kleineberg, T., Kraay, A., 2013, "Growth Is Still Good for the Poor", *Policy Research Working Paper* 6568, World Bank.

Dollar, D., Kraay, A., 2002, "Growth Is Good for the Poor", *Journal of EconomicGrowth,* 7, 195-225.

Ferreira, F., 2010, "Distributions in Motion—Economic Growth, Inequality, and Poverty Dynamics", *Policy Research Working Paper* 5424, World Bank.

Fontaine, J.-M., Lanzarotti, M., 2001, « Le Néo-structuralisme, de l'opposition rhétorique à l'émergence d'un nouveau paradigme », *Mondes en développement,* 113/114, 29, 47-62.

Fontaine, J.-M., 1994, *Mécanismes et politiques de développement économiques, Du "big push" à l'ajustement structurel*, Cujas, Paris, 196 p.

Holzmann, R., Jorgensen, J., 2000, « Gestion du risque social : cadre théorique de la protection sociale », Documents de travail sur la protection sociale n° 6, Washington, Banque mondiale.

Korpi, W., Palme, J., 1998, "The paradox of redistribution and strategies of equality : Welfare state institutions, inequality, and poverty in the Western countries", *American sociological review*, 661-687.

Lautier, B., 2006, "Towards Universal Social Security and Protection of the "Most Vulnerable", in International Labour Office (ILO) and Strategies and Tools against social Exclusion and Poverty programme (STEP) (2006)", *Social Protection and Inclusion : Experiences and Policy Issues,* Geneva, ILO and STEP, 77-103.

Lautier, B., 2002, « Pourquoi faut-il aider les pauvres ? Une étude critique du discours de la Banque mondiale sur la pauvreté », *Revue Tiers Monde*, XLIII, 169, 137-165.

Merrien, F-X., 2013, « La protection sociale comme politique de développement : un nouveau programme d'action internationale », *Articles et débats*, 4.2, 68-88.

North, D., 1990 *Institutions, Institutional Change, and Economic Performance,* New York, Cambridge University Press, 152 p.

Nubukpo, K., 2012, « Une approche simpliste de la pauvreté », *L'économie politique*, 56, 104-112.

Nurske, R., 1953, *Problems of Capital Formation in Underdeveloped Countries*, New York, Oxford University Press, 171 p.

Organisation internationale du travail, 2015, "The Changing Nature of Jobs", *Emploi et questions sociales dans le monde*, Genève, 162 p.

Organisation Internationale du Travail, 2014/2015, "Building economic recovery, inclusive development and social justice", *Rapport mondial sur la protection sociale*, Genève, 337 p.

Perroux, F., 1981, *Pour une philosophie du nouveau développement*, Aubier, Paris, 279 p.

Programme des Nations-Unies pour le développement (PNUD), 2014, « Pérenniser le progrès humain : réduire les vulnérabilités et renforcer la résilience », *Rapport sur le développement humain,* New-York, Nations-Unies, 259 p.

Programme des Nations-Unies pour le développement (PNUD), 2010, « La vraie richesse des nations : les chemins du développement humain », *Rapport sur le développement humain,* New-York, Nations-Unies, 268 p.

Ravallion, M., Chen, S., 2007, "China's (Uneven) Progress against Poverty", *Journal of Development Economics,* 82,1, 1-42.

Ruet, J., 2016, *Des capitalismes non alignés. Les pays émergents ou la nouvelle relation industrielle au monde,* Raisons d'agir, Paris, 224 p.

Sen, A., 1999, *Development as Freedom,* Oxford University Press, 361 p.

Stiglitz, J., 2000, « Vers un nouveau paradigme pour le développement », discours à la Cnuced, *L'Economie politique*, 5, 10-32.

Treillet, S., 2005, « La société civile dans les stratégies des organisations internationales », in Froger, G., et al. (dir.), *Quels acteurs pour quel développement ? »,* Paris, Gemdev-Karthala, 15-28.

Treillet, S., 1994, « Une nouvelle norme de développement ? », *Economies et sociétés,* série R, 8/12, 117-143.

Warin, P., 2010, « Ciblage de la protection sociale et production d'une société de frontières », *SociologieS,* http://sociologies.revues.org/3338.

Zemmour, M., 2014, « Faut-il mieux cibler les prestations sociales pour réduire les inégalités ? », *Les nouvelles d'Archimède*, avril-mai-juin, Lille.
http://culture.univ-lille1.fr/fileadmin/lna/lna66/lna66.pdf

WHICH TARGETING FOR GROWTH AND SOCIAL POLICIES IN POVERTY REDUCTION STRATEGY FRAMEWORK ?

Abstract *- The recent promotion by the International Organizations of the objective of "inclusive development" for developing countries creates the conditions for the convergence in development policies of two agendas hitherto developed independently : poverty reduction on the one hand, and growth on the other. What then, within the theoretical hypotheses of the New Institutional Economy, can the mechanisms be used to establish growth benefiting the poorest? How can social policy targeting be a lever for achieving this goal ?*

Key-words - POVERTY REDUCTION, SOCIAL POLITICS, INCLUSIVE GROWTH, TARGETING

REVIEW ESSAY

WOMEN IN INCLUSIVE DEVELOPMENT: AN OVERVIEW

Audrey VERDIER-CHOUCHANE*

Abstract - *The first objective of this article is to review the benefits of women's empowerment for inclusive development. In reference to Sen's capability approach, human development is an expansion of capability, including women's better functioning and opportunity. Reducing gender inequality therefore contribute both to social justice and to human development. Another argument lies on positive productivity gains, irrefutable intergenerational benefits and better institutional outcomes which overall improve GDP growth, poverty reduction and inclusive development. The second objective is to analyse gender gaps in different spheres and to demonstrate that some countries face particular challenges when it comes to tackle gender inequality. Even indicators of school enrolment in primary education and number of seats in parliament where major progress has been registered at the global level, sometimes show very low levels. More worrisome, women's participation in the labour market and in decision-making process within and outside the household is generally unsatisfactory. This implies a discussion on whether women's well-being should be measured in comparison to men's well-being or as a separate measure including reproductive health indicators. The third objective of this article is to provide policy recommendations in order to expand women's opportunity, to address women's institutional constraints and to enhance women's voice and agency.*

Key Words - WOMEN'S EMPOWERMENT, SEN'S CAPABILITY APPROACH, GENDER INEQUALITY INCLUSIVE DEVELOPMENT

JEL Classification - J16

The author would like to thank Charlotte Karagueuzian for excellent research assistance. The findings, interpretations, and conclusions expressed in this paper reflect the opinions of the author and not those of the African Development Bank, its Board of Directors or the countries they represent.

* Chief Research Economist in the Macroeconomic Policy, Forecasting and Research Department of the African Development Bank. a.chouchane@afdb.org

1. INTRODUCTION

International organization have recently incorporated the concept of "inclusive development" in their strategies and operations on the ground (Verdier-Chouchane and Karagueuzian, 2016). For instance, the African Development Bank (2013) has conceptualized inclusive development in four dimensions (economic, social, spatial and political inclusions) and defined it as "providing wider access to sustainable socio-economic opportunities for a broader number of people, countries or regions, while protecting the vulnerable, all being done in an environment of fairness, equal justice, and political plurality". In order to achieve this ambitious objective, women who account for about half the world's population must have access to their full socio-economic potential. This is the prerequisite of an inclusive development. By contrast, women are discriminated in many parts of the World and cannot contribute adequately to development. Even in developed countries, they face inequalities and multiple forms of discrimination, often because of their gender alongside factors such as ethnicity and age (FRA, 2016).

The first objective of this article is to examine the economic literature and review the argumentation and the reasons why women should be empowered. Women's empowerment matters not only in its own right, as an issue of justice, but also, in reference to Sen's capability approach. For Sen (1999), individuals' freedom of choice and opportunity cause social justice and human development. Reducing both income and gender inequality eventually contribute to economic efficiency in the long-term because women's empowerment positively impact on economic productivity and future generations.

Second, this article aims at providing an analysis of gender gaps in different areas with a focus on Africa and a discussion on the best way to measure gender inequality, especially when indicators are gender specific and when the lack of gender disaggregated data do not prevent gender gap analysis. Although important progress has been registered in the areas of education and political participation, women suffer mostly from discrimination in the labour market. Their participation in the labour market and more particularly in the decision-making positions is far lower than the ones for men. This often prevents women from escaping the poverty trap, having a bargaining power within the household and breaking generational poverty.

The article finally gives key policy recommendations to enhance women's empowerment including some measures to improve women's economic opportunities, to address institutional constraints and to shrink the gender gaps in voice and agency.

The following section deals with the benefits of women's empowerment. Section 3 reviews the areas where gender gaps are the most significant, in the economic sphere but also within the household. It also provides a discussion on the measurement of gender gaps and on women's well-being. Section 4 provides policy recommendations following a sequencing approach to improve gender equality and women's empowerment. The last section concludes.

2. THE BENEFITS OF WOMEN'S EMPOWERMENT

The promise of women's empowerment is huge. It matters for inclusive development, for justice, for poverty reduction in the long-term and for economic efficiency. More concretely, women's participation in social, economic and political spheres has a positive impact on economic and human development. It does not only benefit women but also children, the broader community and the nation. In reference to Amartya Sen's capability approach, development is mainly related to individuals' empowerment, both men and women.

2.1. Individuals' empowerment in reference to Sen[1]

Sen (1999) has argued that economic issues are closely linked to questions of justice and equality. He has highlighted the importance of individual freedom and individual empowerment as development factors – to achieve different development outcomes and for the person to choose a life that s/he values.

Empowerment is about having access to socio-economic opportunities so that individuals can make the best choice in line with their talents and goals. Sen suggested that capabilities and functionings are the most appropriate variables to assess human development. While functioning relates to the things a person may value doing or being such as being adequately nourished, literate or expressing him/herself in public, the concept of capability relates to the ability of a person to achieve different combinations of functionings, reflecting the opportunity or individual freedom (Bérenger and Verdier-Chouchane, 2007).

Sen (1999) insists that women are not passive recipients of welfare. They should have the opportunity to access education and health services, find a decent job, earn an independent income and participate in decision-making within and outside the family. Sen (1999) argues that the agency of women positively affects the well-being of those around them. From this standpoint, individuals' emancipation and empowerment should be considered as the end of development, not as a means to development (Sen, 1999). Defending the idea of universal human rights, he also denounced the lower female-male indicators, including the low sex ratio in some African and Asian countries which reflects gender discrimination and neglect of females' health and education. Gender inequality, often exacerbated by income inequality, hampers women's empowerment. The issue of reducing inequality between rich and poor and between men and women is crucial not only for women's empowerment but also to reduce poverty and include poor people in socio-economic development.

---

[1] Amartya Sen has contributed to a paradigm shift in development economics. While the welfarist economists focused on the GDP per capita and economic efficiency, Sen has highlighted the need to assess economic outcomes in terms of human ends by considering freedom, individual agency and human rights as key elements of development. After his work, development economists have extensively worked on the concepts of agency and empowerment with specific attention on two groups: the poor and the women. See Samman and Santos (2009) and Ferreira and Peragine (2015) for further details on the concepts, frameworks and empirical evidence that have followed Sen's new paradigm.

2.2. The benefits of reducing income and gender inequalities

The feminization of poverty which refers to the disproportionate share of women in the world's poor has been a consequence of lack of income and jobs, urban migration and conflicts which have increased the number of female headed households and gender bias in many socio-economic spheres such as the education system or the labour market. In turn, this phenomenon has undermined national socio-development in the long-term because it also impacts children and the future generations.

In regions such as Sub-Saharan Africa, high economic growth has not translated into a better distribution of wealth. On the contrary, inequalities between rich and poor have increased. In many Southern African countries such Angola, Botswana, Namibia, South Africa or Zambia, the Gini coefficient is particularly high, above 0.55 as compared to an average of 0.43 in Africa and 0.39 in other developing regions (World Bank, 2016). Ultimately, income inequalities could hamper economic growth recorded over the past decade because they turn into inequalities in health, education, participation in the labour market and social exclusion as well as adversely impact the capacities of next generations. In unequal societies, individuals fall into a vicious circle of economic insecurity which affects their own choices and the ones of future generations, constituting an obstacle to inclusive development and sustainable growth. This is true for both men and women but women are also more disadvantaged than men in most socio-economic areas. Based on the World Bank (2016), women earn three-quarters of what men earn at equal level of qualification and education. In managerial positions, they are underrepresented. In contrast, they are overrepresented in the informal sector and in vulnerable employment. They spend twice as much time as men to proceed domestic chores and four times more to care for children. They represent 70% of the billion people who live on less than $ 1 a day, being the first victims of poverty and inequality. They are often underpaid and underestimated (World Bank, 2012).

2.3. Empowering women for economic efficiency

Women's empowerment not only contributes to women's well-being and human rights. It is not only an issue of justice. It is also a prerequisite to development through improved GDP growth, poverty reduction and better access to health and education (ICRW, 2011). Based on the World Bank (2012) framework, closing the gender gap in the area of economic opportunities is expected to positively impact development through (i) productivity gains, (ii) intergenerational gains and (iii) better outcomes institutions and policies.

2.3.1. Productivity Gains

Economic inclusion enhances women's income, improves their well-being and mitigates unforeseen risks. Securing a better access to economic opportunities for women, including access to land and credit increase growth prospects and job creation. For instance, given that 44% of agricultural labour force are women in Africa[2], the World Bank (2012) estimated a substantive improvement of agriculture production by 14% in Malawi, 17% in Ghana and 20% in Kenya if female farmers had the same access to fertilizers and other inputs as male farmers. For DFID (2010), it would increase Africa's total agricultural output by 20%.

Table 1. Economic Cost of Gender Disparity in the Labour Market in Sub-Saharan Africa

Year	Cost of gender gap (USD)	Share in GDP (%)
2010	81.89	6.04
2011	91.52	5.99
2012	95.66	5.99
2013	100.48	5.99
2014	104.75	5.97
Average: 2010-2014	**94.86**	6

Source: UNDP (2016).

Bandara (2015) showed that the gender gap in the labour force adversely affects economic output in Africa. A 1% increase in the gender gap in effective labour leads to a reduction in output per worker by 0.43 to 0.49%. According to UNDP (2016), Sub-Saharan Africa has been losing, about USD 95 billion annually over 2010-2014 – equivalent of around 6% of GDP (see Table 1), peaking USD 105 billion in 2014, precisely because of gender disparity. These examples presuppose a negative relationship between gender inequality and women's empowerment. If the two concepts are different (see Bérenger and Verdier-Chouchane, 2011), providing women at equal qualification the same wage as men would be a great improvement towards women's empowerment.

According to OECD (2012), investments to strengthen gender equality have the highest rates of return in the field of development. In OECD developed countries, increases in girls' education level and duration has led to a 25% increase in economic growth these last fifty years (OECD, 2012). For Todaro and Smith (2011), investing in girls' primary education represent one of the most successful returns, well above most of the infrastructure projects. Education provides knowledge and self-confidence which are key elements to empower women, to improve access to socio-economic opportunities and in turn, to increase economic growth.

Increased women's participation in the labour market also encourages the development of family-related services sector (nurseries, housekeepers, etc.). The economic value of this sector globally ranges between 10 and 39% of GDP (OECD, 2012).

---

[2] Most of women's activities in agriculture is informal. SOFA Team and Doss (2011) indicate that women are over-represented in unpaid, seasonal and part-time work in rural areas in addition to their large responsibilities in preparing food and collecting fuel and water.

2.3.2. Intergenerational Gains

Traditionally, women have a crucial role in food production and in children's education and health. For Chen (2001), women's time and mobility are constrained by social and cultural norms, which make them less able than men to compete in labour, capital and product markets thereby constraining their empowerment. The World Bank (2012) reports extensive literature on the fact that women's greater control over household resources and expenditure decisions leads to more important investments in children's human capital including girls' human capital. This literature examine higher immunization rates, better nutrition, height of daughters, lower mortality and higher schooling attainment for children and find positive results.

For instance, Gakidou et al. (2010) demonstrated the benefits of women's education on children's education, nutrition and health in 219 countries over 1970-2009. An additional year of education for adult women result in a 9.5% decrease in infant mortality. Educated and good heath women contribute both to breaking the inter-generational poverty and to reducing inequality between boys and girls within the family. Beyond their role of mothers, women play a role in social cohesion with positive externalities on other members of the community. As explicitly recognized in the literature, women have an altruist dimension (Sen, 1990; Folbre, 1994). They not only care about their own well-being, they also seek and find fulfilment through other objectives which may entail self-sacrifice (Bérenger and Verdier-Chouchane, 2011). Overall, the improvement of women's health and education is a key determinant of poverty reduction and future economic prospects in a country.

2.3.3. Better Institutional and Policy Outcomes

According to the World Bank (2012), women's agency can shape better institutions, markets and social norms and make institutions more representative. Women's agency relates to their active role for change. It is their ability to be in charge of social, political or economic actions, to express themselves publicly and freely and to change things. Generally, in many countries, women's agency is low (World Bank, 2012).

In contrast, business women and female leaders impact positively on institutions and policies. In India, the World Bank (2012) indicate that bribes were on average 2.7 to 3.2 percentage points less in villages with a female leader than in villages with a male leader. In India and Nepal, women's management of forests significantly improved conservation outcomes. Also, women having their own business create more jobs for women and contribute to women's poverty reduction (AfDB, 2016). Women themselves are significant actors of the process of change.

Despite the positive effects of women's empowerment on a big number of indicators, gender gaps persist. The following section deals with the issue of measuring gender gaps and identifies the areas where gender gaps are the most salient.

3. PERSISTENT GENDER GAPS

In reference with the Millennium Development Goal (MDG) 3 which aims at promoting gender equality and empowering women, many countries made significant progress in eliminating gender disparity in education and in increasing the proportion of women in parliament. In contrast, women continue to experience significant gaps in the labour market, as well as in decision-making.

3.1. Women's progress in school attendance and political participation

As indicated by the World Bank (2012), in primary and secondary education, gender parity in school enrolment has been achieved in most countries. In tertiary education, men are even disadvantaged in the sense that gross school enrolment is higher for women than men in many countries. However, a world estimate of 35 million girls are still out of school, particularly in Sub-Saharan Africa. Several countries still lag behind, notably in rural South Sudan where 60% of rural girls don't go to school (see Figure 1)[3].

Figure 1. Children's activities by gender and area of residence in South Sudan, 2009

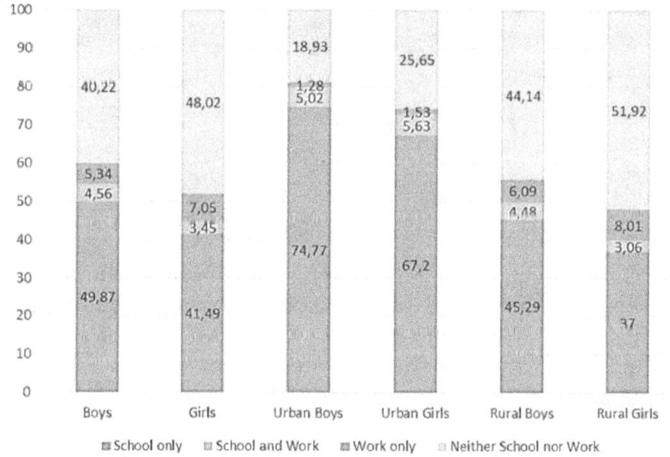

Source: Bérenger and Verdier-Chouchane (2016).

Although education is an efficient element of empowerment, many girls stay home performing domestic chores for no other reason than "being a girl". In the case of South Sudan, Bérenger and Verdier-Chouchane (2016) draw on Pal (2004) to decompose the difference between boys and girls in attending school and/or working into two components. The first component refers to the explained variation in endowments between boys and girls (the observable varia-

[3] Authors based their estimates on the 2009 National Baseline Household Survey (NBHS) which monitors the living conditions of 7,913 and 4,969 households (48,845 and 33,600 individuals) across all states of Sudan and South Sudan. The survey provides reliable data and adequate information at the national level to analyse gender differences.

bles) and the second component is the unexplained component reflecting the influence of discrimination or cultural factors (the "discrimination gap"). As indicated in Figure 2, gender differences explain 92% of the activity "schooling", 81.5% of the activity "neither school nor work" and only 48.9% of the activity "working". The case of Sudan is extreme in the sense that years of armed conflicts have totally undermined the education sector, notably the infrastructure. Also, the insecurity context makes it difficult for parents to send their children to school as they are afraid for their lives. However, authors also explain that cultural norms significantly reduce South Sudanese girls' school attendance. Overall, these figures are extremely worrisome for economic growth and inclusive development in South Sudan.

Figure 2. Observed and unobserved factors in gender differences

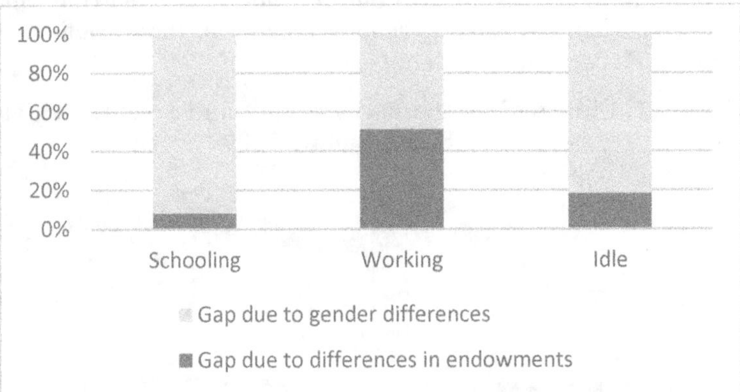

Source: Bérenger and Verdier-Chouchane (2016).

In the political sphere, significant progress has been made in the number of seats in parliament. For instance, since the Arab Spring, the number of women in parliament has significantly increased in North Africa (see Figure 3). This is however not the case for Egypt where women represent only 2% of the seats in parliament. The main reason is that quotas of women have not been established in Egypt as elsewhere in North Africa. Furthermore, looking at Ministers, North African women are clearly under-represented (World Economic Forum, 2013).

In political and economic decision-making such as executive directors on the boards, women are under-represented (see Table 2). Establishing the link between gender diversity in senior corporate positions and the financial performance of 2 million companies in Europe, the IMF (2016) finds a positive association between corporate return on assets and the share of women in senior positions. An additional woman in senior management or on the board of directors, is associated with three to eight percent higher return on assets.

Gender diversity in the political sphere has translated into a debate on the use of gender quotas[4]. The main argument against the use of quotas is the fact that a woman would be chosen because of her gender and not for her skills,

[4] For further information on the arguments against and for the use of quotas, see http://www.wikigender.org/wiki/debate-on-gender-quotas/

qualifications or merits. In contrast, quotas can eliminate structural discrimination and progressively act as a motivator for change. For instance, in Africa, AfDB (2016) notes that quotas have served to change cultural norms and subconscious biases that previously insulated women's full participation in decision making and governance in public office and in the corporate world. If quotas are not the panacea, they can be removed after gender diversity has proved to be effective and women, to be as competent as men.

Women also suffer from discrimination in the labour market and in the area of economic opportunities.

Figure 3. Number of women in parliament in North Africa

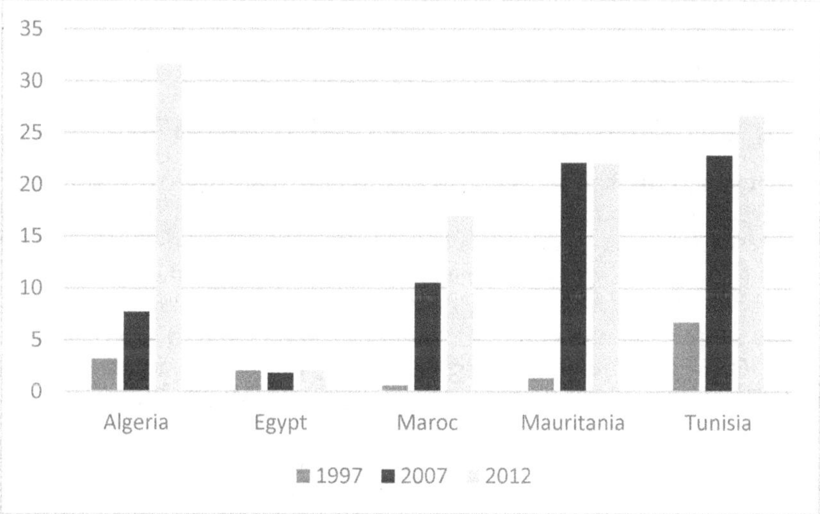

Source: Author based on World Bank data (online).

Table 2. Women on the Boards of Africa's Leading Companies

Total Companies	323
Total Board Seats	3 028
Total Board Seats held by Women	478
Women on Boards (%)	16 %

Source: AfDB (2016).

3.2. Gender Gaps in the Area of Economic Opportunities

Globally, labour force participation rates for adult women (aged more than 15) are 50% compared to 70% for men (ILO, 2015). The labour market gender gap is being narrowed, partly due to rising female education and falling fertility rates but also thanks to new job opportunities for women in wholesale and retail trade, manufacturing and export-oriented sectors at the global level (UNDP, 2013). However, wide variations exist in labour participation by gender across countries and sub-regions. For instance, North Africa records the highest gender gap in labour force participation with the male participation rate being 50 percentage points higher than the female rate in the region (compared to 12 percentage points in Sub-Saharan Africa). This significant gap in North Africa is partly due to traditional value systems favouring women's staying at home (UNDP, 2016). Similarly, unemployment rates for women are higher than the ones for men, especially North Africa (see Table 3).

Table 3. Unemployment rates in selected regions, 2013

Regions	Total %	Female %	Male %
Latin America & Caribbean	6.2	7.6	5.2
South Asia	4.3	4.4	4.1
North Africa	12.4	21.5	9.3
Sub-Saharan Africa	7.4	8.3	6.7
World	6	6.4	5.7

Source: ILO (2015).

Women are only half as likely as men to have full-time wage jobs and there is still overrepresentation of women in the informal sector. Not only women are overrepresented in the informal sector, they are also discriminated. In informality, Chen (2001) note that women are employees rather than employers and earn a lower wage than men, with a gender gap even higher than in the formal sector[5]. The share of non-agricultural informal employment in sub-Saharan Africa is about 66% of all female employment, varying widely across the continent from 6.7% in Mauritius to 82.8% in Côte d'Ivoire (Vanek *et al.*, 2013). On the other side, women's work in the agriculture sector include many tasks associated with subsistence food production, cash crop production, market livestock raising, other income earning activities and domestic work (processing and cooking of food, child and elderly care, fetching water and wood). However, it is statistically "invisible" since the bulk of them do not receive any payment.

Overall, women's reduced access to jobs in the formal sector make them more subject to poverty and precarious working conditions (Todaro and Smith, 2011). It deprives them of regular earnings, exempt them from minimum wage laws and social protection, including pensions and health care.

When women are in paid work, they earn on average between 10 and 30% less than men (World Bank, 2012). In Sub-Saharan Africa, Nopo *et al.* (2011) computed the gender wage gap by occupation and sector (see Table 4). The average gender wage gap is estimated at 30%, ranging from 17% in Botswana to 39% in Malawi. Authors also found that a household with children is associ-

[5] Some women's success stories in the informal sector such as the 'Nanas Benz' should nevertheless be mentioned. For further information, see Labitey, 2014, *Nanas Benz – Parcours de vie,* Graines de Pensées, Togo. Starting in the 1970s in Togo, female wholesalers have succeeded in the trade of pagnes (clothes) in the West Africa sub-region. They used to buying big cars like the Mercedes Benz, luxurious villas and paying for domestic expenses and children's education. Nowadays, their number has dropped significantly, due in particular to the Chinese competition in the fabric trade.

ated with gender pay gaps of 31% compared to 4% percent for those without children.

Table 4. The gender wage gap in Sub-Saharan Africa, by occupation and sector

Occupation	Gender wage gap (%)
Professionals and technicians	39
Elementary occupation	28
Skilled agricultural	26
Service workers	24
Administrative personnel and intermediary level	16
Machine operators	16
Directors and upper management	6
Economic sector	**Gender wage gap (%)**
Communal services	58
Mining and quarrying	43
Wholesale and retail trade, hotels and restaurants	35
Finance and business services	27
Agriculture, hunting, forestry and fisheries	26
Construction	19

Source: Nopo et al. (2011).

Women are not only paid less for similar occupation even with identical education and work experience than men. They also face, in many cases, socio-cultural, economic and juridical barriers to access higher-paying occupations. Globally, women in senior management roles represent only 21% of the total positions (AfDB, 2016).

Although access to credit and to land are the key determinants of women's economic inclusion and enhances their potential to earn stable income, the credit gap for formal women-owned SMEs across all regions is roughly USD 287.2 billion (World Bank, 2012). In some countries, legislation restricts women from opening a bank account, by requiring the permission of a male family member.

Looking closer at the households, differences between men and women as well as boys and girls are important. Individuals in the same household have different access to assets. This contribute to broader gender inequality within societies.

3.3. Gender Gaps within the Household

In the Nobel laureate Gary Becker's "unitary household" model, household members cooperate for shared objectives. At the opposite, recent research indicates that women and men use, acquire and dispose of assets differently within the household. They rather engage in extensive bargaining because they spend differently (UNDP, 2016). For instance, women tend to spend a significantly higher share of their income to children's care and education than men (OECD, 2012). This refers to women's altruist dimension, to mothers' specific status in the family and also to the positive intergenerational gains related to women's empowerment (cf. supra). When mothers are educated and empowered, they take better decisions for their children and for themselves.

Figure 4. Distribution by Gender of Asset Owners (%) in Ghana

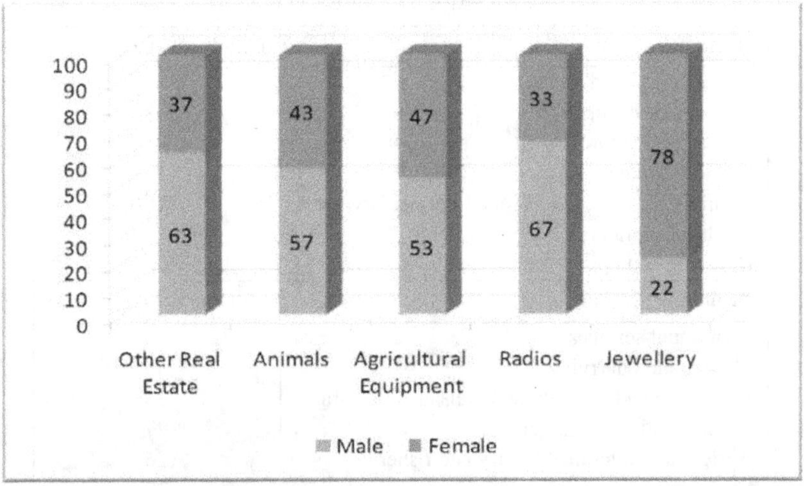

Source: Oduro et al. (2011).

In many African countries, due to social customs, the perpetuation of women's lower economic status limits their control over assets within the household. For instance, in the case of Ghana, Oduro *et al.* (2011) found that male own most of the assets in the household with the exception of jewellery (see Figure 4). Empirical research on intra-household resource allocation have shown that there is also a strong bias against women and girls in nutrition, medical care, education and inheritance, ultimately reducing the rate of survival among female infants (UNDP, 2016). This situation is sometimes further exacerbated by the legislation prohibiting women from owning property or land, opening a bank account or signing financial contracts without the permission of a male relative.

As a result, household income is a poor measure of individual well-being, in particular those of women and children. In West Africa, UNDP (2016) indicates that 70% of individuals in the lowest earnings decile are women, compared to one-fifth in the highest decile. The following paragraph deals with the question of measuring gender gaps.

3.4. Measuring Gender Inequality or Assessing Women's Well-being

Sen's capability approach contributed to the design of the UNDP Human Development Index (HDI) in 1990. Afterwards, UNDP (1995) also developed the Gender-Related Development Index (GDI) which corrected the HDI for gender inequalities and the Gender Empowerment Measure (GEM) to cover gender issues in terms of economic and political opportunities. These indices have been extensively criticized in relation with the choice of indicators, the aggregating methodologies and the concept of 'gender inequalities' that they convey (see Bérenger and Verdier-Chouchane, 2011). These first UNDP indices have however paved the way to the computation of many alternative gender-related indices including the recent Gender Inequality Index (GII) that UNDP (2010) introduced in 2010. Authors of alternative indices have computed male-female ratios, male-female differences or indicators for women. For instance, in measuring gender inequalities in three aspects of human development (reproductive health, empowerment and economic status), the GII mixes some indicators for the female population as compared to those for the male population and some indicators in reproductive health which only concern women.

The use of different types of indicators relate to an interesting debate on the measurement of gender gaps or women's well-being. Bérenger and Verdier-Chouchane (2011) wonder whether women should be considered exclusively or comparatively to men and propose two distinct measures, the Relative Women Disadvantage Index and the Women's Quality-of-Life Index. Considering the relative status of women as compared to men requires gendered indicators in all dimensions. In terms of policy recommendations, this benchmarked status of women translate into the reduction of gender inequality with a priority in dimensions where the higher gaps are found. For the analysis in terms of women's well-being, policies should aim at improving women's quality of life including in the specific sphere of reproductive health (maternal mortality ratio, adolescent birth rate, births attended by skilled health personnel, percentage of women using modern contraception, etc.). Bérenger and Verdier-Chouchane (2011) also include an intergenerational dimension in the Women's Quality-of-Life Index by computing indicators related to children's education, nutrition and labour. Authors indicate that many women have a specific role of procreators and care-givers. Their children's capabilities and opportunities are part of their well-being. Bérenger and Verdier-Chouchane (2011) find a strong positive correlation between gender equality and women's well-being. The following section provides some policy recommendations both to close the gender gaps and to improve women's quality of life.

4. TOWARDS WOMEN'S EMPOWERMENT

All gender inequalities do not go away with economic growth. For instance, gender gaps in legal rights do not necessarily close with income and should be reduced by national authorities' intervention (World Bank, 2012). Bérenger and Verdier-Chouchane (2011) highlights the need to provide gender disaggregated statistics and to promote gender equality in national development programmes. Education cannot be overemphasized but given that important progress has been made, it is time to cover additional areas at the national level. Policy makers can follow a sequential approach, by first targeting the issue of economic opportunities where gender inequality is the highest and then, focusing on gaps that do not disappear with economic growth. For sustainability in the longer-term, this should be completed by shrinking the gender gaps in voice and agency.

4.1. Expanding access to economic opportunities

On average, women spend more time than men on performing domestic tasks. In many African countries, especially in rural areas, they are responsible for food processing and cooking, child and elderly care, fetching water and wood, subsistence agriculture, cash crop production, market livestock raising and off-farm work such as income diversification. They tend to work informally, for family farming or businesses, and do not receive any payment, while accomplishing time-consuming, low-productive activities (Todaro and Smith, 2011). Largely determined by historical and societal contexts shaping gender roles, norms and values as well as perceptions and attitudes, this gender inequality in workload prevents women from pursuing other economic activities (UNDP, 2016).

In this context, policies aimed at improving women's access to public infrastructure and services such as water, sanitation, energy, transport and childcare would enable them to save time (IFAD, 2016). Improved infrastructure will free women from time constraints, upgrade their health status and increase their participation in the economic sphere. All legislation restricting women from owning property, opening a bank account or obtaining a loan should be removed. For equal economic opportunities, reforms in the legislation should ensure gender equality in land titling, property rights and heritage and allow women to freely manage their property (AFD, 2014). Many government-sponsored programs in Africa aimed at alleviating poverty continue to favour men and aggravate the gender gap in the area of economic opportunities, often because women lack collateral for loans or are barred from owning property or conducting financial transactions without their husbands' permission (UNDP, 2016). Adequate financial infrastructure should also be developed in rural areas and be available for women.

Besides, school-to-work transition which reflects the vulnerability of young people when they finish school and enter the labour market should also be addressed with a specific focus on young women. For the International Labour Organization (online), the female youth population face increased barriers to enter the labour market and eventually join non-market activities. For instance, mechanisms for information sharing between young job seekers and the private sector are crucial and governments should encourage universities and training centres to offer career guidance and job placement for the students with a focus on female students (World Economic Forum, 2013). All these measures to improve women's economic opportunities should be complemented by a change in mentality and social norms. The private sector could help by committing to training and top level recruitment for women as well as promoting flexible working arrangement.

4.2. Addressing market failures and institutional constraints

Persistent gender gaps will not be addressed without a change in social and gender norms, including beliefs about women's abilities and responsibilities in households, markets and public life (Boudet *et al.*, 2012). Gender inequality has been shaped by market failures and institutional arrangements such as patriarchal family structures, customary laws regarding land and heritage and discriminatory labour laws and practices (Cuberes and Teignier-Baqué, 2011).

Reforming economic institutions and the legal framework with the view of eliminating gender discrimination in labour laws, including with regards to pay and access to social protection, is necessary to achieve gender equality (Duflo, 2010). These norms impact political and economic institutions as well as social and intra-household dynamics. The government could set quotas for the number of women on boards of public and private companies and raise awareness on the importance and benefits of gender diversity in the corporate world. Also related to removing women's time constraints, redistribution of roles in domestic work through engagement with men and boys to change norms and values is also essential to reduce women's unpaid workload (Oxfam, 2015).

4.3. Shrinking gender gaps in voice and agency

Education, as a matter of fact, is a cross-cutting area for improving women's voice and agency. It is a driver of women's economic empowerment and it has positive spillover effects on gender-based violence, bargaining power in household, voice in fertility decisions as well as enhanced women's political participation (Boudet *et al.*, 2012). Enhancing women's economic autonomy would first require promoting gender equality in schools which imply that school enrolment rates for girls and boys are equal and close to 100%. In addition, the focus should be on providing quality education for all and adapting the education system and the skills to the needs in the labour market.

The legal framework should prevent gender-based violence and early marriage. Forced early marriage and premature pregnancy is the leading cause of death of girls between 15 and 19 years of age (ONE, online). As indicated by Bérenger and Verdier-Chouchane (2016) in the cases of Sudan and South Sudan, early marriage and pregnancy also reduce girls' school attendance and retention. It is crucial to enhance women's voice in fertility decisions to improve both their economic participation and their bargaining power and voice within the household (Boudet et al., 2012).

Women should also increase their participation in the political sphere. For instance, less than half African countries have applied mandatory gender based quotas, either parliamentary candidate quotas or reserved seats, and some others have voluntary quotas at the political party level to increase women's participation in the legislative branch. This needs to be further extended while being also introduced in the executive branch (AfDB, 2016). Women's increased presence in parliaments is likely to have spill-over effects on other institutions, including by improving their representation in the executive cabinets (Burchard, 2014). However, more significant representation of women in the political executive, not only legislative, could also help implement pro-gender equality reforms, provide a platform for women to be on the ground and at the decision-making level. Supporting women's leadership in political institutions and giving them a voice in the public life is key to change social norms and values, including on gender equality.

5. CONCLUSION

Women's empowerment is a crucial step towards sustainable and inclusive development which aims at providing "access to sustainable socio-economic opportunities for a broader number of people, countries or regions, while protecting the vulnerable". Beyond this objective and the issue of justice, improving gender equality and empowering women economically, socially and politically contributes to economic growth. It generates both productivity and intergenerational gains and reduce poverty in the longer-term. In contrast, women have been highly discriminated and treated differently than men in many areas, particularly in economic participation and decision making. Even at the household level, all members do not benefit equally from the assets and do not have the same access to education, health and nutrition. The distribution of income within the household individuals tends to be unequal to the disadvantage of girls and women.

Economic growth is clearly not sufficient to achieve gender equality, it is also a question of political willingness. Policy makers should make sure the legislation system do not prevent women from being empowered. Among other measures, they can help increasing their access to land and credit, alleviating their time constraints, shifting norms on housework responsibilities and improving infrastructure, increasing women's social and political participation, reducing discrimination and domestic violence, enhancing women's voice and agency, building human capital and aspirations. These policies will not only give women their rightful place within their family and society, they will also contribute to the welfare of the larger community and society. Gains in productivity and reduction of long-term poverty open up increased economic growth prospects for countries and even better, improved inclusive and sustainable growth.

REFERENCES

African Development Bank (AfDB), 2013, *At the Center of Africa's Transformation Strategy for 2013-2022*, African Development Bank, Tunis.

AfDB, 2016, *Women on Boards: A Report on Female Representation on the Boards of Publicly Listed Companies in Africa*, Mimeo, Office of the Special Envoy on Gender, Abidjan, Côte d'Ivoire.

Agence Française de Développement (AFD), 2014, *Le genre et la réduction des inégalités femmes-hommes - Cadre d'intervention transversal 2014-2017*, AFD, Paris.

Bandara, A., 2015, "Economic Cost of Gender Gaps: Africa's Missing Growth Reserve". *Feminist Economics*, 21(2).

Bérenger, V., Verdier-Chouchane, A., 2016, "Child Labour and Schooling in South Sudan and Sudan: Is There a Gender Preference?" *African Development Review*, 28(S2), 177-190.

Bérenger, V., Verdier-Chouchane, A., 2011, "From the Relative Women Disadvantage Index to Women's Quality-of-Life", *Journal of Human Development and Capabilities*, 12(2), 203-233.

Bérenger, V., Verdier-Chouchane, A., 2007, "Multidimensional Measures of Well-Being: Standard of Living and Quality of Life across Countries", *World Development,* 35(7), 1259–1276.

Boudet, A. M., Petesch, P., Turk, C., Thumala, A., 2012, *On Norms and Agency. Conversations about Gender Equality with Women and Men in 20 Countries,* Conference edition, The World Bank, Washington.

Burchard, S., 2014, "Women's Political Participation in Africa: An Upside of Conflict?", Institute for Defense Analyses (IDA) – *Africa Watch*, Vol. 6.

Chen, M. A., 2001, "Women and informality: A global picture, the global movement", *SAIS Review*, 21(1), 71-82.

Cuberes, D., Teignier-Baqué, M., 2011, "Gender Inequality and Economic Growth", Background Paper for the *World Development Report 2012*.

Department for International Development (DFID), 2010, *Working with co-operatives for poverty reduction*, DFID, London.

Duflo, E., 2010, "Gender Inequality and Development?", ABCDE Conference, Stockholm.

Ferreira F. H. G., Peragine, V., 2015, "Equality of Opportunity: theory and evidence", *ECINEQ*, 2015-359.

Folbre, N., 1994, *Who Pays for the Kids? Gender and the Structures of Constraint*, Routledge, New York.

Fundamental Rights Agency (FRA), 2016, *Fundamental Rights Report,* European Union Agency for Fundamental Rights, Vienna.

International Center for Research on Women (ICRW), 2011, *Understanding and Measuring Women's Economic Empowerment. Definition, Framework and Indicators*, ICRW, Washington.

International Fund for Agricultural Development (IFAD), 2016, *Reducing Rural Women's Domestic Workload through Labour-Saving Technologies and Practices*, IFAD, Rome.

International Labour Organization (ILO), 2015, *Key Indicators of the Labour Market (KILM),* Eighth Edition, Geneva.

Nopo, H., Daza, N., Ramos, J., 2011, "Gender Earnings Gaps in the World: A study of 64 countries" *Discussion Paper Series.* www.emeraldinsight.com/doi/pdf/10.1108/01437721211253164

Oduro, A. D., Baah-Boateng, W., Boakye-Yiadom, L., 2011, *Measuring the gender asset gap in Ghana,* Woeli Publishing Services, Accra.

Organisation for Economic Co-operation and Development (OECD), 2012, "Women's Economic Empowerment" in: OECD DAC Network on Gender Equality (GENDERNET) *Promoting Pro-Poor Growth: The Role of Empowerment,* OECD Publishing, Paris.

Oxfam, 2015, *Examining Pathways towards Engendered Change; Involving Men and Women in Care Work in West Nile*, Oxfam International, Uganda.

Samman, E., Santos, M. E., 2009, "Agency and empowerment: A review of concepts, indicators and empirical evidence", paper prepared for the 2009 *Human Development Report* in Latin America and the Caribbean, OPHI, University of Oxford.

Sen, A., 1990, "Gender and cooperative conflicts" in: Tinker, I. (Ed) *Persistent Inequalities: Women and World Development*, Oxford University Press, New York.

Sen, A., 1992, *Inequality Reexamined*, Clarendon, Oxford.

Sen, A., 1999, *Development as Freedom*, Oxford University Press, Oxford.

SOFA Team, Doss, C., 2011, "The role of women in agriculture", *ESA Working Paper,* No. 11-02, FAO.

Todaro, M. P., Smith, S. C., 2011, *Economic Development,* Eleventh edition, Harlow, Pearson.

United Nations Development Programme (UNDP), 1995, *Human Development Report*, Oxford University Press, New York.

UNDP, 2010, *Human Development Report 2010. The Real Wealth of Nations: Pathways to Human Development,* New York.

UNDP, 2013, *Human Development Report 2013. The Rise of the South: Human Progress in a Diverse World*, New York.

UNDP, 2016, *Africa Human Development Report: Accelerating Gender Equality and Women's Empowerment in Africa*, New York.

UN Women, 2016, *Facts and Figures: Women's Economic Empowerment*, New York.

Vanek, J., Chen, M., Hussmanns, R., Carré, F., 2013, *Women and Men in the Informal Economy: A Statistical Picture,* Second edition, International Labour Organization, Geneva.

Verdier-Chouchane, A., Karagueuzian, C., 2016, "Concept and Measure of Inclusive Health across Countries", Working Paper No. 239, African Development Bank, Côte d'Ivoire.

World Bank, 2012, *World Development Report on Gender Equality and Development,* World Bank, Washington.

World Bank, 2016, *World Development Indicators,* World Bank, Washington.

World Economic Forum, 2013, *The Global Gender Gap Report,* Geneva.

INÉGALITÉS DE GENRE ET DÉVELOPPEMENT INCLUSIF

Résumé - *Le premier objectif de cet article est d'examiner les avantages de l'autonomisation des femmes pour un développement inclusif. En référence à l'approche de Sen, le développement humain repose sur une augmentation des* capabilités. *De là, la réduction des inégalités entre les sexes et un élargissement des opportunités pour les femmes contribuent de différentes manières à la justice sociale et au développement humain. D'autres arguments peuvent être évoqués : il est avéré qu'une plus grande autonomie des femmes permet des gains de productivité, l'existence de bénéfices intergénérationnels et une amélioration des institutions qui jouent globalement en faveur de la croissance du PIB, de la réduction de la pauvreté et du développement inclusif. Le deuxième objectif est de souligner les disparités de genre et de montrer que certains pays en développement sont confrontés à des défis particuliers lorsqu'il s'agit de lutter contre les inégalités entre les sexes. Ils affichent ainsi des niveaux encore très bas de scolarisation des filles dans l'enseignement primaire, alors même que des progrès majeurs sont perceptibles au niveau mondial. Ou encore, la participation des femmes sur le marché du travail et dans les processus décisionnels au sein et à l'extérieur du ménage est relativement insuffisante. Ces inégalités impliquent une réflexion sur la question de savoir si le bien-être des femmes doit être mesuré comme le bien-être des hommes ou de manière distincte, avec des indicateurs plus appropriés de santé et autres. Le troisième objectif de cet article est de fournir quelques recommandations politiques en vue d'élargir les opportunités et de renforcer le rôle des femmes.*

Mots-clés - AUTONOMISATION DES FEMMES ; INÉGALITÉS DE GENRE ; APPROCHE DES CAPABILITÉS DE SEN ; DÉVELOPPEMENT INCLUSIF

CROSS-COUNTY POVERTY COMPARISONS IN CHAD: THE IMPACT OF THE OIL REVENUES REDISTRIBUTION POLICY

Gadom DJAL-GADOM[*]
Armand MBOUTCHOUANG KOUNTCHOU[**]

Abstract - *This paper analyses the determinants of cross-county poverty disparities in Chad within the context of oil exploitation. Data is provided from the last Chad Household Consumption and Informal Sector Survey (ECOSIT 3) and from the College for Control and Monitoring of Oil Revenues (CCSRP). The incidence of poverty is separately estimated for two groups of counties, according to the amount of oil revenues received with respect to their demographic weights. The difference between the poverty estimates is decomposed into characteristics and coefficients effects following the generalization of Oaxaca-type decomposition for poverty analysis. Results highlight the existence of a highly significant poverty disparity between the two groups of counties. The county-group with a relatively low share of oil revenues has a higher poverty rate than the other group. The effect of county characteristics explains 78.3% of this difference in poverty, while 21.7% is explained by the return effect due to the differential impact of the characteristics over counties. It is expected that to better promote economic inclusion in Chad, the oil revenues redistribution policy should fit the specific local development needs.*

Keywords - CHAD, POVERTY INCIDENCE, LOCAL DISPARITIES, OIL EXPLOITATION, OAXACA DECOMPOSITION, DELTA METHOD

JEL Classification - C20, D63, I30, O13, Q32

We wish to express our deep appreciation to the African Economic Research Consortium (AERC) for their financial support. We are also grateful to the resource persons and members of AERC's thematic group A for various comments and suggestions that helped this study to undergo completion since its inception. We are indebted to the anonymous referees who provided comments and suggestions that helped to improve the overall quality of the paper. The usual disclaimer applies.

[*] University of N'Djamena, Chad ; Email ddjalgadom@yahoo.fr
[**] University of Yaoundé II, Cameroon ; Email mkountchou1@yahoo.fr

1. INTRODUCTION

Oil exploitation started effectively in Chad from October 2003 and this has significantly improved the country's macroeconomic performance. Indeed, the economic growth rate which averaged at 4% in the 1990s, increased by almost 3 percentage points during the 2000s (INSEED, 2013). Oil revenues constitute the main financial resource to the Chadian government. They account for 88% of total exports since 2004, covering on average 40% of GDP and provide at least 75% of the ordinary budget revenue (BEAC, 2013).

However, the favourable pattern of macroeconomic indicators has not translated into improved living conditions of the population. The country has performed poorly in achieving the Millennium Development Goals (ECA et al., 2014). Its human development index in 2013 was estimated at 0.35 and the country ranked 184th over 187 countries (UNDP, 2013). Similarly, poverty rate fell by only 1 percentage point per year on average between 2003 and 2011 (World Bank, 2014). Results from the last Chad Household Consumption and Informal Sector Survey ECOSIT 3 showed that approximately 47% of Chadians are still living in poverty.

During this time, there were important variations in the levels of living conditions across and within regions in Chad. While poverty slightly declined in some regions, it increased in others. Ethnic conflicts, wars and political instability in Chad over the past years have caused or intensified spatial disparities in living conditions in the country which constitute a major social concern. (Hoinathy 2013). Stakeholders in Chad justify these spatial disparities to inefficiency and arbitration in the redistribution of oil revenues across the regions because it is not indexed to the local development needs. However, this concern had been raised by institutions such as the World Bank, who recommended the adoption by the Chadian government an oil revenues management programme that would reduce poverty and improve living conditions in the whole country (Ndang & Nan-Guer, 2011; Thorbecke, 2013; Fondo et al., 2013). This programme was adopted through Law 001/PR/99 enacted from the discovery of the first oil wells by the end of 1999. The law explicitly states that 70% of direct oil revenues would be allocated to priority sectors across regions (e.g. education, health and human services, rural development, infrastructure, etc.), 15% for public investments, 5% to the oil producing region and 10% devoted to future generations.

The significant reduction of variations in the levels of economic wellbeing across regions is a major objective of the Poverty Reduction Strategy Papers and the National Development Plan of Chad (Mabali & Montobaye, 2015). An assessment of the characteristics explaining these disparities is essential for the design and implementation of spatial anti-poverty policies. This paper therefore aims to analyse the causes of the difference in the level of economic wellbeing in terms of incidence of poverty across counties in Chad. Counties are grouped according to the amounts of oil revenues received with respect to their demographic weights.

The content of the paper is as follows. Section 2 reviews existing literature paying particular attention to the role of oil transfers in alleviating poverty. Section 3 presents the data and the empirical approach. Section 4 discusses the results and Section 5 concludes.

2. LITERATURE REVIEW

The effects of natural resources on poverty alleviation are extensively discussed in literature. Scholars identify two mains channels through which natural resources contribute to improving living conditions (see Loayza et al., 2013; Zambrano and al., 2014). The first channel highlights the direct effects due to the involvement of the populations in the exploitation of the resource. The second channel notes the indirect effects due to public spending of resource revenues and other spill over effects. While the first channel is relevant for natural resources which exhibit an important labour-intensive property, the second channel is more relevant in case of capital-intensive resources. In that context, an appropriate management of oil revenues constitutes the main instrument that the government holds to translate oil exploitation into poverty alleviation.

Moreover, various empirical studies shed light on the evidence that a better achievement of development goals requires an appropriate management of resource revenues by fitting development needs at the local level. Previous works discussed the social and economic efficiencies of different redistribution mechanisms of natural resources rents around the world (Sala-i-Martin & Subramanian, 2003; Sandbu, 2006; Maguire & Winters, 2016). Segal (2011) demonstrated that even a moderate and non-distortionary redistributive scheme could have a major impact on poverty, independent of aggregate growth. The transfer or the redistribution of rents to the population considerably reduces the poverty rates (IMF, 2006; Pauw & Mncube, 2007; Gelb & Grasmann, 2010). The advantage of this scheme is that, rent redistribution can include all citizens without discrimination or it can target the poor class. In Namibia for example, the transfer of 15 dollars to each Namibian per month has helped to increase the schooling rate and reduced poverty (IMF, 2006). The distribution of rents scheme reduced poverty and inequality and, provided households the financial capacity to improve their wellbeing (Pauw & Mncube, 2007).

In Chad, the legal and regulatory frameworks for oil revenues redistribution remain a major concern. Hence, it's crucial to investigate the egalitarian nature of the policy of oil revenues redistribution and its effect on poverty across localities in Chad. This research concern is not new but finds its interest in the existence of large spatial poverty disparities. Some studies have addressed this issue (Ndang & Nan-Guer, 2011; World Bank, 2013; Mabali & Montobaye, 2015) but none of them analysed the causes of cross-county poverty disparities in Chad within the context of oil exploitation.

3. METHODOLOGY

3.1. Data

The study used data from the last Chad Household Consumption and Informal Sector Survey ECOSIT 3 carried out in 2011 by the National Institute of Statistics, Economic and Demographical studies (INSEED). After controlling for missing data, 9259 households were considered. The indicator used to measure the welfare of the household is the annual expenditure per adult equivalent.The methodology adopted by INSEED to compute the poverty line is based on the essential needs approach. The national absolute poverty lines was 237,942 CFA francs in 2011. It was normalized by an index of cost of living in different regions in order to account for regional disparities and compute regional deflators which help for comparability of results across localities in Chad (INSEED, 2013)[1].

3.2. Identification strategy of county-groups

We based our identification strategy on the assumption that, the Oil Revenues Redistribution Policy (ORRD) could help to reduce poverty and improve living standards across counties[2] since investments in social sectors like health, education, water provision and infrastructures are mainly financed by oil revenues in Chad. Indeed, it was acknowledged that to better alleviate resource curse and achieve development goals, natural resource governance requires that redistribution mechanisms be put in place according to development needs in different localities. Thus, assuming that development needs are highly correlated to the size of the population in each geographic unit (county), it is possible to consider a ratio indicating for each county whether the redistribution policy has been favorable or not to its demographic needs. The ratio is given by:

$$r_c = \frac{\frac{OilRevenuesBudget_{County}}{OilRevenuesBudget_{National}}}{\frac{Population_{County}}{Population_{National}}} = \frac{Oil_c}{Dem_c} \qquad [1]$$

where Oil_crepresents the percentage of oil revenue budget received by county c, and Dem_cindicates its demographic weight. A ratio $r_c < 1$ shows that, the oil share received by the county is lower than what its population represents compared to the national population. Thus, such redistribution would be disadvantageous for this county given that the percentage of oil revenues received does not match its demographic needs. Conversely, a ratio $r_c > 1$ would indicate that the redistribution policy is favorable for the considered county. If $r_c = 1$, the de-

[1] These deflators are obtained from a Harmonized Index of Consumer Prices (HICP) computed for N'Djamena city. It is a Laspeyres-Paasche price index that covers household consumption according to national accounts. Households living in N'Djamena serve as the reference population since it is the capital city. The methodology used by INSEED to compute this price index is similar to that used by each National Statistics Institute in all the 17 sub-Saharan African countries within the French-speaking zone. The HICP considered a housewife's shopping basket of 330 foodstuffs that were monthly followed throughout 320 selling points in N'Djamena. About 3000 prices were considered each month. 2005 is the baseline year of this price index for all the foodstuffs. The weights of this price index come from ECOSIT 2 survey carried out in 2003-2004 within 1024 households in N'Djamena.

[2] In Chad, sub-national administrative units are called regions, counties, districts, and sub-districts in decreasing order of size since the Decree N°419/PR/MAT/02 on 17th October 2002. County is the lowest administrative unit for which data from CCSRP about amounts of oil revenues redistributed are available.

mographic needs exactly match then the per capita oil revenue budget for the county is exactly equal to the one at national level:

$$r_c = 1 \quad if \quad \frac{Oil\ Revenues\ Budget_{County}}{Population_{County}} = \frac{Oil\ Revenues\ Budget_{National}}{Population_{National}} \qquad [2]$$

The percentage of oil revenues is computed from administrative data (CCSRP) based on the average amount of direct oil revenues redistributed throughout the country between 2008 and 2011. Information before 2008 is not available, while data after 2011 go beyond the scope of this study. Demographic weights are given by the second General Population and Housing Census conducted by INSEED in 2009. They were easily imputed in the year 2011 under the assumption that, the population has not dramatically changed between the two dates. However, a specific harmonization is required to match data from the data sources used. In addition, ECOSIT 3 and CCSRP don't cover the same number of geographical units. ECOSIT 3 covers 20 regions and 73 counties, while CCSRP covers 12 regions and 62 counties. But, we are still able to recover each region and each county of the CCSRP from the ECOSIT 3 coverage scheme because the high number of geographical units from ECOSIT 3 is derived from the division of some units from CCSRP. Therefore, our baseline coverage scheme is that of CCSRP because it provides the lowest number of geographical units. Then, we regroup counties from the ECOSIT 3 coverage scheme in order to identify the counties from the baseline. Table A1 in annex 1 shows in details the computed values of Dem_c, Oil_c and r_c for each county. This is graphically represented in figure 1.

Finally, our identification strategy assumes a benchmark reference that *better off counties* are those which have received a per capita oil revenue at least higher than that at national level. The ratio r_c allows us to build two groups of counties according to oil transfers received. The first one (say Group A) is represented by counties for which the ratio is greater or equal to 1. The second one (say Group B) is constituted by counties disadvantaged by the redistribution policy for which the ratio is less than 1. To sum up, in the 62 counties in Chad, 24% and 76% are better off and worse off respectively. Our basic hypothesis is that, poverty incidence is higher in Group B than Group A.

3.3. Regression-based estimation of poverty and Oaxaca-Blinder decomposition approach

This section outlines the decomposition approach used to explore the causes of differential levels of poverty incidence (head count ratio) in county-groups A and B. Numerous studies link poverty incidence to various socioeconomic covariates using Logit/Probit models within a binary variable setting[3]. Ravallion (1996) and Mukherjee and Benson (2003) pointed out that, binary models are relatively sensitive to specification errors and leads to the loss of some information. This observation was also made by the World Bank (2003) who consid-

[3] See for example Geda et al. (2001) in study case of Kenya, Golo (2014) in Togo, Bokosi (2007) in Malawi, Adoho and Boccanfuso (2007) in Guinea, Bigman and Srinivasan (2002) in India.

ered the ratio of income to poverty line as the dependent variable[4]. Retaining the World Bank method, the logarithm of the ratio of income to poverty line is regressed on a set of poverty covariates and the probability of poverty incidence is obtained for each household from the parameter estimates. The poverty incidence for a county-group is computed as the sample average of household level of poverty incidence. Then, the disparity in poverty estimates between county-groups A and B is decomposed using the Oaxaca-Blinder decomposition approach (Oaxaca, 1973; Blinder 1973).

Figure 1: Distribution of oil revenues across counties (ratio r_c)

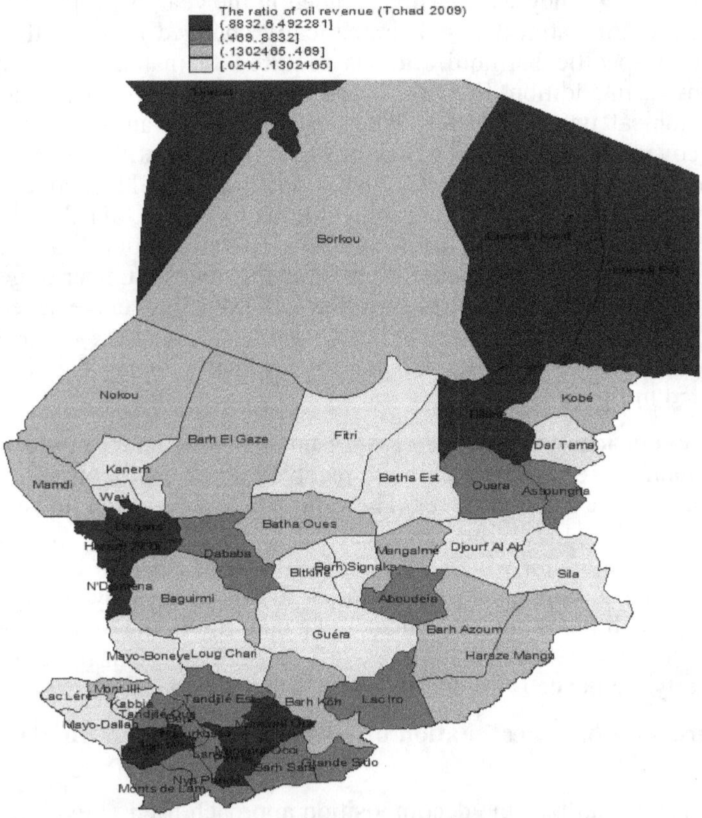

Source: From CCSRP (2012) and INSEED (2013).

[4] More precisely, the World Bank study considers the logarithm of this ratio which is a common way of allowing for the log normality of the variable. Coudouel et al. (2002) provide a discussion about this World Bank method using linear regression to assess determinants of poverty. This approach was retained by several works studying difference in poverty between groups. Bhaumik et al. (2006) applied it between Serbians and Albanians in Kosovo; Gang et al. (2008) contrasted the situation of scheduled caste and scheduled tribe households with the general population in India; Chattopadhyay (2011) studied the case of West Bengal, an eastern state of India, and compared its two regions (North Bengal and South Bengal).

The rationale for the implementation of Oaxaca-Blinder decomposition is to determine the effect of the difference in the characteristics of the two county-groups that causes disparity in poverty incidence, and to find out the effect of the differential impact of the characteristics over the two regions. Then, policy measures can be considered for enhancing two components that are; *characteristics effect* (effects of the county characteristics) and *coefficients effect* (effects of the differential impact of the characteristics over the counties).

Formally, we follow the model specified by Bhaumik et al. (2006) and Chattopadhyay (2011) based on Yun (2004, 2005) approach synthesizing the Oaxaca-type decomposition for poverty analysis. Poverty incidence can be computed by constructing the ratio $\frac{y}{z}$ of per adult equivalent total expenditure (y) to the poverty line(z) known to be the income-to-needs ratio in literature. It can be used to explain the probability that a household has for getting in a state of poverty. Equation [3] is estimated for ***N*** households, where *X* is the set of poverty covariates and $\varepsilon \sim \mathcal{N}(0, \sigma^2)$ the error term.

$$ln\left(\frac{y_i}{z}\right) = X_i\beta + \varepsilon_i \qquad [3]$$

The probability of poverty incidence for the ith household is obtained as follows:

$$\Pr\left(\frac{y_i}{z} < 1\right) = \Pr\left(ln\left(\frac{y_i}{z}\right) < 0\right) = \Pr(\varepsilon_i < -X_i\beta) = \Phi\left(\frac{-X_i\beta}{\sigma}\right) = \Phi\left(X_i\beta^*\right) \quad [4]$$

Φ is the C.D.F of standard normal distribution. Using the transformed coefficients $\beta^* = -\frac{\beta}{\sigma}$, Oaxaca-type decomposition can be implemented given that the head count ratio is asymptotically equivalent to the sample average of poverty incidence ***P***. Therefore, the poverty measure for each county-group is given by:

$$\boldsymbol{P_j} = \frac{1}{N_j}\sum_{i=1}^{N_j}\Phi\left(X_{ij}\widehat{\beta_j^*}\right) = \overline{\Phi\left(X_j\widehat{\beta_j^*}\right)} \qquad [5]$$

where $j = A\,, B$. The over bar in equation [5] denotes sample average. The difference of poverty estimates between county-groups A and B is decomposed firstly into a linear combination of two components ***C*** and ***D*** at the aggregate level as follows:

$$\boldsymbol{P_A} - \boldsymbol{P_B} = \overline{\Phi(X_A\widehat{\beta_A^*})} - \overline{\Phi(X_B\widehat{\beta_B^*})} = \underbrace{\left\{\overline{\Phi\left(X_A\widehat{\beta_A^*}\right)} - \overline{\Phi\left(X_B\widehat{\beta_A^*}\right)}\right\}}_{C} + \underbrace{\left\{\overline{\Phi\left(X_B\widehat{\beta_A^*}\right)} - \overline{\Phi\left(X_B\widehat{\beta_B^*}\right)}\right\}}_{D} \quad [6]$$

The component ***C*** is the *aggregate characteristics effect* which represents the portion of the difference of poverty due to the difference in the characteristics (poverty covariates *X*), given coefficients β. On the other hand, the component ***D*** indicates the *aggregate coefficients effect* which represents the portion of the difference of poverty due to the difference in the coefficients, given the characteristics. The decomposition is done from the viewpoint of county-group B. $\overline{\Phi\left(X_B\widehat{\beta_A^*}\right)} = \frac{1}{N_B}\sum_{i=1}^{N_B}\Phi\left(X_{iB}\widehat{\beta_A^*}\right)$ is the counter factual poverty in county-group B, that is, the poverty level that would prevail in county-group B if it would have the same coefficient vector as is county-group A. Therefore, the *aggregate characteristics effect* (***C***) represents the difference between the actual poverty level in county-group A and the counter factual poverty level in county-group B with county-group A's coefficients $(\widehat{\beta_A^*})$. Similarly, the aggregate coefficients effect (***D***) is the difference between the counter factual poverty level in county-group B with county-group A's coefficients and the actual level of poverty in county-group B.

Both components ***C*** and ***D*** contain the effects of all the explanatory variables. Nonetheless, a detailed decomposition analysis allows us to capture the contribution of specific explanatory variables to the overall difference in the poverty incidence between the county-groups (Yun, 2004). Finally, we can test for the statistical significance of the characteristics and coefficients effects at the aggregate and individual levels by employing the delta method (Yun, 2005). Bhaumik et al. (2006) and Chattopadhyay (2011) discussed in details the estimation procedure of the variances of characteristics and coefficients effects from the estimated variance-covariance structure of the coefficients of model in the above equation [3] estimated by maximum likelihood[5].

3.4. Variables and descriptive statistics

The first step of the decomposition consists of estimating equation **[3]** of the linear regression of the logarithm of income-to-needs ratio. The explanatory variables are broadly categorized into six groups[6]. The descriptive statistics of the dependent variable $ln\left(\frac{y}{z}\right)$ and the variables under these characteristics or groups are given in table 2 below. Results of the *t-tests* comparing the mean values of each variable between county-groups A and B are also reported. One can note that, apart from the *Houses* variable, there exists a significant statistical difference between mean values between the two county-groups$(\bar{X}_A^k - \bar{X}_B^k)$.

In addition, the sign of the difference for each *k* variable is in accordance with our basic hypothesis that county-group A is better off compared to the county-group B since it is advantaged by the oil revenues redistribution policy across localities in Chad. For instance, regarding the labour market status, in our sample 26.18% of household heads in group A are wage-earners. This pro-

[5] The World Bank (2003) method proposes the estimation of equation [3] using Ordinary Least Squares (OLS). However, a drawback associated with the OLS estimation is that it produces only a covariance matrix of β, while the covariance matrix of (β, σ) is required to derive the covariance matrix of $\beta^* = -\frac{\beta}{\sigma}$. We follow Bhaumik et al. (2006) to consider the Maximum Likelihood (ML) as the best estimation approach to address this issue.

[6] An important group of characteristics retained in literature concerns the transfers received by the household, especially private transfers and government aid. Data on these variables are not available from ECOSIT 3 survey leading to an omission of this group of characteristics. However, we expect that, the group of characteristics capturing some aggregated socioeconomic variables of the living environment (districts) of the household may help to control for the missing variables since in general, transfers are oriented towards poor environments (districts).

portion is statistically higher at 1% level of significance than the 13.58% of wage-earners in group A. Similarly, in terms of access of public services, the time used to stock up drinking water is statistically lower at 1% level of significance in group A (14.55 minutes) than in group B (19.68 minutes). This is the same for access to health services measured by the time used to go to the nearest health centre.

The same pattern is observed when we look at the characteristics of the living environment. In fact, the urbanization and the schooling rates in the districts of county-group A are significantly higher than those of county-group B, while the opposite is observed for poverty and unemployment rates. Also, agriculture constitutes the main activity for more households in group B (47.28%) compared to group A (28.66%).

4. EMPIRICAL RESULTS

4.1. Evidences of poverty disparities between county-groups

We provide some evidences of poverty disparities between county-groups before discussing their causes. This is illustrated in figure 2 of the kernel density estimates of logarithm of the income-to-needs ratio for each county-group. Group A density is to the right of group B density, implying that for the same level of expenditure exceeding the poverty line, there are more people in county-group A than in county-group B areas. It is also apparent that the difference between groups A and B densities is greater in the right tail of the density. Thus, rich households from group A are better off than their group B counterparts to a greater extent and the poor households from group A are better off than their group B counterparts.

Figure 2: Kernel densities of logarithm of the income-to-needs ratio $\ln(y/z)$ by county-group

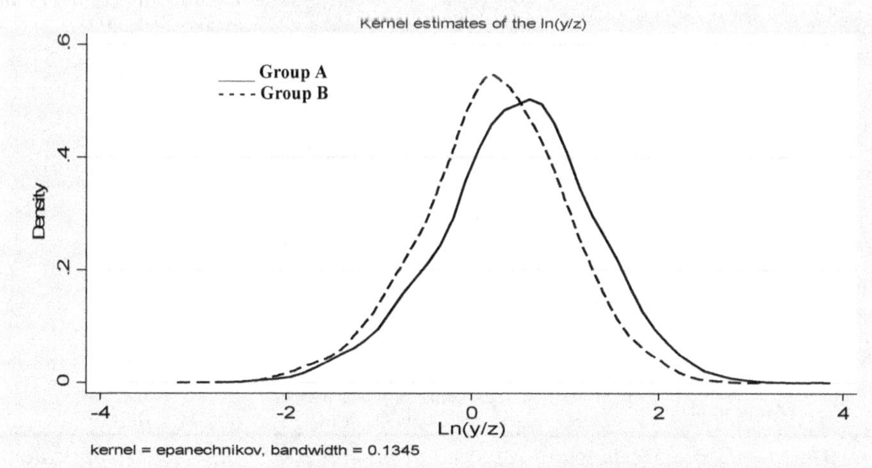

Source: From ECOSIT 3.

Table 2: Definition and description of variables

Characteristics	Variables under characteristics	Description	Group A $\bar{X}_A^k$	Group B $\bar{X}_B^k$	t-test $\bar{X}_A^k - \bar{X}_B^k$
Dependent variable	$\ln(y/z)$	Logarithm of the income-to-needs ratio	0.4858 (0.831)	0.2365 (0.779)	14.7***
1. Demographic characteristics of the household (head)	Household size	Household size (number of individuals living frequently in the household)	5.231 (3.086)	5.514 (2.849)	– 4.54***
	Sex	**1** if the household is male-headed, **0** otherwise	0.7755 (0.417)	0.7360 (0.440)	4.33***
	Age	Age of the household head	41.15 (13.88)	42.51 (15.05)	– 4.41***
	Age²/100	Squared age of the household head over 100	18.86 (13.13)	20.33 (14.67)	– 4.97***
	Couple	Marital status, **1** if the household head is in couple, **0** otherwise	0.7705 (0.420)	0.8174 (0.386)	– 5.54***
2. Educational status of the household (head)	Without educ.	1 if the head of household has never been provided with schooling, **0** otherwise	0.4646 (0.498)	0.6430 (0.479)	– 17.32***
	Primary educ.	**1** if the head of household has successfully finished at least primary educ., **0** otherwise	0.3032 (0.459)	0.2436 (0.429)	6.37***
	Secondary educ.	**1** if the household head has successfully finished at least secondary educ., **0** otherwise	0.1654 (0.371)	0.0946 (0.292)	10.23***
	Higher educ.	**1** if the household head holds a higher education level, **0** otherwise	0.0666 (0.249)	0.0186 (0.135)	11.91***
3. Labour market status of the household (head)	Inactive	**1** if the head of household is inactive, **0** otherwise	0.1912 (0.393)	0.2355 (0.424)	– 5.09***
	Unemployed	**1** if the head of household is unemployed, **0** otherwise	0.0821 (0.274)	0.1016 (0.302)	– 3.15***
	Self-employed	**1** if the head of household is a self-employed, **0** otherwise	0.4646 (0.498)	0.5269 (0.499)	– 5.90***
	Wage-earner	**1** if the head of household is a salaried employee, **0** otherwise	0.2618 (0.439)	0.1358 (0.342)	15.47***
4. Wealth status of the household	Land	Logarithm of the value of land household owns (CFA francs)	2.336 (4.727)	3.148 (5.212)	– 7.65***
	Houses	Logarithm of the value of houses household owns (CFA francs)	0.6656 (2.806)	0.7279 (2.905)	– 1.02
	Livestock	Logarithm of the value of the livestock owned by the household (CFA francs)	1.2405 (3.755)	2.6630 (5.195)	– 14.44***
5. Access to public services	Time to water	Time used to stock up with drinking water (minutes)	14.55 (25.30)	19.68 (28.24)	– 8.96***
	Time to health	Time used to go to the nearest health centre (minutes)	42.17 (57.38)	59.13 (79.30)	– 11.28***
6. Characteristics of the living environment of the household	Urban	Urbanization rate (proportion of hlds in urban area) in the district where the hld lives	0.7847 (0.411)	0.5963 (0.490)	19.39***
	Schooling	Schooling rate in the district where the household lives	0.5353 (0.153)	0.3569 (0.197)	46.68***
	Poverty	Poverty rate in the district where the household lives	0.2310 (0.180)	0.2923 (0.121)	– 19.50***
	Unemployment	Unemployment rate in the district where the household lives	0.0821 (0.061)	0.1015 (0.065)	– 14.30***
	Agriculture	Proportion of households for which agriculture is a main activity in the district	0.2866 (0.253)	0.4728 (0.200)	– 39.45***

*Note: The standard deviations are reported in parentheses. ***, ** and* indicate the significance levels at 1, 5 and 10% respectively.*
Source: From ECOSIT3.

It is possible to obtain the same statistical results by comparing the poverty incidence estimated for each county-group from equation [5][7]. Our basic hypothesis is confirmed; the poverty incidence in county-group A is lower than the one in county-group B as shown in table 3 below. The difference of poverty estimates (P_A - P_B = – 0.0733) is statistically significant at 1%. However, without using a regression-based approach, the estimated poverty incidences are 0.2579 in county-group A and 0.3601 in county-group B. Therefore, it seems that the regression-based approach does not overestimate the poverty disparity (difference) between the two groups. Furthermore, our results provide justification for analyzing separately the poverty incidence in the two county-groups. Also, the Chi-square test of independence used to determine whether there is a significant relationship between the classification by being Poor/Non poor and by living in county-group A/county-group B gives a highly significant $\chi^2_{(1)}$= 107.73 indicating that these two classifications are not independent.

Table 3: Estimates of poverty incidence in county-groups A and B

Counties groups	Sample size	Poverty incidence using regression-based approach	
		No	Yes
Group A	N_A = 3796	P_A= 0.2579	P_A= 0.2622
Group B	N_B= 5463	P_B= 0.3601	P_B= 0.3355
Difference in poverty incidence: (P_A - P_B) = – 0.0733		*t-test* = – 20.57***	
Independence between the classification by being Poor/Non poor and by living in Group A/Group B: $\chi^2_{(1)}$= 107.73***			

Note: ***, ** *and* * *indicate the significance levels at 1, 5 and 10% respectively.*
Source: From ECOSIT 3.

4.2. Inter-county poverty decomposition

The difference in the average probability of being poor between county-groups (P_A - P_B) can be algebraically decomposed into characteristics and coefficients effects. The results are reported in table 4 below. Both aggregate characteristics and coefficients effects are highly significant. The aggregate characteristics effect is – 0.017, and its share in poverty difference is 78.3%. This means that if the households of the county-group A had the same characteristics as those of the county-group B, given the group A coefficients, then the difference in poverty incidences would have been reduced by 78.3%. On the other hand, the aggregate coefficients effect is – 0.005, and its share in poverty difference is 21.3%. Therefore, the inter-county poverty disparities would have reduced by 21.3% if the coefficients of the variables influencing poverty were same for both county-groups, given the characteristics of group B. Referring to what Chattopadhyay (2011) calls the *resource effect*, it is worth noting that, the scale of the characteristics effect shows that the inter-county poverty disparities would be considerably reduced if the oil revenues redistribution policy offers the same resources (characteristics) in both county-groups.

[7]This is derived from the estimates of the parameters of equation [3] are reported in table A2 in appendix. In general, the poverty covariates are highly significant and affect the logarithm of the income-to-needs ratio as expected.

Table 4: Decomposing the difference of poverty incidence between county-groups ($P_A - P_B$)

Characteristics	Variables under characteristics	Characteristics effect: Estimate	Percentage		Coefficients effect: Estimate	Percentage	
Aggregate effect		**Aggregate characteristics effect (C)**			**Aggregate coefficients effect (D)**		
		- 0.017(0.0012)***	78.3		- 0.005(0.0018)***	21.7	
Decomposition aggregate effect		**Individual characteristics effect (C_k)**			**Individual coefficients effect (D_k)**		
1. Demographic characteristics of the household (head)	Household size	- 0.002(0.0001)***	8.9	21.5	- 0.026(0.0087)***	118.1	456.3
	Sex	0.001(0.0015)***	- 6.9		- 0.000(0.0031)	0.1	
	Age	- 0.030(0.0006)***	137		- 0.094(0.0219)***	423	
	$Age^2/100$	0.027(0.0006)***	- 124		0.035(0.0101)***	- 157	
	Couple	- 0.001(0.0001)***	6.5		- 0.016(0.0040)***	72.1	
2. Educational status of the household (head)	Without educ.	- 0.009(0.0004)***	40.9	28.6	- 0.010(0.0017)***	48.1	68.6
	Primary educ.	0.004(0.0003)***	- 21.8		- 0.005(0.0013)***	23.8	
	Secondary educ.	- 0.000(0.0001)***	2.2		- 0.000(0.0003)	1.6	
	Higher educ.	- 0.001(0.0001)***	7.3		0.001(0.0002)***	- 4.9	
3. Labour market status of the household (head)	Inactive	- 0.000(0.0001)	0.9	-16.5	0.000(0.0004)	- 3.1	- 9.0
	Unemployed	0.001(0.0001)***	- 5.8		0.001(0.0003)**	- 3.5	
	Self-employed	0.001(0.0001)***	- 5.4		0.003(0.0017)	- 12.1	
	Wage-earner	0.001(0.0002)***	- 6.2		- 0.002(0.0004)***	9.7	
4. Wealth status of the household	Land	0.000(0.0001)***	- 3.8	- 3.4	0.001(0.0012)	- 5.8	- 16.5
	Houses	0.002(0.0001)***	- 6.7		0.000(0.0003)	- 2.1	
	Livestock	- 0.002(0.0003)***	7.1		0.002(0.0009)**	- 8.6	
5. Access to public services	Time to water	- 0.000(0.0001)***	1.6	54.7	- 0.002(0.0015)	10.3	54.7
	Time to health	- 0.011(0.0003)***	53.1		- 0.009(0.0026)***	44.4	
6. Characteristics of the living environment of the household	Urban	0.010(0.0004)***	- 48.8		0.003(0.0012)**	- 13.3	
	Schooling	- 0.007(0.0009)***	33.8	- 6.6	- 0.028(0.0060)***	130.2	74.2
	Poverty	0.001(0.0003)***	- 5.9		- 0.006(0.0056)	27.1	
	Unemployment	- 0.002(0.0002)***	8.8		0.007(0.0023)***	- 32.1	
	Agriculture	- 0.001(0.0004)***	5.5		0.008(0.0044)*	- 37.7	
Constant					0.135(0.0150)***		- 607

*Note: The robust standard errors are reported in the parentheses. ***, ** and* indicate the significance levels at 1, 5 and 10% respectively. Group A is the reference group of comparison.*
Source: From ECOSIT3.

Furthermore, we can look at the detailed decomposition. Firstly, the individual characteristics effect captures the contributions of explanatory variables to the aggregate characteristics effect. The access to public services, especially water and health, has the highest contribution with a share of 54.7% in the difference of poverty incidences. This is followed by the educational status (28.6%) and the demographic characteristics of the household (21.5%). These are a set of characteristics through which the resource effects may considerably reduce the poverty disparities between county-groups. All the individual characteristics effect turn out to be highly significant except the inactive explanatory variable. Secondly, the aggregate coefficients effect ***D*** is also decomposed into contributions of individual poverty covariates. Within the Oaxaca-Blinder decomposition, these contributions can be interpreted as the *efficiency effect* which gives the differential degree of the utilisation of resources (merely captured by the coefficient estimates from equation [9] assessing the determinants of the income-to-needs ratio).

The characteristics of living environment of the household contribute to 74.2% of the aggregate efficiency effect. This is followed by the educational status (68.6%) and access to public services (54.7%). The variables with negative individual coefficient effect have positive share because the difference in poverty ($\boldsymbol{P_A}$ - $\boldsymbol{P_B}$) is negative. It would mean that county-group A is having a lower coefficient attached to that particular variable compared to county-group B. In other words, county-group A is less efficient than county-group B with respect to utilization of the particular resource. This is the case with variables such as access to public services (time to stock water and health), educational status (below higher education level) or even the labour market status (wage-earner). These variables have more return effects in county-group B in lowering poverty disparities. Therefore, it seems appropriate for the oil revenues received in county-group B to foster provision of public services such as health centres and drilling water, to boost schooling and create more employment opportunities. Variables characterizing the wealth status of the households have positive coefficient effects. It indicates that, the equalization of the coefficients between the two county-groups will make county-group A worse off because by increasing the coefficients, poverty will decrease in county-group B and the poverty difference will be widened.

Lastly, it may be observed that the main reason why households from county-group A have lower probability of being poor than those from county-group B is due to coefficients effect of constant term which is positive with a share of – 607. This indicates that the average baseline per capita expenditure level is higher in county-group A. In other words, even though households living in county-group B hold characteristics which can lower poverty and help them to enjoy stronger poverty mitigating effect of these characteristics compared to households from group A, the coefficients effect of the constant term shows that there is an important baseline gap in poverty incidence between the two county-groups. Therefore, this baseline disparity in poverty incidence is due to the oil revenues redistribution policy which does not allocate oil revenue shares to localities according to their county needs. A better inclusion may be achieved if the ratio of oil revenue shares received to the demographic weights of each locality equals 1 as discussed previously through equation [1].

5. CONCLUSION

This paper explored the causes of cross-county poverty disparities in Chad within a context of oil exploitation. We distinguished between two groups of counties. The group A gathers counties who received oil revenues greater than their demographic weights and assumed advantaged by the Oil Revenues Redistribution Policy (ORRP). On the contrary, counties of group B are assumed disadvantaged by the ORRP since they received amounts of oil revenues less than their demographic weights. Then, we applied Oaxaca-type decomposition inspired by the methodologies of World Bank (2003) and Yun (2004, 2005) to find out the effect of the difference in the characteristics of the two county-groups that causes the disparities in poverty incidences, but also determine the differential impact of the characteristics over the two county-groups.

As expected, results show that county-group B has a higher headcount ratio (33.55%) than its counterpart county-group A which received an intense oil revenues redistribution (26.2%). This difference in poverty incidences is highly significant. As the results of the decomposition of this difference suggest, there exists disparities in the availability of the resources between the two county-groups. This characteristic effect accounts for 78.3% of the difference in poverty. At the same time, there exists disparities in the utilisation of these resources i.e. the efficiency effect which is found less prominent. Basically, the baseline consumption is lower in the county-group B which lags behind the county-group A in terms of both the availability of resources and the utilisation of these resources. Thus, to better promote economic inclusion in Chad, the oil revenues redistribution policy should fit the specific local development needs. Attention should be paid in county-group B with respect to enhancement of important policy variables like the access of public services (water drilling and healthcare facilities), education and employment opportunities. Also, the return effect should be investigated and the causes of low resource utilisation need to be considered.

REFERENCES

Adoho, F.M., & Boccanfuso, D. (2007). "L'approche Blinder-Oaxaca permet-elle d'identifier les causes des écarts de pauvreté en Guinée ?" GREDI Working Paper N°07-16, University of Sherbrooke.

BEAC (2013). *Tableau de bord*. Banque des Etats de l'Afrique Centrale.

Bhaumik, S. K., Gang, I. N., & Yun, M.-S. (2006). "A note on decomposing differences in poverty incidence using regression estimates: Algorithm and example", IZA Discussion Paper N°2262.

Bigman, D., & Srinivasan, P. V. (2002). "Geographical targeting of poverty alleviation programs: Methodology and applications in rural India", *Journal of Policy Modeling*, 24(3), 237-255.

Blinder, A.S. (1973). "Wage discrimination: Reduced form and structural estimates". *Journal of Human Resources*, 28, 279-296.

Bokosi, F. K. (2007). "Household poverty dynamics in Malawi: A bivariate probit analysis", *Journal of Applied Science*, 7(2), 258-262.

CCSRP (2012). *Rapports annuels 2004-2012*, Tchad: Collège de Contrôle et de Surveillance des Revenus Pétroliers.

Chattopadhyay, S. (2011). "Inter-regional poverty comparisons: Case of West Bengal", *Journal of Quantitative Economics*, 9(2), 104-122.

Coudouel, A., Hentschel, J. S., & Wodon, Q. T. (2002). "Using linear regressions for analyzing the determinants of poverty", In J. Klugman (Ed.), *A sourcebook for poverty reduction strategies* (Vol. 2): World Bank.

ECA, AU, AfDB, & UNDP. (2014). *Mdg report 2014: Assessing progress in Africa toward the millenium development goals*. http://www.uneca.org.

ESSO (2012). *Exploration et production pétrolière au Tchad 2003-2012*. Rapport d'activités trimestriel, Tchad.

Fondo, S., Gadom, D.-G., & Totouom, F.A.L. (2013). « Soutenabilité économique d'une ressource épuisable: Cas du pétrole tchadien », *African Development Review,* 25(3), 344-357.

Gang, I. N., Sen, K., & Yun, M.-S. (2008). "Caste, ethnicity and poverty in rural India", *Review of Income and Wealth,* 54(1), 50-70.

Geda, A., Jong, N., Mwabu, G., & Kimenyi, M. (2001). "Determinants of poverty in Kenya: Household-level analysis", KIPPRA Discussion Paper N°9, Nairobi: Kenya Institute for Public Policy Research and Analysis.

Gelb, A., & Grasmann, S. (2010). "How should oil exporters spend their rents?", Washington D.C., Working Paper N°221, Center for Global Development.

Hoinathy, R. (2013). *Pétrole et changement social au Tchad: Rente pétrolière et monétisation des relations économiques et sociales dans la zone pétrolière de Doba*. Editions Karthala.

IMF (2006). *Bulletin N°12*. Washington D.C.: International Monetary Funds.

INSEED (2013). *Profil de pauvreté au Tchad en 2011*. Tchad: Institut National de la Statistique et des Etudes Economiques et Démographiques.

Loayza, N., Teran, A. M., & Rigolini, J. (2013). "Poverty, inequality, and the local natural resource curse", IZA Discussion Paper N°7226.

Mabali, A., & Mantobaye, M. (2015). "Oil and regional development in Chad: Impact assessment of Doba oil project on the poverty in host region", Etudes et Documents N°15, CERDI.

Maguire, K., & Winters, J. V. (2016). "Energy boom and gloom? Local effects of oil and natural gas drilling on subjective well-being", IZA Discussion Paper N°9811.

Mukherjee, S., & Benson, T. (2003). "The determinants of poverty in Malawi, 1998", *World Development,* 31(2), 339-358.

Ndang, T. S., & Nan-Guer, K. B. (2011). *Réduction de la pauvreté et croissance économique: Cas du Tchad*. AERC Collaborative Research Project on Understanding the Links between Growth and Poverty in Africa.

Oaxaca, R. (1973). "Male-female wage differentials in urban labor markets", *International Economic Review,* 14, 693-709.

Pauw, K., & Mncube, L. (2007). "*Expanding the social security net in South Africa: Opportunities, challenges and constraints*", University of Cape Town, South Africa: Working Paper N°07-128, Development Policy Research Unit.

Ravallion, M. (1996). "Issues in measuring and modelling poverty", *The Economic Journal,* 106, 1328-1343.

Sandbu, M.E. (2006). "Natural wealth accounts: A proposal for alleviating the natural resource curse", *World Development,* 34(7), 1153-1170.

Segal, P. (2011). "Resource rents, redistribution, and halving global poverty: The resource dividend", *World Development,* 39(4), 475-489.

Thorbecke, E. (2013). "The interrelationship linking growth, inequality and poverty in sub-Saharan Africa", *Journal of African Economies,* 22, 15-48.

UNDP (2013). *Rapport sur le développement humain 2013*. New York, Programme des Nations Unies pour le Développement.

World Bank. (2003). *Poverty reduction strategy sourcebook.*

World Bank. (2013). *Dynamic of poverty and inequality since the emergence of oil production*. World Bank - Africa Region.

World Bank. (2014). *World Development Indicators CR-ROM.* Washington D.C.

Yun, M.-S. (2004). "Decomposing differences in the first moment", *Economics Letters,* 82, 275-280.

Yun, M.-S. (2005). "Hypothesis tests when decomposing differences in the first moment", *Journal of Economic and Social Measurement,* 30, 295-304.

Zambrano, O., Robles, M., & Laos, D. (2014). "Global boom, local impacts: Mining revenues and subnational outcomes in Peru 2007-2011", Inter-American Development Bank Working Paper N°509.

ANNEX 1.

Table A1: Demographic weights, oil revenues shares and ratio by region and county

Regions/ Counties	Demographic weights	Oil shares	Ratio	Regions/ Counties	Demographic weights	Oil shares	Ratio
Batha	**0.0442**	**0.0079**	**0.1792**	**Chari Baguirmi**	**0.0524**	**0.0105**	**0.2011**
Batha-Ouest	0.0179	0.0048	0.2655	Baguirmi	0.0190	0.0053	0.2772
Batha-Est	0.0163	0.0020	0.1213	Chari	0.0166	0.0032	0.1907
Fitri	0.0100	0.0012	0.1193	Loug-Chari	0.0168	0.0021	0.1253
Borkou	**0.0085**	**0.0031**	**0.3620**	**Lac**	**0.0393**	**0.0094**	**0.2395**
Borkou	0.0062	0.0021	0.3471	Mamdi	0.0202	0.0066	0.3252
Borkou Yala	0.0023	0.0009	0.4025	Wayi	0.0191	0.0028	0.1489
Guera	**0.0488**	**0.0135**	**0.2764**	**Logone Occidental**	**0.0624**	**0.1312**	**2.1029**
Guera	0.0156	0.0067	0.4314	Lac Wey	0.0300	0.0655	2.1829
Abtouyour	0.0152	0.0027	0.1777	Dodjé	0.0096	0.0197	2.0410
Barh Signaka	0.0094	0.0013	0.1437	Gueni	0.0083	0.0198	2.3777
Mangalmé	0.0086	0.0027	0.3136	Ngourkosso	0.0144	0.0262	1.8185
Hadjer Lamis	**0.0513**	**0.2150**	**4.1865**	**Kanem**	**0.0302**	**0.0041**	**0.1360**
Dagana	0.0171	0.1290	7.5599	Kanem	0.0139	0.0025	0.1767
Dababa	0.0207	0.0322	1.5583	Nord-Kanem	0.0082	0.0008	0.0992
Haraze Al Biar	0.0136	0.0537	3.9534	Wadi-Bissam	0.0081	0.0008	0.1037
Logone Oriental	**0.0706**	**0.1467**	**2.0787**	**Mayo Kebbi Est**	**0.0702**	**0.0117**	**0.1665**
La Pendé	0.0145	0.0508	3.4958	Mayo-Boneye	0.0214	0.0037	0.1744
Kouh Est	0.0092	0.0215	2.3388	Kabbia	0.0207	0.0009	0.0448
Kouh Ouest	0.0045	0.0084	1.8702	Mayo-Lemié	0.0074	0.0009	0.1214
La Nya	0.0128	0.0246	1.9253	Mont Illi	0.0206	0.0061	0.2966
La Nya Pendé	0.0098	0.0158	1.6178	**Moyen Chari**	**0.0533**	**0.0382**	**0.7177**
Monts de Lam	0.0198	0.0257	1.2933	Barh Koh	0.0278	0.0239	0.8592
Mandoul	**0.0569**	**0.1406**	**2.4709**	Grande Sido	0.0097	0.0090	0.9252
Mandoul Oriental	0.0232	0.0833	3.5912	Lac Iro	0.0158	0.0054	0.3411
Barh Sara	0.0197	0.0278	1.4107	**Salamat**	**0.0274**	**0.0157**	**0.5729**
Mandoul Occid.	0.0140	0.0295	2.1049	Barh Azoum	0.0165	0.0077	0.4678
Ouaddaï	**0.0653**	**0.0140**	**0.2149**	Aboudéia	0.0059	0.0067	1.1403
Ouara	0.0298	0.0113	0.3808	Haraze Manguei.	0.0050	0.0013	0.2563
Abdi	0.0097	0.0012	0.1266	**Tandjilé**	**0.0600**	**0.0527**	**0.8796**
Assoungha	0.0259	0.0015	0.0569	Tandjilé Est	0.0231	0.0211	0.9146
Mayo Kebbi O.	**0.0511**	**0.0041**	**0.0799**	Tandjilé Ouest	0.0369	0.0316	0.8578
Mayo-Dallah	0.0303	0.0025	0.0809	**Barh-El-Gazal**	**0.0233**	**0.0061**	**0.2630**
Lac Léré	0.0208	0.0016	0.0785	Barh-El-Gazal Sud	0.0177	0.0043	0.2424
Wadi Fira	**0.0460**	**0.1029**	**2.2345**	Barh-El-Gazal N.	0.0056	0.0018	0.3280
Biltine	0.0153	0.0949	6.1961	**Ennedi**	**0.0152**	**0.0505**	**3.3213**
Darh Tama	0.0162	0.0032	0.1940	Ennedi	0.0055	0.0490	8.9214
Kobé	0.0145	0.0049	0.3361	Wadi Hawar	0.0097	0.0015	0.1577
Sila	**0.0277**	**0.0020**	**0.0737**	**Tibesti**	**0.0023**	**0.0219**	**9.5085**
Kimiti	0.0277	0.0012	0.0442	Tibesti Est	0.0013	0.0213	16.3716
Djourouf Al Alm.	0.0074	0.0008	0.1107	Tibesti Ouest	0.0010	0.0006	0.6098

Note: In absence of data on oil revenues redistribution within the capital city N'Djamena, this region (about 10% of total population) is considered as a county and its ratio greater than 1.
Source: From CCSRP (2012) and INSEED (2013).

ANNEX 2.

Table A2: Determinants of poverty – dependent variable $\ln(y/z)$

Characteristics	Variables under characteristics	Group A (N_A = 3796)	Group B (N_B = 5463)	National level (N = 9259)
1. Demographic characteristics of the household (head)	Household size	- 0.081 (0.008)***	- 0.092 (0.007)***	- 0.088 (0.005)***
	Sex	0.033 (0.055)	- 0.019 (0.044)	- 0.009 (0.034)
	Age	0.001 (0.007)	- 0.014 (0.005)***	- 0.009 (0.004)**
	Age²/100	- 0.005 (0.007)	0.011 (0.005)**	0.005 (0.004)
	Couple	0.041 (0.056)	- 0.037 (0.050)	0.009 (0.037)
2. Educational status of the household (head)	Primary educ.	0.067 (0.048)	0.135 (0.037)***	0.102 (0.030)***
	Secondary educ.	0.192 (0.066)***	0.303 (0.055)***	0.244 (0.044)***
	Higher educ.	0.368 (0.056)***	0.507 (0.088)***	0.396 (0.045)***
3. Labour market status of the household (head)	Unemployed	- 0.045 (0.071)	- 0.016 (0.063)	- 0.014 (0.049)
	Self-employed	0.043 (0.054)	0.021 (0.041)	0.043 (0.033)
	Wage-earner	0.090 (0.056)	0.216 (0.060)***	0.164 (0.040)***
4. Wealth status of the household	Land	0.010 (0.003)**	0.007 (0.002)***	0.007 (0.002)***
	Houses	0.012 (0.006)*	0.020 (0.004)***	0.016 (0.003)***
	Livestock	0.012 (0.004)***	0.014 (0.002)***	0.013 (0.002)***
5. Access to public services	Time to water	- 0.001 (0.001)	- 0.000 (0.000)	- 0.000 (0.000)
	Time to health	- 0.000 (0.000)	- 0.001 (0.000)***	- 0.001 (0.000)***
6. Characteristics of the living environment of the household	Urban	0.476 (0.052)***	0.308 (0.027)***	0.359 (0.025)***
	Schooling	- 0.711 (0.134)***	- 0.613 (0.077)***	- 0.535 (0.065)***
	Poverty	- 1.876 (0.203)***	- 2.079 (0.139)***	- 1.819 (0.119)***
	Unemployment	0.770 (0.293)***	0.625 (0.256)**	0.411 (0.191)**
	Agriculture	0.281 (0.146)*	0.106 (0.096)	0.039 (0.082)
Constant		1.049 (0.197)***	1.588 (0.131)***	1.371 (0.112)***

*Note: The robust standard errors are reported in the parentheses. ***, ** and* indicate the significance levels at 1, 5 and 10% respectively. Group A is the reference group of comparison.*
Source: From ECOSIT3.

LES DISPARITÉS RÉGIONALES DE PAUVRETÉ AU TCHAD : L'IMPACT DE LA POLITIQUE DE REDISTRIBUTION DES REVENUS PETROLIERS

Résumé - *Cet article analyse les déterminants des disparités départementales de pauvreté au Tchad après la mise en place d'une politique de redistribution des revenus tirés de l'exploitation du pétrole. Les données proviennent de la dernière Enquête sur la Consommation et le Secteur Informel au Tchad (ECOSIT 3) et du Collège de Contrôle et de Surveillance des Revenus Pétroliers (CCSRP). L'incidence de la pauvreté est estimée séparément pour deux groupes de départements définis selon les montants de revenus pétroliers reçus rapportés à leur poids démographique. Les résultats font apparaître une forte disparité de pauvreté entre ces deux groupes : le groupe de départements ayant reçu une part relativement faible de revenus pétroliers connaît un taux de pauvreté plus élevé que l'autre groupe. Les différences de pauvreté sont expliquées à l'aide de la méthode de décomposition de Blinder-Oaxaca adaptée à l'analyse de la pauvreté proposée par Yun (2004, 2005). Les caractéristiques départementales expliquent 78,3% des écarts de pauvreté, tandis que 21,7 % est expliqué par l'impact différencié de ces caractéristiques sur les deux groupes de département. Il apparaît nécessaire, pour promouvoir l'inclusion économique au Tchad, de mettre en œuvre une politique de redistribution des revenus pétroliers mieux adaptée aux besoins spécifiques du développement local.*

Mots-clés - TCHAD, INCIDENCE DE LA PAUVRETÉ, DISPARITÉS LOCALES, REVENUS PÉTROLIERS, MÉTHODE DE BLINDER-OAXACA

PROFILS ET DÉTERMINANTS SOCIOÉCONOMIQUES DE LA CLASSE MOYENNE EN TUNISIE

Radhouane FILALI[*], Anis BOUABID[**]

Résumé - *Cette étude cherche à évaluer le poids de la classe moyenne en Tunisie et à définir son contour. En exploitant les données de l'Enquête Budget-Consommation et Niveau de Vie des Ménages Tunisiens de 2005 et 2010 nous trouvons que la classe moyenne en Tunisie s'est élargie entre ces deux dates. La classe moyenne représente environ les deux tiers des ménages et peut être divisée en trois catégories : la classe moyenne supérieure, la classe intermédiaire et la classe vulnérable. L'emploi et la propriété du logement, critères les plus utilisés par les autorités publiques pour identifier la classe moyenne, ne caractérisent que les classes moyennes vulnérable et intermédiaire. Il apparaît, à travers le modèle probabiliste adopté, que les conditions de logement, le niveau d'éducation et le nombre de salariés dans le ménage sont les critères les plus marquants des classes de revenu supérieur. Il se trouve également que les écarts en matière de niveau de vie entre le milieu urbain et le milieu rural, et entre les régions de l'Est et les régions de l'Ouest de la Tunisie, persistent et touchent toutes les classes de revenus, notamment la classe moyenne.*

Mots-clés - CLASSE MOYENNE, DISTRIBUTION DES REVENUS, TUNISIE, MODÈLE LOGIT ORDONNÉ

Classification JEL - D31, I30, D63, C35

[*] Université de Sousse - Faculté des Sciences Économiques et de Gestion et UAQUAP - ISG Tunis; radhouanefilali@yahoo.fr
[**] Université de Sousse - Faculté des Sciences Économiques et de Gestion - Laboratoire de Recherche en Économie, Management et Finance Quantitative ; anisbouabid@gmail.com

1. INTRODUCTION

En Tunisie, les travaux de recherche sur la pauvreté et sur la croissance pro-pauvres commencent à devenir nombreux[1]. Ceux sur la classe moyenne sont quasi-absents. Les seules études menées le sont dans un cadre de comparaison internationale[2]. Dans ces travaux, la Tunisie n'est pas le centre de l'analyse et ne représente en général qu'une observation dans l'échantillon des pays considérés.

Le seul travail académique sur la classe moyenne en Tunisie qui peut être cité est celui, déjà ancien, de Allman (1979). En adoptant le découpage du sociologue Louis Chauvel, l'auteur distingue une classe moyenne inférieure, intermédiaire et supérieure. Selon lui, la classe moyenne supérieure de l'après indépendance regroupe les cadres supérieurs de l'administration, les professions libérales, les grands artisans, les propriétaires terriens et des anciennes familles aristocratiques. La classe moyenne inférieure est formée des petits métiers, des épiciers, des cadres moyens de l'administration, des enseignants du primaire et du secondaire et des travailleurs qualifiés dans le secteur des services.

En Tunisie, les deux premières décennies qui ont suivi l'indépendance ont mené à l'instauration de l'État moderne marquée par le passage d'une organisation tribale à l'établissement de classes sociales. Les cadres moyens et supérieurs, qui ont pris la relève des colons français suite à une vague de nationalisation, le développement du salariat et d'une classe de propriétaires d'entreprise marquent l'essentiel de la hiérarchie sociale.

Les autorités publiques tunisiennes se sont fixées des objectifs de développement économique et social dès les premières années de l'indépendance[3], à travers l'investissement dans le capital humain, en l'occurrence l'éducation et le statut personnel de la femme [4].Le système éducatif a formé les cadres et les employés dans l'administration et les entreprises. Ce qui a constitué un ascenseur social pour les jeunes tunisiens.

La crise économique et politique des années 1980, liée à l'endettement extérieur, la baisse des recettes pétrolières et une sécheresse qui a affecté le secteur agricole, s'est traduite par la mise en place d'un plan d'ajustement structurel et par un changement politique se caractérisant par une ouverture accrue de l'économie accompagnée d'un désengagement progressif de l'État, l'encouragement de l'initiative privée et l'instauration d'une politique de ciblage des transferts sociaux[5]. Les réformes économiques engagées ont permis à

---

[1] Voir par exemple Ghazouani et al. (2001), Ayadi et al. (2005), Amara et al. (2013).

[2] Voir Milanovic et al. (2002), Chun (2010), Kharas (2010), BAD (2011).

[3] L'amélioration du niveau de vie de la population fut l'un des principaux objectifs du plan de développement décennal 1962-1972.

[4] Cinq mois après l'indépendance, dans le cadre d'une politique de modernisation du pays, les autorités tunisiennes ont promulgué des lois visant l'égalité entre les hommes et les femmes dans plusieurs domaines.

[5] La politique de ciblage prend la forme de subventions accordées à la Caisse Générale de Compensation, dont l'objectif est de préserver le pouvoir d'achat des plus démunis. L'objectif a été de réutiliser les gains du ciblage dans la lutte contre la pauvreté et l'exclusion sociale.

l'économie tunisienne de mieux résister à la concurrence étrangère et de favoriser l'arrivée d'investissements directs étrangers. Avec la croissance retrouvée, la pauvreté a baissé et le niveau de vie de la population s'est amélioré dans les années 1990 et 2000, sans toutefois enrayer l'existence récurrente d'un chômage des jeunes diplômés et les inégalités de développement entre les régions côtières et les régions intérieures.

Quels sont alors les contours de la classe moyenne tunisienne dans les années 2000 ? L'objectif de ce travail est d'évaluer le poids de la classe moyenne et d'en explorer les déterminants à partir des données d'Enquêtes sur le Budget, la Consommation et le Niveau de Vie des Ménages Tunisiens (EBCMT) élaborées par l'Institut National de la Statistique (INS) en 2005 et 2010. Nous nous proposons d'évaluer le poids de la classe moyenne dans la distribution des revenus en Tunisie et nous spécifions une analyse probabiliste basée sur un modèle logit ordonné liant l'appartenance à une classe de revenu à ses déterminants socioéconomiques. Le choix d'un modèle multinomial ordonné se trouve justifié par l'ordre des classes de revenus. A l'instar de plusieurs travaux, nous proposons cinq classes de revenus : les pauvres, les riches et une grande classe moyenne formée par trois sous-classes, la classe moyenne inférieure, intermédiaire et supérieure.

Cet article est organisé de la manière suivante. La section 2 présente une revue de la littérature sur les définitions et les déterminants de la classe moyenne. La section 3 décrit les données et les méthodes utilisées. La section 4 présente les résultats des déterminants socio-économiques des sous-groupes de la classe moyenne à partir de l'estimation d'un modèle logit ordonné. Enfin, la section 5 conclut.

2. DÉFINITION ET DÉTERMINANTS DE LA CLASSE MOYENNE : UNE REVUE DE LA LITTÉRATURE

2.1. Définition de la classe moyenne

Les sociologues s'intéressent au statut professionnel, au revenu et au mode de vie des individus pour tenter de définir les classes sociales. Leurs analyses débouchent sur la définition de plusieurs groupes sociaux où apparaissent plusieurs classes moyennes. Selon le découpage de Chauvel (2006), la classe moyenne inférieure regroupe des individus vulnérables qui peuvent basculer dans la pauvreté mais qui parviennent à subvenir à leurs besoins fondamentaux ; la classe moyenne intermédiaire regroupe des individus qualifiés de « ni riches ni pauvres » ; la classe moyenne supérieure regroupe les individus les plus aisés mais qui ne sont pas considérés comme riches.

Pour les économistes, toute définition suppose en général d'établir deux seuils de revenus qui délimitent la classe moyenne et la distinguent des pauvres et des riches. La fixation de ces seuils se base, selon, sur le revenu ou le patrimoine. L'approche *relative* consiste à fixer des seuils en fonction de la médiane de la distribution des revenus. Cette approche est largement utilisée dans les pays développés (Birdsall et al., 2000 ; Easterly, 2001 ; Pressman, 2007 ; Atkinson et al., 2013). L'approche *absolue* consiste à fixer des seuils en matière de revenus/dépenses par personne et par jour entre lesquels un individu est considéré comme faisant partie de la classe moyenne (BAD, 2011 ; Banerjee et al., 2008 ; Ravallion, 2010). Cette approche est recommandée dans les pays en développement en raison de la non-fiabilité des données sur les revenus. L'approche relative est souvent privilégiée pour analyser l'évolution au cours du temps de la classe moyenne au sein d'un pays. En revanche, l'approche absolue est généralement utilisée pour réaliser des analyses comparatives entre les pays.

Contrairement aux pays développés, il n'existe pas de consensus dans la littérature sur la définition de la classe moyenne dans les pays en développement (Ravallion, 2010). En l'absence d'une approche axiomatique, la fixation des seuils fait débat. Retenir par exemple deux seuils de 75% et de 125% autour de la médiane ou de 2 et de 13 USD par personne et par jour, reste arbitraire. Conscients de cette difficulté, les économistes fixent des seuils en fonction de l'objectif de l'analyse menée et de la spécificité des pays étudiés[6].

Milanovic et al. (2002) définissent les bornes de la classe moyenne comme le seuil de pauvreté des pays occidentaux et la moyenne des revenus en Italie. En exploitant les données des revenus/dépenses de 111 pays, les auteurs trouvent que la classe moyenne mondiale ne représente que 11% de la population totale. Banerjee et al. (2008) adoptent l'approche absolue en proposant deux intervalles de dépenses, entre 2 et 4 et entre 6 et 10 USD par personne par jour. Ils analysent la structure de consommation et d'investissement de la classe moyenne dans 13 pays en développement. Ravallion (2010) part des définitions de la classe moyenne dans les pays développés et les pays en développement pour conclure que la même définition ne peut pas être appliquée pour les deux types de pays. En analysant la classe moyenne dans 116 pays, il définit le premier seuil de la classe moyenne comme étant le seuil de pauvreté médian des pays en développement et le second comme étant le seuil de pauvreté des États-Unis.

Kharas (2010) associe les données d'enquête auprès des ménages à des projections de croissance dans 145 pays pour établir le lien entre la classe moyenne mondiale et la croissance globale. En utilisant des seuils absolus de dépense entre 10 et 100 USD par personne par jour en matière de PPA, il trouve que la classe moyenne en Asie pourrait doubler d'ici 2020 et il cherche à savoir si la classe moyenne émergente de l'Asie pourrait être du même ordre que le déclin de croissance de la classe moyenne des États-Unis.

Lopez-Calva et al. (2013) utilisent un panel de données de trois pays de l'Amérique latine (Chili, Mexique et Pérou) au cours des deux dernières décennies. Ils analysent la classe moyenne en matière de vulnérabilité à la pauvreté en utilisant une variété de seuils absolus. Ils concluent que la classe moyenne s'est élargie de manière significative dans ces pays.

De manière générale, dans les pays développés, les facteurs qui sont à l'origine du déclin constaté de la classe moyenne, notamment aux Etats-Unis, ont fait l'objet de diverses analyses depuis les années 1980. Dans les pays en

[6] Voir, en particulier, une discussion sur l'arbitraire qui sous-tend la fixation des seuils dans Atkinson et al. (2013), Ravallion (2010) et Pressman (2007).

développement, que ce soit en Asie, en Afrique et en Amérique latine, les travaux révèlent plutôt une classe moyenne en expansion associée à la croissance économique.

2.2. Les déterminants de la classe moyenne

En raison du flou qui caractérise la limite entre la pauvreté et la classe moyenne, d'une part, et en l'absence d'un seuil unique de revenu qui sépare les pauvres de ceux de la classe moyenne, d'autre part, il est pertinent d'examiner les déterminants de la pauvreté de la même manière que les déterminants potentiels de la classe moyenne.

La composition du ménage est généralement évoquée comme un déterminant à considérer. Elle fait intervenir l'âge et le sexe des membres du ménage pour calculer les échelles d'équivalences afin de mieux calibrer le revenu ou la consommation lors de la délimitation de la classe moyenne. Quant aux caractéristiques individuelles utilisées, on trouve souvent l'âge, le sexe, l'éducation, l'emploi, le secteur d'activité et toute autre variable suceptible d'avoir une incidence sur le revenu.

Davis et al. (1992) utilisent un modèle probit pour estimer les déterminants de la classe des pauvres comparativement à celles des riches et de la classe moyenne aux Etats-Unis entre 1971 et 1982. Ils trouvent que les classes de pauvres et de riches s'élargissent au détriment de la classe moyenne. En utilisant les caractéristiques sociodémographiques des ménages américains, telles que l'âge, le sexe, la race, l'éducation, la stabilité de l'emploi et le secteur d'activité, ils concluent que l'accroissement de la pauvreté est dû à une proportion croissante de noirs, de jeunes, de travailleurs à temps partiel et de familles dont le chef est une femme. En revanche, l'accroissement du nombre de ménages où les deux membres sont salariés et le niveau d'instruction supérieur caractérisent particulièrement l'expansion de la classe des riches.

Lopez-Calva et al. (2010) définissent la classe moyenne selon les caractéristiques des ménages en relation avec la capacité de générer des revenus. Ils montrent que la classe moyenne en Amérique latine reste caractérisée par une vulnérabilité économique qui la rapproche des pauvres malgré la différence en matière de revenus. Martinez et al. (2012) estime un modèle probit multinomial pour explorer les déterminants de la classe moyenne dans les pays d'Amérique latine. Ils montrent que les déterminants de la classe moyenne ne diffèrent de ceux de la pauvreté qu'en termes des caractéristiques de l'emploi des membres des ménages. Ils trouvent également qu'un niveau d'éducation primaire du chef du ménage caractérise plutôt les pauvres tandis que les niveaux secondaire et supérieur caractérisent plus fréquemment la classe moyenne et les riches.

Malgré des différences méthodologiques les travaux analysant la classe moyenne s'accordent sur les principaux facteurs qui la déterminent. Ainsi, les caractéristiques sociodémographiques et la composition du ménage sont les facteurs les plus utilisés. D'autres variables en relation avec la possession de biens durables, l'emploi, les secteurs d'activité, l'accès aux services publics sont également considérées. Certains travaux introduisent en complément des variables spécifiques au cas étudié et à l'objectif recherché.

3. DONNÉES ET MÉTHODE D'ANALYSE

3.1. Présentation des données tunisiennes

En Tunisie, l'Institut National de la Statistique conduit des enquêtes quinquennales sur le budget, la consommation et le niveau de vie des ménages tunisiens (EBCMT). Ces enquêtes sont menées auprès d'un échantillon réparti sur tout le territoire national. Elles fournissent des informations sur la structure des dépenses selon les fonctions de consommation. Les données mobilisées dans ce travail sont relatives aux deux dernières éditions de cette enquête, EBCMT 2005 et 2010. Les tailles des échantillons sont respectivement de 12318 et de 11281 ménages.

En vue d'identifier la classe moyenne en Tunisie et d'en décrire sa dynamique entre 2005 et 2010, nous utilisons la dépense totale de consommation annuelle comme une approximation du revenu permanent du ménage[7]. Par ailleurs, afin de tenir compte de la composition du ménage dans le calcul des échelles d'équivalence, nous recourons aux variables relatives à la taille du ménage et à l'âge des membres du ménage.

La délimitation des bornes de la classe moyenne sera effectuée selon l'approche relative et l'approche absolue. Elle permet ainsi de diviser la distribution des dépenses des ménages en cinq classes : les pauvres, les classes moyennes inférieure, intermédiaire et supérieure et la classe des riches. Cette subdivision autorise la spécification d'un modèle logit ordonné afin d'estimer les probabilités d'être dans une classe de revenu et l'influence des facteurs qui déterminent les probabilités d'appartenance à ces classes.

Les variables explicatives retenues dans ce travail sont décrites en annexe 1. Elles englobent les caractéristiques sociodémographiques des ménages, la possession d'un bien durable – en l'occurrence le logement – et des variables relatives à l'emploi, la profession du chef du ménage, le milieu urbain ou rural et la région de résidence des ménages.

3.2. Délimitation de la classe moyenne tunisienne

Pour évaluer les seuils aptes à délimiter la classe moyenne, nous adoptons les deux approches utilisées dans la littérature : l'approche relative et l'approche absolue. Bien que la Tunisie soit un pays en développement et qu'il soit recommandé d'adopter plutôt l'approche absolue, le choix de l'une ou l'autre approche ne semble pas contraignant du moment qu'on n'a pas à faire une analyse comparative entre pays.

Pour l'approche relative des seuils, nous retenons que la classe moyenne s'étend entre la moitié de la médiane de la distribution des revenus équivalents et deux fois la médiane. Pour justifier notre choix, nous considérons à titre comparatif les seuils relatifs utilisés dans le cas des pays développés. Par ailleurs, nous réalisons une comparaison entre la distribution des revenus ajustée par la taille du ménage (la colonne A du tableau 1) à la distribution

[7] Dans la suite de notre étude, nous utilisons indifféremment les termes « revenu » et « dépense de consommation » des ménages.

ajustée par les échelles d'équivalences modifiées de l'OCDE de 1994 (les colonnes B, C et D du tableau 1). Ces échelles, proposées par Haagenar et al. (1994), affectent un coefficient 1 au chef du ménage, un coefficient de 0,5 pour chaque adulte supplémentaire dans le ménage et 0,3 pour chaque enfant.

Pour l'approche absolue, nous adoptons les seuils les plus utilisés dans la littérature de la classe moyenne dans le cas des pays en développement :

- Les seuils de Ravallion (2010), utilisés d'ailleurs par la Banque mondiale, pour lesquels la classe moyenne s'étend entre 2 et 13 dollars par personne par jour en parité du pouvoir d'achat (PPA).
- Les seuils de Banerjee et Duflo (2008) qui considèrent que la classe moyenne dans les pays en développement s'étend entre 2 et 10 USD par personne par jour en PPA.
- Les seuils proposés par la Banque Africaine du Développement (BAD, 2011), qui définissent la classe moyenne entre 2 et 20 USD par personne par jour en PPA de 2005.

3.3. Un modèle ordinal des classes de revenus

Nous proposons, à côté de la classe des pauvres et de la classe des riches, de définir la classe moyenne en la subdivisant en classe moyenne inférieure, classe moyenne intermédiaire et classe moyenne supérieure. Les cinq classes obtenues sont délimitées par les seuils c_1, c_2, c_3 et c_4, où c_1 est le seuil de pauvreté et c_4 est le seuil de richesse.

Pour analyser la probabilité qu'un ménage appartienne à l'une des cinq classes de revenus, nous adoptons un modèle multinomial ordonné (logit ou probit)[8]. Le choix d'un modèle ordonné parmi les autres modèles multinomiaux est dicté par le souci d'exploiter l'information contenue dans l'ordre des classes de revenus de la variable dépendante.

L'appartenance d'un ménage i à revenu y_i à l'une de ces classes est codée respectivement par 0,1,2,3,4. Elle est liée à une variable latente continue $y_i^* = x_i\beta + \varepsilon_i$ de telle façon que la probabilité qu'un ménage i appartienne à la classe de revenu j, $j = 0,1,2,3,4$, est exprimée comme suit :

$$P(y_i = j) = P(c_j < y_i^* \leq c_{j+1}) = F(c_{j+1} - x_i\beta) - F(c_j - x_i\beta)$$

avec $F(c_0 - x_i\beta) = F(-\infty - x_i\beta) = 0$

et $F(c_{J+1} - x_i\beta) = F(+\infty - x_i\beta) = 1$

où F est la fonction de répartition des termes d'erreurs ε_i, x_i est le vecteur des variables qui expliquent l'appartenance aux cinq classes et β le vecteur des coefficients correspondants.

Ainsi, la probabilité d'appartenir à la classe des pauvres est :

$$P(y_i = 0) = F(c_1 - x_i\beta)$$

et la probabilité d'être parmi les riches est donnée par :

$$P(y_i = 4) = 1 - F(c_4 - x_i\beta).$$

---

[8] Le choix d'un logit ou d'un probit ordonné donne des résultats similaires.

Si les erreurs suivent une loi logistique, le modèle est un logit ordonné. Les paramètres de ce modèle sont estimés par la méthode du maximum de vraisemblance[9]. La fonction de vraisemblance de l'échantillon s'écrit :

$$L(\beta, c_1, \ldots, c_4) = \Pi_{i=1}^{N} \Pi_{j=0}^{4} [F(c_{j+1} - x_i\beta) - F(c_j - x_i\beta)]^{y_{ij}}$$

où $y_{ij} = 1$ si $y_i = j$ et $y_{ij} = 0$ sinon, pour tout $i : 1, \ldots, N$ et tout $j : 0, \ldots, 4$.

Les coefficients estimés β expriment la variation du logarithme du rapport des cotes (de l'*odds ratio*), ou encore du logit, suite à une variation de la variable explicative d'une unité.

4. ANALYSE DES RÉSULTATS

Les tableaux 1 et 2 présentent l'importance des différentes classes de revenus en pourcentage des ménages tunisiens pour 2005 et 2010 selon les différentes définitions adoptées des classes moyennes.

Selon les seuils utilisés, on observe que le poids des classes moyennes en Tunisie au cours de la période 2005-2010 se situe entre 30% et 72% selon l'approche relative (tableau 1) et entre 65% et 82% selon l'approche absolue (tableau 2). Dans toutes ces configurations, la classe moyenne inférieure a le poids le plus élevé suivie par la classe moyenne intermédiaire.

Tableau 1. Classes moyennes en Tunisie selon l'approche relative

	Seuils de 50% à 200% de la médiane de la distribution de la dépense équivalente						Seuils de 75% à 125% de la médiane	
	A		B		C		D	
	2005	2010	2005	2010	2005	2010	2005	2010
Pauvres	15.38	14.25	13.61	13.10	13.61	13.10	32.45	31.84
Classe moyenne	67.47	69.78	70.64	72.26	70.64	72.26	30.85	31.93
Classe moyenne inférieure	34.62	35.75	36.39	36.90	49.69	50.57	14.47	14.61
Classe moyenne intermédiaire	21.78	22.43	22.99	23.79	15.10	15.49	9.21	9.52
Classe moyenne supérieure	111.07	11.60	11.25	11.57	5.85	6.21	7.17	7.70
Riches	117.15	15.97	15.75	14.64	15.75	14.64	36.70	36.33

A : Dépense de consommation ajustée par la taille du ménage ; A, B : les seuils adoptés sont de 1/2, 1, 3/2 et 2 fois la médiane, respectivement. C : Classes moyennes sur la base des seuils estimés par le modèle logit ordonné, soient 50, 30 et 20% du poids de la grande classe moyenne. D : Classes moyennes sur la base des seuils 75, 95, 110 et 125% de la médiane.
Source : Calculs des auteurs à partir des enquêtes EBCMT - 2005, 2010.

L'ajustement des revenus par les échelles d'équivalence de l'OCDE comparé à l'ajustement par la taille du ménage (tableau 1, colonnes A et B) tend à

[9] Pour des raisons d'identification des paramètres du modèle ordonné, il n'est pas possible d'estimer à la fois les paramètres seuils $c_1, \ldots, c_4$ et la constante du modèle. Il s'agit de poser une hypothèse d'identification sur l'un de ces cinq paramètres (supposer la constante nulle par exemple). Il est facile de montrer que les probabilités estimées restent inchangées quelle que soit l'hypothèse retenue.

augmenter la classe moyenne de 3%. Cette augmentation compense la baisse de la pauvreté et de la classe des riches dans la période d'étude. En effet, l'adoption d'échelles de besoins différentes contribue à faire basculer certains ménages dans la classe moyenne inférieure en raison de leurs compositions et non en raison de la différence de leurs revenus comparativement à certains ménages pauvres.

Tableau 2. Classes moyennes en Tunisie selon l'approche absolue

	Entre 2 et 13 $ par personne par jour en PPA 2005 (seuils de 2, 4, 8 et 13 USD) (Ravallion, 2010)		Entre 2 et 10 $ par personne par jour en PPA 2005 (seuils de 2,4,6,10 USD) (Banerjee et Duflo, 2008)		Entre 2 et 20 $ par personne par jour en PPA 2005 (seuils de 2, 4, 10 et 20 USD) (BAD, 2011)	
	A		B		C	
	2005	2010	2005	2010	2005	2010
Pauvres	28.97	16.04	28.97	16.04	28.97	16.04
Classe moyenne	68.13	79.53	65.41	75.42	70.07	82.67
Classe moyenne inférieure	39.10	37.51	39.10	37.51	39.10	37.51
Classe moyenne intermédiaire	22.71	32.15	15.98	24.03	26.77	38.57
Classe moyenne supérieure	6.32	9.86	10.33	13.87	4.20	6.58
Riches	2.90	4.43	17.15	8.54	0.96	1.29

Source: Calculs desauteurs à partir des enquêtes EBCMT - 2005, 2010.

En confrontant les deux approches, en valeur relative et en valeur absolue, il apparaît que la grande classe moyenne représente un peu plus des deux tiers de la population tunisienne, dont un tiers est vulnérable aux chocs économiques, et que la grande classe moyenne s'est élargie entre 2005 et 2010. En retenant la distribution B du tableau 1, cet élargissement est dû au passage de 0,5% de pauvres vers la classe moyenne inférieure[10], d'une part, et du déplacement de 1,1% de la classe des riches vers la classe moyenne supérieure, d'autre part. Pour corroborer cette conclusion, nous avons réalisé un test unilatéral de différence de proportions (z-test) sur les échantillons des deux années d'études pour les différentes définitions de la classe moyenne. Les résultats de ce test confirment de manière significative une plus grande étendue de la classe moyenne entre 2005 et 2010 (voir annexes 2 et 3).

Les résultats d'estimation du modèle logit ordonné montrent que le modèle est globalement significatif au seuil de 1% pour les deux années. Tous les coefficients sont significatifs aux seuils usuels, à part ceux de la variable *married* et quelques variables relatives aux types de profession du chef du ménage.

La variable dépendante *class* comporte cinq modalités (classes de revenus). Elle est obtenue en adoptant les seuils relatifs entre 50% et 200% de la médiane des dépenses de consommation ajustées par les échelles d'équivalence modifiées de l'OCDE. Soit une dépense de consommation (revenu) en équivalent-

[10] Entre 2005 et 2010, la pauvreté a diminué de 0,5% et la classe moyenne inférieure a augmenté de 0,49%.

adulte entre 1169,6 et 4678,4 DT aux prix courants de 2005 et entre 1676,9 et 6707,5 DT aux prix courants de 2010[11]. En ramenant ces seuils aux dépenses par personne par an, le seuil de pauvreté est proche de celui de l'INS pour les deux années d'étude. Ceci justifie le choix de ces classes de dépenses parmi celles que proposent les deux approches pouvant définir la classe moyenne.

Tableau 3. Résultats d'estimations du modèle logit ordonné, 2005 et 2010

Variable	OLM2005	OLM2010	Variable	OLM2005	OLM2010
	b/se	b/se		b/se	b/se
hhsize	-0.239*** (0.01)	-0.312*** (0.01)	Agric	0.123 (0.06)	-0.010 (0.07)
hhsex	-0.417*** (0.10)	-0.526*** (0.12)	Craft	-0.105 (0.07)	-0.146* (0.07)
married	-0.141 (0.09)	0.195 (0.11)	plant	0.131 (0.08)	0.249** (0.08)
urban	0.657*** (0.04)	0.764*** (0.05)	NE	-0.481*** (0.06)	-0.523*** (0.06)
age	0.037*** (0.01)	0.071*** (0.01)	NW	-0.131* (0.06)	-1.148*** (0.07)
age2	-0.000* (0.00)	-0.001*** (0.00)	CE	0.428*** (0.05)	0.171** (0.06)
hhedu1	0.492*** (0.05)	0.561*** (0.05)	CW	-0.689*** (0.07)	-0.998*** (0.07)
hhedu2	1.233*** (0.06)	1.329*** (0.06)	SE	0.309*** (0.07)	-0.099 (0.07)
hhedu3	2.433*** (0.11)	2.241*** (0.11)	SW	-0.308*** (0.07)	-0.744*** (0.07)
tenure	0.172** (0.05)	0.432*** (0.06)			
house	1.321*** (0.22)	1.552*** (0.37)			
villa	2.282*** (0.22)	2.521*** (0.37)	c_1	1.133*** (0.32)	1.862*** (0.44)
apart	2.542*** (0.24)	2.554*** (0.38)	c_2	3.621*** (0.32)	4.455*** (0.45)
earn	0.781*** (0.05)	0.774*** (0.05)	c_3	5.044*** (0.32)	5.982*** (0.45)
earn2	-0.066*** (0.01)	-0.088*** (0.01)	c_4	5.992*** (0.32)	7.017*** (0.45)
employtype	0.135** (0.05)	0.135* (0.05)	$\chi2(29)$	6297.376	6154.546
legis	0.631*** (0.08)	0.654*** (0.08)	p	0.000	0.000
profess	0.724*** (0.09)	0.750*** (0.10)	Log L	-15492.8	-13915.5
clerk	0.451*** (0.11)	0.318* (0.13)	Pseudo R^2	0.169	0.181
service	0.283*** (0.08)	0.217* (0.09)	N	12311	11279

Note :b/se : coefficient/écart-type.
Source: Calculs des auteurs à partir des enquêtes EBCMT - 2005, 2010.

Les seuils estimés c_1, c_2,c_3 et c_4 sont tous très significatifs Le rapport des différences des seuils $\frac{(c_2-c_1)_{2010}}{(c_2-c_1)_{2005}} = 1,04$ donne une estimation de l'évolution de

[11] Les seuils en équivalent-adulte sont par construction supérieurs aux seuils par individu du ménage.

la classe moyenne inférieure de 4% entre 2005 et 2010 [12]. L'évolution estimée de la grande classe moyenne est de 6% au cours de la même période ($\frac{(c_4-c_1)_{2010}}{(c_4-c_1)_{2005}} = 1{,}06$).

Le tableau 3 donne les résultats du modèle logit ordonné en 2005 et en 2010. Notons qu'un coefficient positif (négatif) indique un effet positif (négatif) de la variable explicative sur la probabilité d'être dans la classe supérieure (inférieure) de revenu. Les effets marginaux expriment l'effet (en pourcentage) d'une variation unitaire de la variable explicative, *ceteris paribus*, sur la probabilité d'appartenir à une classe de revenu pour les deux années considérées (voir annexes 5 et 6). Notons également que pour une variable explicative la somme des effets marginaux des différentes classes de dépenses est nulle. Ceci veut dire qu'une augmentation (diminution) pour une ou plusieurs classes est compensée par une diminution (augmentation) d'au moins une autre classe de dépense[13].

Selon le tableau 3, la taille du ménage (*hhsize*) exerce un effet significativement négatif sur la probabilité d'être dans une classe de revenu supérieur : un membre supplémentaire dans un ménage, *ceteris paribus*, réduit la chance de ce ménage d'être dans une classe de revenu supérieur et d'après les effets marginaux accroît la vraisemblance d'être dans la classe des pauvres et la classe moyenne inférieure. En d'autres termes, les ménages de taille élevée ont plus tendance à être pauvre ou risquer de glisser vers la pauvreté.

L'effet du sexe (*hhsex*) est négatif sur les classes de revenu supérieur. Ceci veut dire que la probabilité de devenir pauvre est plus forte pour un chef de ménage de sexe masculin que féminin. Ce résultat est à rapprocher d'une proportion plus forte d'hommes chefs de ménage mais aussi du degré d'intégration de la femme en Tunisie dans les activités socio-économiques.

L'âge du chef du ménage (*age*) et le nombre de salariés dans le ménage (*earn*) exercent un effet positif sur la probabilité d'être dans les classes de revenus supérieurs. En effet, les effets marginaux (annexe 7) indiquent que ces deux variables caractérisent les classes de revenus intermédiaire, supérieure et des riches. Cependant, cet effet n'est pas monotone. Il s'inverse à partir d'un certain seuil. Pour visualiser ces seuils, nous avons présenté les probabilités estimées en fonction de l'âge et en fonction du nombre de salariés dans le ménage (graphiques 1 et 2 en annexe 4)[14]. L'effet positif de l'âge sur la probabilité d'être dans la classe moyenne s'inverse à l'âge de la pré-retraite. Cette baisse de probabilité d'appartenir à la grande classe moyenne est compensée par

---

[12] Notons que c_1 et c_4 sont théoriquement les seuils de pauvreté et de richesse liés à la variable latente y_i^* dans une échelle autre que le revenu. Avec la même échelle, (c_4 - c_1) représente l'étendue de la classe moyenne et le rapport des différences des deux années reflète une estimation de l'évolution de cette classe.

[13] Cette somme nulle provient du fait que les classes de dépenses sont mutuellement exclusives.

[14] En raison de contraintes d'espace, nous reproduisons seulement ici les graphiques relatifs à la grande classe moyenne.

une augmentation de la probabilité d'être riche. A cet âge les ménages peuvent avoir accumulé une épargne suffisante pour subvenir à leurs besoins. Quand au nombre de salariés dans le ménage, l'inversion de la tendance commence à partir du deuxième salarié où la probabilité d'être dans la classe des riches s'élève.

Tableau 4. Profils particuliers

	Pauvres		Classe moyenne inférieure		Classe moyenne intermé-diaire		Classe moyenne supérieure		Riches	
	2005	2010	2005	2010	2005	2010	2005	2010	2005	2010
Un jeune marié régulièrement employé	0.16	0.27	0.53	0.56	0.21	0.13	0.06	0.03	0.04	0.02
Un jeune marié sans emploi fixe	0.18	0.30	0.55	0.55	0.19	0.11	0.05	0.02	0.03	0.01
Différence	-0.02	-0.03	-0.02	0.01	0.02	0.02	0.01	0.01	0.01	0.01
Un ménage urbain propriétaire de son logement	0.06	0.05	0.37	0.36	0.33	0.35	0.13	0.14	0.11	0.10
Un ménage urbain locataire ou logé gratuitement	0.07	0.08	0.40	0.45	0.32	0.31	0.12	0.10	0.10	0.07
Différence	-0.01	-0.03	-0.03	-0.09	0.01	0.04	0.01	0.04	0.01	0.03
Un chef de ménage vivant en couple, propriétaire de son logement et ayant un niveau d'instruction supérieur	0.01	0.01	0.08	0.09	0.20	0.24	0.22	0.25	0.48	0.41
Un chef de ménage vivant en couple, propriétaire de son logement et ayant au plus un niveau d'instruction secondaire	0.09	0.07	0.45	0.44	0.29	0.32	0.10	0.10	0.08	0.07
Différence	-0.08	-0.06	-0.37	-0.35	-0.09	-0.08	0.12	0.15	0.40	0.34
Un ménage moyen	0.08	0.07	0.42	0.43	0.31	0.33	0.11	0.11	0.09	0.07

Source: Estimés par les auteurs à partir des enquêtes EBCMT - 2005, 2010.

Le fait de résider en milieu urbain (*urban*) exerce un effet positif sur la probabilité de se situer dans les classes des revenus supérieurs ce qui corrobore les nombreuses études indiquant que la pauvreté en Tunisie est fortement concentrée en milieu rural (PNUD, 2004 ; Ayadi et al., 2005...). Les effets marginaux indiquent que le milieu urbain est davantage une caractéristique de la classe moyenne inférieure et intermédiaire. Le graphique donné en annexe 8 montre le poids important des pauvres et de la classe moyenne inférieure en milieu rural comparativement au milieu urbain.

Les graphiques donnés en annexe 7 montrent le poids important de la pauvreté et de la classe moyenne inférieure dans le Centre-Ouest, le Nord-ouest et le Sud-Ouest de la Tunisie, comparativement au Grand-Tunis et à la région du Centre-Est. Il est net que la classe riche est plus importante et la classe pauvre moindre dans le Grand-Tunis et le Centre-Est.

Par ailleurs, les ménages instruits ont plus de chances d'être dans les classes de revenus supérieurs. La probabilité double en passant du primaire au secondaire ou bien en passant du secondaire au supérieur. Les effets marginaux indiquent l'influence de l'éducation sur les classes de revenus inférieure, intermédiaire, supérieure et sur les riches au fur et à mesure qu'on passe du niveau d'instruction primaire aux niveaux secondaire et supérieur. L'éducation semble donc être un ascenseur social pour les ménages tunisiens.

La propriété du logement (*tenure*) accroît la vraisemblance du ménage d'appartenir à la classe moyenne inférieure. Un plus grand « standing » du logement dans lequel le ménage réside accroît la vraisemblance d'être dans la grande classe moyenne et dans la classe des riches[15].

La stabilité de l'emploi (*employtype*) et la profession du chef du ménage caractérisent plus la classe moyenne inférieure et intermédiaire : Il s'agit en particulier des ménages dont le chef travaille en tant que directeur, cadre de direction ou gérant, dans des professions intellectuelles ou scientifiques, en tant qu'employé administratif ou dans les services aux particuliers, comme commerçant ou vendeur...

Pour affiner l'analyse, nous exposons le profil de quelques ménages particuliers. Le tableau 4 montre que la stabilité de l'emploi pour un chef de ménage jeune et vivant en couple est de nature à réduire sa probabilité d'être pauvre comparativement à un jeune chef de ménage marié et sans emploi fixe. Ce même ménage a plus de chances d'appartenir à la classe moyenne intermédiaire et dans une moindre mesure à la classe moyenne supérieure et des riches. Le tableau 4 montre aussi que la propriété d'un logement pour les ménages urbains accroît leurs chances d'être dans les classes de revenus intermédiaires, supérieurs et des riches comparativement aux ménages urbains locataires ou logés gratuitement[16].

En fin de compte, un chef de ménage vivant en couple, propriétaire de son logement et ayant un niveau d'instruction supérieur caractérise nettement la classe moyenne supérieure et la classe des riches comparativement au même chef de ménage dont le niveau d'instruction ne dépasse pas le secondaire.

Si les différences de probabilité qui découlent de la stabilité de l'emploi et de la propriété d'un logement sont assez minceurs, celles qui résultent du niveau d'instruction supérieure comparativement aux autres niveaux d'instruction sont plus importantes. Ceci confirme le rôle important que joue l'éducation dans la mobilité sociale en Tunisie.

En résumé, les ménages de taille élevée sont vraisemblablement pauvres ou vulnérables aux chocs économiques. L'âge du chef du ménage et le nombre de salariés dans le ménage caractérisent les classes de dépenses supérieures. Le type de logement dans lequel réside le ménage et le niveau d'instruction du chef du ménage semblent être des déterminants importants des classes de revenus supérieures. Au contraire, la stabilité de l'emploi, la catégorie socio-professionnelle du chef du ménage et la propriété d'un logement caractérisent la classe moyenne inférieure et intermédiaire, mais sont sans effet sur l'appartenance aux classes de revenus supérieurs. Ce qui montre dans le cas tunisien pourquoi il est devenu obsolète d'identifier la classe moyenne par le secteur d'activité. De

[15] La catégorie de référence (*otherdwel*) comporte les logements rudimentaires. Le logement traditionnel (*house*) n'est pas considéré comme insalubre mais il est jugé de qualité inférieure aux logements modernes (*villa* et *apart*). Le travail de Filali (2012) sur les conditions d'habitat des ménages tunisiens adopte cette catégorisation des types de logement représentative de leur qualité.

[16] Nous avons retenu le milieu urbain en raison du taux de propriété très variable des logements contrairement au milieu rural tunisien dont les taux de propriété avoisinent souvent les 100%.

même, les résultats indiquent que l'approximation, souvent faite par les autorités publiques, du poids de la classe moyenne par le taux de propriété du logement est malvenue et surestime le poids de cette classe.

Il apparaît en définitive que les facteurs qui traduisent un élargissement de la classe moyenne en Tunisie sont le niveau d'éducation, les conditions de logement et le nombre de salariés dans le ménage. Autrement dit, pour combattre la pauvreté et élargir la classe moyenne, les autorités publiques tunisiennes doivent continuer à faire de l'éducation une priorité nationale, améliorer les conditions d'habitat des ménages dans les zones les plus défavorisées, lutter contre les écarts de niveau de vie entre le milieu urbain et rural, d'une part, et entre l'Est et l'Ouest tunisien, d'autre part.

5. CONCLUSION

Dans cet article nous avons évalué le poids de la classe moyenne en Tunisie au cours de la période 2005-2010. Nous avons subdivisé cette classe en trois sous-classes : une classe moyenne vulnérable aux chocs extérieurs, une classe intermédiaire et une classe moyenne supérieure. Sur la base de cette répartition des revenus, nous avons spécifié un modèle logit ordonné qui permet d'estimer la probabilité qu'un ménage appartienne à une classe de revenu en fonction de ses caractéristiques socioéconomiques.

Les résultats des estimations montrent que la classe moyenne tunisienne s'est élargie entre 2005 et 2010 et s'établit à un peu plus des deux tiers des ménages. Ce poids est bien sûr tributaire des définitions et de l'approche adoptée. Il se trouve qu'environ la moitié de la classe moyenne est vulnérable et présente le risque de glisser vers la pauvreté suite une récession, à la montée du chômage ou de l'inflation. L'estimation du modèle ordonné montre que les bonnes conditions de logement des ménages, le niveau d'instruction du chef du ménage, le nombre de salariés et l'âge du chef du ménage caractérisent les classes moyennes supérieures. Ces conditions sont plus rencontrées dans les milieux de résidence urbains et les régions côtières du pays. La stabilité de l'emploi, le secteur d'activité du chef du ménage et la propriété du logement n'ont d'effets marginaux prononcés que sur les classes moyennes inférieure et intermédiaire. Ceci montre qu'il est utile de dépasser les définitions classiques des classes moyennes par le secteur d'activité ou le domaine de profession et d'analyser le comportement et le mode de vie des ménages pour définir la classe moyenne.

Parmi les prolongements de cette étude, il serait sans doute utile d'introduire des variables de santé publique dans l'analyse de la classe moyenne. Ces variables ne sont pas sans effet sur le bien-être social et sur les revenus en particulier. Cet axe de recherche liant la santé publique à la classe moyenne est très peu exploré dans les pays en développement. Il pourrait faire l'objet d'investigations futures dans le cas tunisien.

ANNEXE 1.

Statistiques descriptives des variables utilisées dans l'estimation du modèle logit ordonné

Variable		Moy.	Écart-type	Min	Max	Moy.	Écart-type	Min	Max
		2005				2010			
class	Classes de dépenses de consommation	1.792	1.268	0	4	1.777	1.243	0	4
hhsize	Taille du ménage	4.623	2.074	1	25	4.465	1.885	1	15
hhsex	Sexe du chef du ménage (M/F: 1/0)	0.827	0.378	0	1	0.849	0.358	0	1
married	Chef du ménage en couple (1/0)	0.787	0.41	0	1	0.819	0.385	0	1
urban	Milieu de résidence du ménage (urbain/rural: 1/0)	0.62	0.485	0	1	0.644	0.479	0	1
hhage	Age du chef du ménage	53.139	14.5d06	18	98	54.329	14.279	21	99
hhedu0	Sans instruction (Catégorie de référence)	0.344	0.475	0	1	0.296	0.456	0	1
hhedu1	Niveau d'instruction primaire (1/0)	0.376	0.484	0	1	0.394	0.489	0	1
hhedu2	Niveau d'instruction secondaire (1/0)	0.22	0.414	0	1	0.24	0.427	0	1
hhedu3	Niveau d'instruction supérieur (1/0)	0.06	0.237	0	1	0.068	0.251	0	1
tenure	Propriété du logement (1/0)	0.867	0.34	0	1	0.882	0.322	0	1
house	Maison arabe (1/0)	0.601	0.49	0	1	0.743	0.437	0	1
villa	Villa ou étage de villa (1/0)	0.348	0.476	0	1	0.215	0.411	0	1
apart	Appartement (1/0)	0.043	0.203	0	1	0.039	0.194	0	1
otherdwel	Gourbis et autres types de logements (Catégorie de référence)	0.007	0.082	0	1	0.002	0.05	0	1
earn	Nombre de salariés dans le ménage	1.371	0.918	0	8	1.367	0.928	0	8
employtype	Régularité de l'emploi (1/0)	0.554	0.497	0	1	0.51	0.5	0	1
legis	Directeurs, cadres de direction et gérants	0.07	0.255	0	1	0.07	0.255	0	1
profess	Professions intellectuelles et scientifiques et professions intermédiaires	0.075	0.263	0	1	0.074	0.262	0	1
clerk	Employés de type administratif	0.027	0.161	0	1	0.023	0.15	0	1
service	Personnel des services directs aux particuliers, commerçants et vendeurs	0.053	0.223	0	1	0.051	0.221	0	1
agric	Agriculteurs et ouvriers qualifiés de l'agriculture, de la sylviculture et de la pêche	0.137	0.344	0	1	0.118	0.323	0	1
craft	Métiers qualifiés de l'industrie et de l'artisanat	0.096	0.295	0	1	0.091	0.287	0	1
plant	Conducteurs d'installations et de machines, et ouvriers de l'assemblage	0.067	0.25	0	1	0.06	0.238	0	1
elem	Professions élémentaires (Catégorie de référence)	0.155	0.362	0	1	0.162	0.369	0	1
GT	Grand Tunis (Catégorie de référence)	0.205	0.404	0	1	0.176	0.381	0	1
NE	Nord-Est	0.136	0.343	0	1	0.137	0.344	0	1
NW	Nord-Ouest	0.132	0.339	0	1	0.138	0.345	0	1
CE	Centre-Est	0.188	0.391	0	1	0.186	0.389	0	1
CW	Centre-Ouest	0.138	0.345	0	1	0.152	0.359	0	1
SE	Sud-Est	0.098	0.298	0	1	0.107	0.309	0	1
SW	Sud-Ouest	0.102	0.303	0	1	0.105	0.306	0	1

Source: Calculs des auteurs à partir des enquêtes EBCMT - 2005, 2010.

Graphique 2. Probabilité de la grande classe moyenne en fonction du nombre de salariés dans le ménage

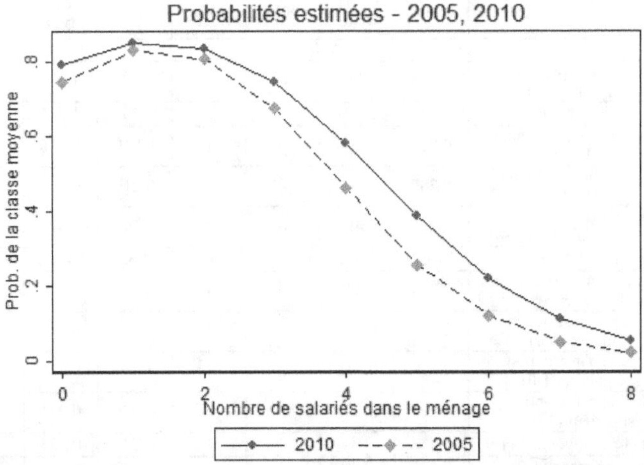

Source: Calculs des auteurs à partir des enquêtes EBCMT - 2005, 2010.

ANNEXE 2.

Test unilateral de comparaison des classes moyennes entre 2005 et 2010 - Approche relative

	Seuils de 50% à 200% de la médiane de la distribution de la dépense équivalente						Seuils de 75% à 125% de la médiane	
	A		B		C		D	
	2005	2010	2005	2010	2005	2010	2005	2010
Classe moyenne	67.47	69.78	70.64	72.26	70.64	72.26	30.85	31.93
z-value		3.00		2.80		2.80		1.80
p-value		0.000		0.003		0.003		0.037

A: Dépense de consommation ajustée par la taille du ménage) ; (A, B: les seuils adoptés sont de 1/2, 1, 3/2 et 2 fois la médiane, respectivement) ;C: Classes moyennes sur la base des seuils estimés par le modèle logit ordonné, soient 50, 30 et 20% du poids de la grande classe moyenne) ;D: Classes moyennes sur la base des seuils 75, 95, 110 et 125% de la médiane.

Source: Calcul des auteurs à partir des enquêtes EBCMT - 2005, 2010.

ANNEXE 3.

Test unilateral de comparaison des classes moyennes entre 2005 et 2010 - Approche absolue

	Entre 2 et 13 $ par personne par jour en PPA 2005 (seuils de 2, 4, 8 et 13 USD) (Ravallion, 2010)		Entre 2 et 10 $ par personne par jour en PPA 2005 (seuils de 2,4,6,10 USD) (Banerjee et Duflo, 2008)		Entre 2 et 20 $ par personne par jour en PPA 2005 (seuils de 2, 4, 10 et 20 USD) (BAD, 2011)	
	A		B		C	
	2005	2010	2005	2010	2005	2010
Classe moyenne	68.13	79.53	65.41	75.42	70.07	82.67
z-value		19.80		16.80		22.70
p-value		0.000		0.000		0.000

Source: Calcul des auteurs à partir des enquêtes EBCMT - 2005, 2010.

ANNEXE 4.

Graphique 1.Probabilité de la grande classe moyenne en fonction de l'âge du chef du ménage

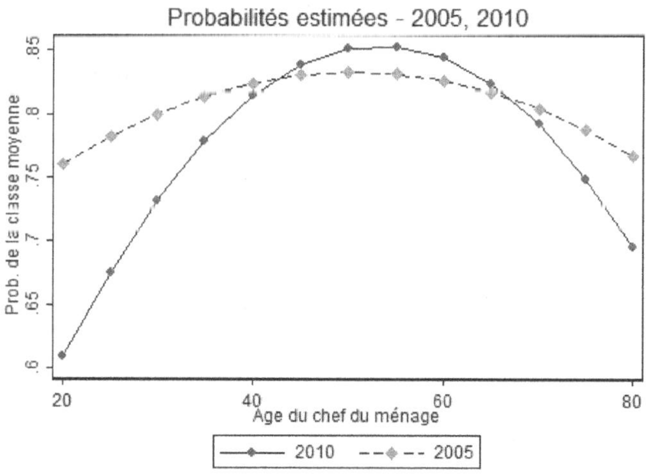

Source: Calculs des auteurs à partir des enquêtes EBCMT - 2005, 2010.

ANNEXE 5.

Les effets marginaux en % (2005)

	Pauvres	Classe moyenne inférieure	Classe moyenne intermédiaire	Classe moyenne supérieure	Riches
hhsize	1.674	4.284	-2.158	-1.885	-1.915
	(20.71)**	(21.87)**	(19.01)**	(20.18)**	(20.76)**
hhsex	10.267	-7.802	-1.809	-0.396	-0.259
	(4.24)**	(4.40)**	(3.79)**	(3.72)**	(3.70)**
married	3.529	-2.591	-0.685	-0.152	-0.100
	(1.58)	(1.60)	(1.53)	(1.52)	(1.52)
rururb	-15.869	9.765	4.362	1.043	0.699
	(15.55)**	(14.83)**	(15.29)**	(14.82)**	(14.98)**
agehd	-0.255	-0.663	0.336	0.290	0.293
	(4.15)**	(4.16)**	(4.13)**	(4.14)**	(4.15)**
age2	0.001	0.004	-0.002	-0.002	-0.002
	(2.57)*	(2.57)*	(2.57)*	(2.57)*	(2.57)*
hhedu1	-12.070	7.801	3.069	0.720	0.480
	(10.44)**	(10.80)**	(9.54)**	(9.26)**	(9.26)**
hhedu2	-27.492	13.049	10.008	2.624	1.811
	(23.46)**	(30.85)**	(15.54)**	(13.57)**	(13.47)**
hhedu3	-42.066	1.234	24.322	9.207	7.303
	(41.22)**	(0.65)	(21.33)**	(11.07)**	(9.53)**
tenure	-4.291	2.989	0.946	0.215	0.142
	(3.22)**	(3.15)**	(3.38)**	(3.41)**	(3.42)**
house	-28.996	13.006	11.010	2.939	2.040
	(6.14)**	(5.74)**	(6.52)**	(6.12)**	(6.00)**
villa	-40.868	3.783	22.735	8.096	6.253
	(12.98)**	(3.12)**	(11.22)**	(7.18)**	(6.23)**
apart	-42.841	-0.708	25.346	10.056	8.147
	(23.16)**	(0.18)	(12.01)**	(5.49)**	(4.42)**
Earn	-5.741	-12.846	6.166	5.888	6.533
	(12.74)**	(17.11)**	(17.22)**	(14.98)**	(12.92)**
earn2	0.459	1.190	-0.602	-0.521	-0.525
	(5.26)**	(5.29)**	(5.25)**	(5.26)**	(5.27)**
employtype	-3.365	2.361	0.730	0.166	0.109
	(2.71)**	(2.70)**	(2.72)**	(2.71)**	(2.71)**
legis	-15.293	9.488	4.153	0.989	0.663
	(8.36)**	(10.18)**	(6.46)**	(6.09)**	(6.04)**
profess	-17.378	10.453	4.935	1.190	0.800
	(8.53)**	(11.05)**	(6.34)**	(5.92)**	(5.86)**
clerk	-11.089	7.247	2.766	0.646	0.430
	(4.14)**	(4.68)**	(3.42)**	(3.30)**	(3.27)**
service	-7.036	4.788	1.627	0.374	0.248
	(3.38)**	(3.58)**	(3.03)**	(2.96)**	(2.95)**
agricc	-3.075	2.162	0.664	0.150	0.099
	(1.93)	(1.96)*	(1.86)	(1.84)	(1.84)
craft	2.628	-1.920	-0.518	-0.115	-0.076
	(1.59)	(1.57)	(1.64)	(1.65)	(1.65)
plant	-3.278	2.301	0.710	0.161	0.106
	(1.71)	(1.75)	(1.63)	(1.62)	(1.62)
NE	11.781	-9.013	-2.033	-0.444	-0.290
	(8.22)**	(7.93)**	(9.02)**	(9.08)**	(9.18)**
NW	3.264	-2.393	-0.636	-0.142	-0.093
	(2.07)*	(2.04)*	(2.15)*	(2.16)*	(2.16)*
CE	-10.538	6.928	2.601	0.606	0.403
	(7.99)**	(8.59)**	(6.96)**	(6.75)**	(6.74)**
CW	16.547	-12.904	-2.683	-0.581	-0.379
	(11.14)**	(10.66)**	(12.55)**	(12.46)**	(12.56)**
SE	-7.656	5.180	1.791	0.412	0.273
	(4.53)**	(4.81)**	(4.04)**	(3.95)**	(3.94)**
SW	7.644	-5.737	-1.397	-0.308	-0.202
	(4.69)**	(4.56)**	(5.09)**	(5.15)**	(5.18)**

Source: Calculs des auteurs à partir des enquêtes EBCMT - 2005, 2010.

ANNEXE 6.

Les effets marginaux en % (2010)

	Pauvres	Classe moyenne inférieure	Classe moyenne intermédiaire	Classe moyenne supérieure	Riches
hhsize	1.993	5.744	-3.073	-2.520	-2.144
	(22.38)**	(24.70)**	(20.98)**	(22.16)**	(22.23)**
hhsex	12.390	-10.123	-1.737	-0.339	-0.191
	(4.38)**	(4.52)**	(3.82)**	(3.75)**	(3.74)**
married	-4.850	3.700	0.873	0.176	0.100
	(1.82)	(1.80)	(1.91)	(1.92)	(1.92)
rururb	-18.719	12.898	4.365	0.925	0.531
	(17.27)**	(16.59)**	(16.84)**	(16.22)**	(16.20)**
agehd	-0.449	-1.324	0.714	0.576	0.483
	(7.48)**	(7.56)**	(7.42)**	(7.47)**	(7.48)**
age2	0.003	0.010	-0.005	-0.004	-0.003
	(6.23)**	(6.26)**	(6.18)**	(6.22)**	(6.23)**
hhedu1	-13.909	10.006	2.943	0.612	0.349
	(11.07)**	(11.37)**	(10.00)**	(9.72)**	(9.71)**
hhedu2	-30.588	17.613	9.516	2.181	1.278
	(24.51)**	(32.70)**	(15.45)**	(13.72)**	(13.74)**
hhedu3	-43.564	12.871	20.924	6.002	3.767
	(34.98)**	(9.16)**	(14.56)**	(9.82)**	(9.20)**
tenure	-10.754	7.918	2.145	0.441	0.251
	(7.34)**	(7.02)**	(8.18)**	(8.24)**	(8.32)**
house	-34.476	17.872	12.025	2.874	1.704
	(4.14)**	(3.42)**	(5.31)**	(5.17)**	(5.11)**
villa	-46.129	8.742	24.546	7.782	5.060
	(10.54)**	(2.63)**	(6.19)**	(3.72)**	(3.24)**
apart	-46.390	8.208	24.943	8.008	5.231
	(14.01)**	(1.40)	(5.48)**	(3.08)**	(2.65)**
earn	-5.193	-13.245	6.792	6.074	5.572
	(12.30)**	(16.50)**	(16.67)**	(14.31)**	(12.37)**
earn2	0.554	1.633	-0.880	-0.710	-0.596
	(6.96)**	(7.04)**	(6.92)**	(6.97)**	(6.98)**
employtype	-3.369	2.590	0.592	0.119	0.068
	(2.56)*	(2.56)*	(2.56)*	(2.55)*	(2.55)*
legis	-16.137	11.394	3.567	0.748	0.428
	(8.12)**	(9.25)**	(6.24)**	(5.95)**	(5.91)**
profess	-18.404	12.721	4.263	0.902	0.517
	(8.08)**	(9.58)**	(5.97)**	(5.65)**	(5.60)**
clerk	-7.925	5.942	1.503	0.306	0.174
	(2.54)*	(2.66)**	(2.24)*	(2.20)*	(2.19)*
service	-5.406	4.112	0.982	0.199	0.113
	(2.40)*	(2.47)*	(2.22)*	(2.19)*	(2.18)*
agricc	0.240	-0.187	-0.040	-0.008	-0.004
	(0.14)	(0.14)	(0.14)	(0.14)	(0.14)
craft	3.581	-2.840	-0.566	-0.112	-0.063
	(2.08)*	(2.05)*	(2.16)*	(2.18)*	(2.18)*
plant	-6.208	4.702	1.143	0.232	0.132
	(2.95)**	(3.05)**	(2.70)**	(2.66)**	(2.65)**
NE	12.330	-10.072	-1.730	-0.338	-0.190
	(8.55)**	(8.34)**	(9.28)**	(9.30)**	(9.42)**
NW	24.349	-20.502	-2.958	-0.569	-0.319
	(19.20)**	(18.45)**	(20.37)**	(19.39)**	(19.64)**
CE	-4.248	3.251	0.757	0.153	0.087
	(2.86)**	(2.90)**	(2.73)**	(2.71)**	(2.71)**
CW	21.793	-18.247	-2.726	-0.526	-0.295
	(16.38)**	(15.81)**	(17.65)**	(17.06)**	(17.21)**
SE	2.430	-1.918	-0.391	-0.078	-0.044
	(1.41)	(1.40)	(1.45)	(1.45)	(1.45)
SW	16.978	-14.049	-2.247	-0.436	-0.245
	(11.45)**	(11.06)**	(12.81)**	(12.75)**	(12.93)**

ANNEXE 7.

Classes de revenus par regions de résidence

2005

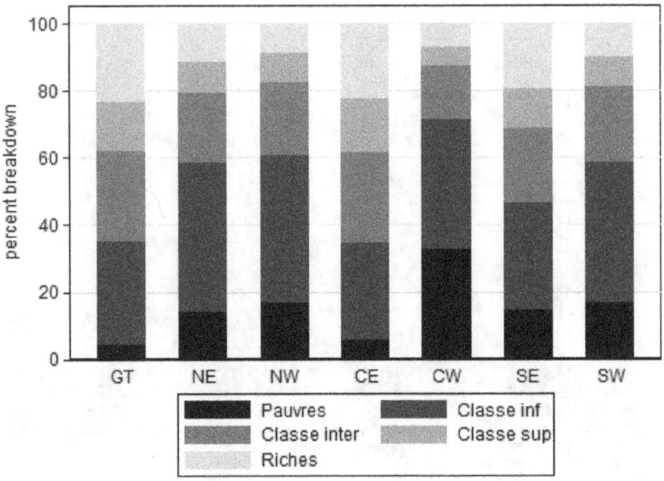

Source: Calculs des auteurs à partir des enquêtes EBCMT - 2005, 2010.

2010

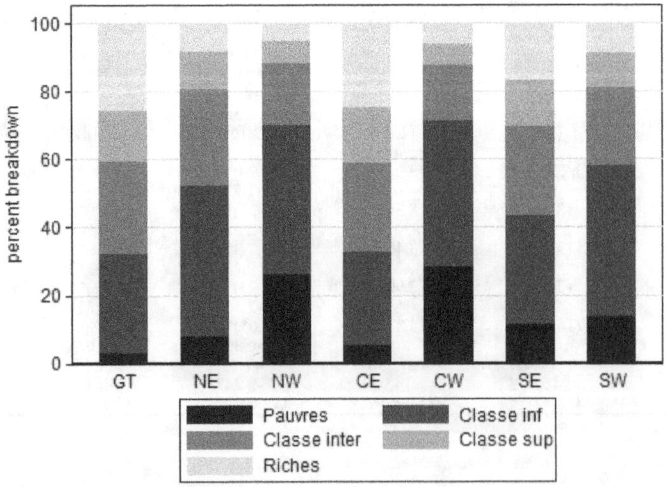

Source: Calculs des auteurs à partir des enquêtes EBCMT - 2005, 2010.

ANNEXE 8.
Classes de revenus par milieu de résidence

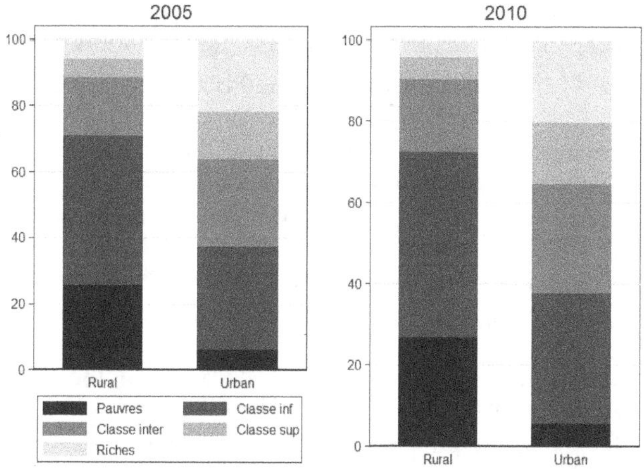

Source: Calculs des auteurs à partir des enquêtes EBCMT - 2005, 2010.

REFERENCES

Allman J., 1979, "Social mobility, education and development in tunisia", E.J. Brill, Leiden, The Nederland.

Atkinson A.B., Brandolini A., 2011, "On the identification of the "middle class"", ECINEQ working paper 217.

Amara M., Ayadi M. 2013, "The local geographies of welfare in Tunisia: Does neighbourhood matter?", *International Journal of Social Welfare,* 22(1).

Ayadi M., Boulila G., Lahouel M., Montigny P., 2005, "Pro-poor growth in Tunisia", *International Development and Strategies Working Paper*.

BAD, 2011, "The Middle of the Pyramid: Dynamics of the Middle Class in Africa", Market Brief, African Development Bank, Tunis, Tunisia.

Birdsall N., 2007, "Reflections on the Macro Foundations of the Middle Class in the Developing World", Working Paper No. 130, Center for Global Development, Washington, DC.

Birdsall N., 2010, "The (Indispensable) Middle Class in Developing Countries". In Kanbur R., Spence M. (eds), *Equity and Growth in a Globalizing World,* Chapter 7, BIRD, World Bank.

Birdsall N., Graham C., Pettinato S., 2000, "Stuck in a Tunnel: Is Globalization Muddling the Middle?", Brookings Institution Center Working Paper No. 14, Washington, DC.

Chauvel L., 2006, *Les classes moyennes à la dérive*, Seuil, Paris.

Chun N., 2010, "Middle class size in the past, present and future : a description of trends in Asia", Asian Development Bank.

Eisenhauer J.G., 2011, "The rich, the poor, and the middle class: Thresholds and intensity indices", *Research in Economics,* 65, 294-304.

Darbon D., 2012, "Classe(s) moyenne(s) : une revue de la littérature. Un concept utile pour suivre les dynamiques de l'Afrique", *Afrique contemporaine*, 4 (244), 33-51.

Davis J.C., Huston J.H., 1992, "The Shrinking Middle-Income Class: A Multivariate Analysis", *Eastern Economic Journal*, 18(3), 277-285.

Easterly W., 2001, "Middle Class Consensus and Economic Development", *Journal of Economic Growth*, 6(4), 317-35.

Filali R., 2012, "Housing conditions in Tunisia: the quantity-quality mismatch", *Journal of Housing and the Built Environment*, 27(3), 317-347.

Ghazouani S., Gouaied M., 2001, "The determinants of urban and rural poverty in Tunisia", ERF Working Paper 0126.

Hagenaars A., de Vos K., Zaidi M.A., 1994, "Poverty Statistics in the Late 1980s: Research Based on Micro-data", Office for Official Publications of the European Communities. Luxembourg.

Hamilton C., Downie C., Lu Y.H., 2007, "The State of the Australian Middle Class", The Australia Institue Discussion Paper 98.

Kharas H., 2010, "The Emerging Middle Class in Developing Countries", *OECD Working Paper* No. 285.

Kharas H., Gertz G., 2010, "The New Global Middle Class: A Cross-Over from West to East. China's Emerging Middle Class: Beyond Economic Tranformation", Washington, DC: Brookings Institution Press.

Long J.S., Freese J., 2006, *Regression Models for Categorical and Limited Dependent Variables Using Stata*, Second Edition. College Station, Texas: Stata Press.

Lopez-Calva L.F., Ortiz-Juarez E., 2013, "A vulnerability approach to the definition of the middle class", *Journal of Economic Inequality*, 12, 23-47.

Martinez E., Parent G., 2012, "Middle Class Determinants in Latin America (2000-2010): a Gender Perspective", Draft Paper.

Milanovic B., Yitzhaki S., 2002, "Decomposing world income distribution; does the world have a middle class?", *Review of income and wealth*, 48(2), 155-178.

PNUD, 2004, *Stratégie de réduction de la pauvreté: Etude du phénomène de la pauvreté en Tunisie*, Nations Unies.

Pressman S., 2007, "The decline of the middle class: an international perspective", *Journal of Economic Issues*, 41(1), 181-200.

Ravallion M., 2010, "The Developing World's Bulging (but Vulnerable) Middle Class", *World Development,* 38(4), 445-454.

Selze A.K., Heller P., 2010, "The spatial dynamics of middle-class formation in postapartheid South Africa: enclavization and fragmentation in Johannesburg", *Political Power and Social Theory*, 21, 171-208.

Virola A.R., Mildred B.A., Querubin M.I.T., 2007, "Trends and Characteristics of the Middle-Income Class in the Philippines: Is it Expanding or Shrinking?", 10-th National Convention on Statistics (NCS).

PROFILES AND SOCIOECONOMIC DETERMINANTS OF THE MIDDLE CLASS IN TUNISIA

Abstract - *This study seeks to assess the weight of the middle class in Tunisia and define its outline. Using data from the Budget-Consumption and Living Standards Survey of Tunisian Households in 2005 and 2010 we find that the middle class in Tunisia has expanded between these two dates. The middle class represents about two thirds of households and can be divided into three categories: the upper middle class, the middle class and the vulnerable class. Employment and ownership of housing, the criteria most used by public authorities to identify the middle class, characterize only the middle and vulnerable middle classes. It appears through the probabilistic model adopted that housing conditions, educational attainment and the number of employees in the household are the most important criteria of upper-income classes. It also appears that the differences in living standards between the urban and rural areas and between the eastern and western regions of Tunisia persist and affect all income groups, especially the middle class.*

Key-words - MIDDLE CLASS, INCOME DISTRIBUTION, ORDERED LOGIT MODEL, TUNISIA

LES DÉTERMINANTS DE LA PERCEPTION SUBJECTIVE DE LA PAUVRETÉ PARMI LES CHEFS DE MÉNAGE OBJECTIVEMENT NON-PAUVRES AU MALI

Nicaise MISANGUMUKINI*

Résumé - *Cet article met en exergue les facteurs qui expliquent la pauvreté, sous ses différentes formes, des ménages au Mali. Près d'un cinquième des chefs de ménage maliens, pourtant définis comme objectivement non pauvres, se considèrent subjectivement comme pauvres et souffrant de leurs conditions de vie. C'est une population en grande partie rurale et peu au-dessus du seuil de pauvreté monétaire. La faiblesse du niveau d'instruction est un des éléments importants de la pauvreté ressentie parmi les chefs de ménage maliens. L'avancée en âge ou le fait d'avoir subi des chocs importants sans avoir les capacités de résilience (pertes de récolte, etc.) sont d'autres éléments qui augmentent la probabilité de se sentir pauvre.*

Mots-clés - MALI, PAUVRETÉ SUBJECTIVE, PAUVRETÉ OBJECTIVE, VULNÉRABILITÉ

Classification JEL - I31, I32, I39

L'auteur remercie le rapporteur anonyme et la rédaction de la revue pour les précieuses remarques et suggestions qui ont aidé à améliorer significativement l'article. Mes remerciements vont également au Dr. Mathias Kuepie.

* Luxembourg Institute of Socio-Economic Research (LISER); nicaise.misangumukini@liser.lu

1. INTRODUCTION

Près de la moitié de la population vit sous le seuil de pauvreté monétaire au Mali. Elle est majoritairement rurale et avec de fortes inégalités régionales (Fonds Monétaire International, 2011). Dans le rapport du PNUD sur le développement humain 2015, le Mali est classé 179ème sur 188 pays, avec une valeur de l'Indice du Développement Humain de 0,419. La durée moyenne de scolarisation est de 2 ans et l'espérance de vie à la naissance n'est que de 58 ans.

Les causes de la pauvreté au Mali sont multiples. Le Mali est un pays pour l'essentiel désertique, largement tributaire des conditions climatiques et plus particulièrement de la pluviométrie. C'est un pays qui a un des taux de croissance démographique les plus élevés au monde. En matière d'éducation, trois quart des personnes de la tranche d'âge 15 ans et plus n'ont jamais fréquenté l'école. En général, une majorité de la population travaille dans des secteurs à faible productivité, avec un niveau élevé de sous-emploi.

Les données récentes de la Banque mondiale (2015) indiquent que malgré une baisse de la pauvreté dans l'ensemble du pays, les disparités régionales persistent. Selon les chiffres nationaux, le taux de pauvreté est passé de 55,6 % à 43,6 % entre 2001 et 2010 pour remonter à près de 47 % en 2014 (voir annexe). Cette remontée de la pauvreté va de pair avec la croissance économique anémique que le pays a connue entre 2012 et 2013, la crise sécuritaire et l'instabilité politique. La croissance du PIB réel a été de 0 % en 2012 et de 1,7 % en 2013 suite aux conditions climatiques défavorables responsables d'une mauvaise récolte. Avec un pourcentage de 7,2 %, la croissance économique s'est améliorée en 2014 due à une bonne production céréalière et un regain de croissance dans le secteur manufacturier (Fonds Monétaire International, 2015). Toutefois le Mali, avec son économie très peu diversifiée, est loin de sortir de la pauvreté, ne disposant pas des capacités suffisantes pour y faire face.

Le présent article s'intéresse particulièrement aux chefs de ménage maliens non pauvres selon la mesure monétaire et cherche à comprendre pourquoi une proportion non négligeable d'entre eux, au-dessus du seuil de pauvreté, se déclare subjectivement pauvre. Le choix d'étudier l'aspect subjectif de la pauvreté au Mali s'inscrit dans la lignée des études qualitatives (Narayan et al., 2000) qui ont montré l'importance des dimensions non monétaires de la pauvreté. Les acteurs de la lutte contre la pauvreté dans les pays en développement demandent d'entendre l'opinion de la population pauvre (Marniesse et Peccoud, 2004) car leur point de vue apporte un autre éclairage lorsque la notion de pauvreté se réfère à une simple norme (standard) de vie (INSD, 2005).

La vulnérabilité est souvent une des premières explications données pour expliquer l'écart entre pauvreté objective et subjective. Lachaud (2002) a identifié six segments de la distribution des ménages en termes de vulnérabilité à la pauvreté : pauvres durables ; pauvres transitoires et involutifs ; pauvres transitoires et évolutifs ; non pauvres vulnérables et précaires ; non pauvres vulnérables ; non pauvres. En se référant à cette stratification, les chefs de ménage objectivement non pauvres et subjectivement pauvres sont considérés comme faisant partie de la cinquième catégorie, à savoir les non pauvres vulnérables.

Cet article est organisé comme suit. Dans la section 2, les aspects théoriques sur les formes de pauvreté et de vulnérabilité sont passés en revue. La section 3 décrit les données de l'enquête et la méthodologie utilisées. La section 4 présente les statistiques descriptives issues de l'enquête en matière de pauvreté monétaire, de pauvreté subjective et de conditions de vie. La section 5 analyse à partir des résultats d'un modèle logit les facteurs qui favorisent la probabilité d'occurrence des différentes formes de pauvreté. La section 6 conclut.

2. ASPECTS THÉORIQUES

On ne peut pas dire qu'il existe une définition consensuelle de la pauvreté. Le pragmatisme a amené les économistes à considérer un individu « comme pauvre lorsque son niveau de bien-être est inférieur à un certain seuil » (Sirven, 2007). Il s'agit du seuil de pauvreté qui indique un niveau minimum de revenu ou de consommation de biens et services en dessous duquel un individu est considéré comme pauvre. Dans cette approche monétaire, la pauvreté résulte donc d'une insuffisance de ressources (Ouedraogo, 2009). On la mesure en s'appuyant sur le revenu ou la consommation, traduite en valeur monétaire (Marniesse, 1999). Depuis, cette approche monétaire a été progressivement étendue, car le critère monétaire (revenu ou dépenses de consommation) ne saurait être le seul critère pour définir la situation de pauvreté (Bertin, 2007 ; Bertin et Leyle, 2007). Cette définition ignore certaines composantes du bien-être telles que la possession ou la disposition d'un logement, l'existence d'un patrimoine, ou plus généralement le réseau relationnel, la production domestique, le capital humain (Hourriez et Legris, 1997). Quoi qu'il en soit, « la partition de la population en deux groupes bien distincts requiert le choix d'un seuil monétaire, qui peine à proposer des résultats fiables, tant la mesure est sensible au choix de la frontière » (Vero et Werquin, 1997).

La littérature concernant les nouvelles orientations dans les politiques du développement met en avant des approches multidimensionnelles, telle que la pauvreté de condition de vie ou d'existence. Celle-ci peut résulter d'une malnutrition, d'une absence d'éducation, d'un logement insalubre, d'un environnement malsain ou dangereux, d'un déficit de relations sociales, etc. (FAO, 2006).

L'approche dite « pauvreté de potentialités ou de capacités » se définit par une pénurie de capacités individuelles, telles que la santé ou l'éducation, qui ne permet pas de sortir de la pauvreté (Sen, 1987, 1999). C'est sur cette approche multidimensionnelle de la pauvreté que se basent les rapports annuels sur le développement humain, publiés par le PNUD, pour mesurer l'indice du développement humain. Il est composé de trois critères de base (PNUD, 2014) : la santé mesurée à travers l'espérance de vie à la naissance, l'éducation mesurée à travers la durée moyenne de scolarisation et la durée attendue de scolarisation, et le niveau de vie mesuré à travers le revenu national brut par habitant ($ PPA).

En 2010, la mesure de la pauvreté a changé. Le bureau du rapport sur le développement humain du PNUD et l'Oxford Poverty & Human Development Initiative (OPHI) de l'Université d'Oxford ont publié un indice de pauvreté multidimensionnelle (Alkire et Santos, 2010) qui remplace l'indice de pauvreté humaine (IPH) figurant depuis 1999 dans les rapports sur le développement humain.

Pour cerner les aspects multidimensionnels de la pauvreté, une autre approche introduite à la fin des années 1970 par van Praag et Hagenaars (Lollivier et Verger, 1999) est la pauvreté subjective. Cette approche de la pauvreté, dite de l'école de Leyde, repose sur la perception par les individus eux-mêmes de leur situation. Les seuils de pauvreté sont ici définis comme « le fruit de jugements fondamentalement subjectifs de ce que constitue un niveau de vie minimum acceptable par la population d'une société donnée » (Ravallion, 1996).

L'étude du bien-être subjectif s'est longtemps limitée aux pays développés (Easterlin, 2001 et 2003 ; Frey et Stutzer, 2002a). Si elle s'étend aux pays en développement, c'est suite au croisement qui s'est produit entre la littérature sur le bien-être subjectif (*subjective well-being and happiness*) et celle sur la pauvreté. La littérature empirique traitant des déterminants du bien-être subjectif permet de distinguer deux groupes de travaux. Le premier concerne les psychologues et les sociologues qui s'intéressent aux facteurs liés à la personnalité des individus, comme le tempérament, la disposition, les traits de caractère, l'estime de soi, etc. Le fait que la personnalité ait une influence sur le bien-être subjectif est l'un des résultats empiriques le plus robuste obtenu dans ce domaine (Razafindrakoto et Roubaud, 2006). Le second groupe de travaux analyse les variables sociodémographiques et économiques qui, au-delà du revenu, jouent sur le bien-être comme le sexe, l'âge, l'ethnie, la religion, le statut ou la trajectoire familiale, la santé, l'éducation, le logement ou encore l'emploi.

Les variables subjectives sont obtenues sur la base des réponses fournies dans le cadre d'enquêtes à des questions telles que : « A combien estimez-vous le montant mensuel minimum nécessaire pour faire vivre votre ménage (tous besoins confondus) ? ». La réponse à ce genre de questions est souvent une fonction croissante du revenu effectif (Ravallion, 1996).

L'utilisation des indicateurs de la pauvreté subjective est sujet de débat. Une des critiques concerne la méthode d'établissement des critères de pauvreté, car « elle est plus exposée aux influences sociales, psychologiques et individuelles, qui peuvent l'amener à s'écarter du réel » (Wagle, 2002). Une autre critique renvoie à la question de la mesurabilité des appréciations subjectives. La question est de savoir si les individus interrogés comprennent tous de la même manière les questions posées et si leurs réponses se font selon les mêmes principes (OCDE, 2011). Il s'agit ici entre autres du problème de l'influence que divers facteurs, comme les attentes ou habitudes, peuvent avoir sur les réponses de l'interviewé (Kalugina et Najman, 2003) ou les difficultés pratiques rencontrées sur le terrain et les erreurs dues aux méthodes d'enquête (Senik, 2003 et 2005b). Dans la liste de ces divers facteurs, on peut évoquer la langue de l'interview, qui peut avoir une certaine influence dans un pays comme le Mali où souvent l'enquêteur lui-même traduit les questions sur le terrain à partir du français.

Les critiques se sont atténuées du fait que l' « on dispose aujourd'hui d'un corpus de données diversifiées suggérant que ces mesures de bien-être subjectif sont bien porteuses d'informations valides » (Clark et Senik, 2011). Les variables construites à partir de la perception des individus de leurs situations financières seraient également valables, sinon plus, que celles obtenues en se basant sur les revenus déclarés (Hagenaars et al., 1988). L'approche subjective présenterait par ailleurs un avantage, qui est celui de prendre en compte des critères qui ne sont pas faciles à mesurer dans le cadre des approches objectives. Elle offrirait aussi l'avantage de ne pas traduire la seule volonté de ceux qui conçoivent des enquêtes ou des chercheurs (Kingdon et Knight, 2004).

Dans l'analyse de la pauvreté et ses dynamiques, le concept de vulnérabilité joue un rôle important, car il permet de mettre l'accent sur la vision préventive de la pauvreté. A l'instar de la pauvreté, il n'y a pas de définition unique et consensuelle de la vulnérabilité, mais elle est « généralement définie comme la probabilité de voir son niveau de bien-être se dégrader à la suite d'un choc, la vulnérabilité rend compte des pressions extérieures auxquelles les individus sont soumis » (Gondard-Delcroix et Rousseau, 2004).

Une autre définition de la vulnérabilité, qui peut s'appliquer dans différents domaines, considère les personnes vulnérables à la pauvreté « si elles sont en dessous, ou risquent de tomber en dessous d'un certain seuil minimum acceptable de choix essentiels dans des aspects tels que la santé, l'éducation, les ressources matérielles, la sécurité. » (PNUD, 2014, p. 21). Ces définitions ciblent bien le groupe de population qui fait l'objet de cette étude, à savoir les chefs de ménage objectivement non pauvres mais subjectivement pauvres.

3. DONNÉES ET MÉTHODES

3.1. L'enquête et les données

Les données sont issues de l'enquête légère intégrée auprès des ménages (ELIM)[1] de 2006 réalisée par la DNSI du Mali. En plus du volet sociodémographique commun à toutes les enquêtes auprès des ménages, ELIM-2006 possède un module « pauvreté subjective/Exclusion » qui permet de calculer l'indicateur de pauvreté subjective.

L'enquête a utilisé un plan de sondage à deux degrés dont l'unité primaire est la Section d'Enumération (SE) et l'unité secondaire, le ménage. L'échantillon tiré au sort a porté sur 750 unités primaires et 4500 ménages (à raison de 6 ménages par unité primaire tirée). Afin de limiter le travail de dénombrement à l'intérieur des SE dont les populations ne répondent plus aux normes fixées, les grandes SE ont été segmentées et seul un segment a été retenu dans l'échantillon. Au total, 4494 ménages ont été enquêtés avec un taux de réponse de 99,9% (DNSI, 2006). Il a été jugé judicieux dans le cadre de cette étude de ne s'intéresser qu'aux chefs de ménage. En tant que preneur de décisions, le chef de ménage est la personne qui est le plus au courant de ce qui se passe dans le ménage et donc la plus appropriée à être interrogée (DNSI, 2006).

3.2. Méthodes

3.2.1. L'indicateur du bien-être monétaire

L'indicateur du bien-être monétaire que nous utilisons est celui construit par l'institut national de la statistique du Mali. Il s'agit d'un agrégat de consommation finale par tête qui inclut les dépenses alimentaires, la consommation ali-

[1] Une récente enquête ELIM a été réalisée en 2009, cette dernière n'a malheureusement pas intégré un module pauvreté subjective, d'où le choix d'utiliser seulement les données d'ELIM 2006.

mentaire non-monétaire résultant de l'autoconsommation et des dons, une estimation de la valeur d'usage des biens durables et la valeur imputée du logement pour les ménages propriétaires ou logés gratuitement par un tiers. Cet indicateur est calculé au niveau du ménage pour être ensuite normalisé par la taille du ménage ou par le nombre d'équivalent adulte (DNSI, 2006). En 2006, l'année de l'enquête, le seuil de pauvreté national était estimé à 149000 FCFA par an, soit 408 FCFA/jour. Le tableau 3 présente la répartition des chefs de ménage selon la pauvreté monétaire.

En parallèle de la pauvreté objective, nous définissons aussi des indicateurs de pauvreté en conditions de vie et de pauvreté subjective.

3.2.2. L'indicateur de la pauvreté en conditions de vie

L'analyse de la pauvreté en conditions de vie se focalise sur les difficultés matérielles d'existence des chefs de ménage. La mesure est réalisée en prenant en compte le nombre de privations auxquelles le chef de ménage déclare être confronté.

Tableau 1. Liste des items pour la construction du score de pauvreté en conditions de vie

(1)	A du mal à subvenir à l'éducation des enfants
(2)	A du mal à prendre trois repas tous les jours
(3)	N'a pas utilisé de service médical, parce que trop cher
(4)	Non-propriétaire du logement
(5)	Le sol de la maison est en terre battue
(6)	Pas d'accès à l'eau courante
(7)	Pas d'accès à l'électricité
(8)	Ne possède pas de télévision
(9)	Ne possède pas de radio
(10)	Ne possède pas de bicyclette
(11)	Ne possède pas un vélomoteur
(12)	Ne possède pas une voiture
(13)	Ne possède pas un téléphone

Le tableau 1 présente les 13 items retenus pour la construction de l'indice de la pauvreté en conditions de vie. Ces items ont été sélectionnés en tenant compte de la spécificité des informations qu'ils délivrent. Il s'agit d'indicateurs dichotomiques en rapport avec les besoins de base (l'éducation, la nutrition, la santé, l'habitat et la possession des biens durables). La privation est associée à une valeur égale à 1, sinon 0.

La répartition des chefs de ménage selon le score de pauvreté en conditions de vie est présentée dans le tableau 4.

3.2.3. L'indicateur de la pauvreté subjective

Il est en général recommandé de construire l'indicateur de la pauvreté subjective à partir de plusieurs items, car « les mesures du bien-être subjectif basées sur des items multiples sont moins sensibles aux différences d'humeur et de personnalité que les mesures fondées sur les réponses à une question unique » (OCDE, 2011).

Le panel européen des ménages inclut six items pour la construction d'un score de pauvreté subjective (Lollivier et Verger, 1999). Nous reprenons cette démarche en nous limitant à quatre items pour lesquels l'information est donnée (Tableau 2). La répartition des chefs de ménage selon le score de pauvreté subjective est donnée dans le tableau 5.

Tableau 2. Items pour la construction du score de pauvreté subjective

1. Le chef de ménage considère qu'il vit difficilement
2. Le chef de ménage considère que les revenus sont très instables
3. Le chef de ménage considère qu'au cours des cinq dernières années, son niveau de vie s'est dégradé
4. Le chef de ménage considère qu'au cours des cinq dernières années, le niveau de vie de la localité s'est dégradé

4. STATISTIQUES DESCRIPTIVES

Répartition des chefs de ménage selon la pauvreté monétaire

La répartition des chefs de ménage selon la pauvreté monétaire indique que plus d'un tiers d'entre eux est pauvre (tableau 3).

Tableau 3. Répartition des chefs de ménage selon la pauvreté monétaire

	Effectif	%
Non pauvre	2725	61,9
Pauvre	1769	38,1
Total	4494	100

Source : Calcul de l'auteur à partir des données de l'ELIM 2006.

Répartition des chefs de ménage selon le score de pauvreté en conditions de vie

C'est le cumul des privations, et non le manque de l'une de ces privations prises séparément, qui est significatif de la pauvreté. Un chef de ménage est considéré comme pauvre en conditions de vie s'il subit des privations dans au moins huit items. 54 % des chefs de ménage est dans cette situation. Le choix des 8 privations a été fait en suivant la méthode adoptée par Lollivier et Verger (1999). On isole une population pauvre en conditions de vie numériquement pas trop éloignée de la population qui se déclare subjectivement pauvre.

Tableau 4. Répartition des chefs de ménage selon le score de pauvreté en conditions de vie

Valeur du score [(a)]	13	12	11	10	9	*8*	7	6	5	4	3	2	1	0
En %	0	0,6	5,4	12,2	17,2	*18,6*	14,1	8,8	6,6	5,9	4,9	3,9	1,4	0,3
En % cumulés		0,6	6,0	18,2	35,4	*54,1*	68,2	77,0	83,6	89,5	94,4	98,3	99,7	100

(a) : Nombre de privations.
Source : Calcul de l'auteur à partir des données de l'ELIM 2006.

Répartition des chefs de ménage selon le score de pauvreté subjective

De manière générale, une personne peut être identifiée comme pauvre au plan multidimensionnel si elle est pauvre dans une somme quelconque ou un comptage de dimensions qui peut inclure « l'union », « l'intersection »[2] ou, comme retenu ci-dessus, un seuil intermédiaire (Alkire et Foster, 2011b).

Tableau 5. Répartition des chefs de ménage selon le score de pauvreté subjective

Valeur du score	En %	En % cumulés
4	9,7	
3	11,5	21,2
2	16,0	37,2
1	17,5	54,7
0	45,3	100,0

Source : Calcul de l'auteur à partir des données de l'ELIM 2006.

En guise de comparaison, le tableau 6 présente les résultats du traitement de la pauvreté subjective qui figure dans le questionnaire de l'enquête. 55,3% des chefs de ménage estiment faire partie « des plus pauvres » (19,7%) ou « de ceux proches des pauvres » (35,6%), chiffre qui est voisin de la valeur obtenue à partir du score de pauvreté subjective (54,7%).

Tableau 6. Répartition des chefs de ménage selon la pauvreté subjective

Compte tenu de votre niveau de vie et de celui des ménages de la localité, vous estimez faire partie	Effectif	%
Des plus pauvres	874	19,7
De ceux proches des pauvres	1582	35,6
De ceux qui sont ni pauvres ni riches	1808	39,6
De ceux proches des riches	173	3,8
Des plus riches	30	0,9
Non déclaré	27	0,4
Total	4494	100

Source : Calcul de l'auteur à partir des données de l'ELIM 2006.

Répartition des chefs de ménage par sexe, selon les formes de pauvreté

Le tableau 7 montre que l'incidence de la pauvreté en conditions de vie et de la pauvreté subjective est plus importante, et notamment pour les chefs de ménage femmes, que la pauvreté monétaire.

Tableau 7. Répartition des chefs de ménage par sexe, selon les formes de pauvreté (%)

	Pauvreté monétaire			Pauvreté en conditions de vie			Pauvreté subjective		
	Homme	Femme	Ensemble	Homme	Femme	Ensemble	Homme	Femme	Ensemble
Non pauvres	60,6	76,1	61,9	46,1	43,9	45,9	45,7	40,3	45,3
Pauvres	39,4	23,9	38,1	53,9	56,1	54,1	54,3	59,7	54,7
Total	100	100	100	100	100	100	100	100	100

Source : Calcul de l'auteur à partir des données de l'ELIM 2006.

[2] Dans l'approche de l'union, une personne est considérée pauvre si elle est privée au moins d'une dimension. Dans l'approche de l'intersection, une personne est considérée pauvre si elle est privée dans k dimensions, par exemple k = 2.

Répartition des chefs de ménage selon le milieu de résidence et les formes de pauvreté

D'après le tableau 8, la pauvreté sous toutes ses formes est nettement plus importante en milieu rural. Il apparaît aussi que le milieu rural est plus affecté par la pauvreté en conditions de vie (69 %) et par la pauvreté subjective (61 %) que par la pauvreté monétaire (48 %).

Tableau 8. Répartition des chefs de ménage par milieu de résidence, selon les formes de pauvreté (%)

	Pauvreté monétaire			Pauvreté en conditions de vie			Pauvreté subjective		
	Urbain	Rural	Ensemble	Urbain	Rural	Ensemble	Urbain	Rural	Ensemble
Non pauvres	79,1	51,6	61,9	72,9	31,2	45,9	55,3	39,3	45,3
Pauvres	20,9	48,4	38,1	27,1	68,8	54,1	44,7	60,7	54,7
Total	100	100	100	100	100	100	100	100	100

Source : Calcul de l'auteur à partir des données de l'ELIM 2006.

Répartition des chefs de ménage selon les formes croisées de pauvreté

Les résultats du croisement des trois formes de pauvreté (tableau 9) indiquent que près de 20 % des chefs de ménage objectivement non pauvres se sentent pauvres et souffrent de leurs conditions de vie. Nous pouvons observer que les chefs de ménage concernés par les trois types de pauvreté forment le groupe le plus important avec 23 %.

Tableau 9. Répartition des chefs de ménage selon les formes croisées de pauvreté

	Effectif	%
Monétairement pauvres Non pauvres en conditions de vie Subjectivement non pauvres	300	8,7
Monétairement pauvres Pauvres en conditions de vie Subjectivement non pauvres	418	12,2
Monétairement pauvres Non pauvres en conditions de vie Subjectivement pauvres	247	7,2
Monétairement pauvres Pauvres en conditions de vie Subjectivement pauvres	804	23,4
Monétairement non pauvres Pauvres en conditions de vie Subjectivement non pauvres	356	10,4
Monétairement non pauvres Pauvres en conditions de vie Subjectivement pauvres	682	19,8
Monétairement non pauvres Non pauvres en conditions de vie Subjectivement pauvres	629	18,3
Total	3436	100

Source : Calcul de l'auteur à partir des données de l'ELIM 2006.

Pauvreté subjective et satisfaction des besoins de base

Comme nous l'avons évoqué dans la section 2, dans le cadre de la pauvreté multidimensionnelle la perception du bien-être ne peut se définir par la seule dimension monétaire des revenus : d'autres facteurs interviennent comme la satisfaction des besoins de base. Pour illustrer ce propos, le tableau 10 présente des résultats permettant une comparaison de l'insatisfaction au regard des quatre besoins de base entre les chefs de ménage objectivement non pauvres et les chefs de ménage objectivement non pauvres et subjectivement pauvres. Nous observons que la proportion de l'insatisfaction est plus élevée chez les chefs de ménage objectivement non pauvres et subjectivement pauvres comparativement aux chefs de ménage uniquement objectivement pauvres quel que soit le besoin ou l'accès au service considéré. Ce résultat montre que le fait de ne pas pouvoir satisfaire certains besoins de base expose davantage à se plaindre de ses conditions de vie.

Tableau 10. Pauvreté subjective et appréciation de la satisfaction des besoins de base

	Nutrition (Prendre trois repas tous les jours)	
	Chefs de ménage objectivement non pauvres (%)	Chefs de ménage objectivement non pauvres et subjectivement pauvres (%)
Satisfait	85,1	73,7
Pas satisfait	14,9	26,3
Total	100	100
	Santé (Accès aux soins, médicaments en cas de maladie)	
	Chefs de ménage objectivement non pauvres (%)	Chefs de ménage objectivement non pauvres et subjectivement pauvres (%)
Satisfait	77,5	66,1
Pas satisfait	22,5	33,9
Total	100	100
	Avoir accès à l'eau courante	
	Chefs de ménage objectivement non pauvres (%)	Chefs de ménage objectivement non pauvres et subjectivement pauvres (%)
Satisfait	70,5	65,9
Pas satisfait	29,5	34,1
Total	100	100
	Avoir accès à l'électricité	
	Chefs de ménage objectivement non pauvres (%)	Chefs de ménage objectivement non pauvres et subjectivement pauvres (%)
Satisfait	51,9	41,6
Pas satisfait	48,1	58,4
Total	100	100

Source : Calcul de l'auteur à partir des données de l'ELIM 2006.

Pauvreté subjective et niveau de vie

Le graphique 1 montre que le niveau de vie, capté à travers la consommation, joue un rôle non négligeable sur le bien-être. Ce sont les chefs de ménage monétairement non pauvres situés dans le premier quintile de la distribution (ayant donc un faible niveau de consommation) qui s'estiment plus pauvres selon l'approche subjective. En revanche, une faible proportion des chefs de ménage objectivement non pauvres ayant un niveau de consommation élevé (5ème quintile) se perçoit pauvre subjectivement. Donc plus le chef de ménage objectivement non pauvre est éloigné de la ligne de pauvreté, moins il est vulnérable et moins il se sent subjectivement concerné par la pauvreté.

Graphique 1. Répartition des chefs de ménage monétairement non pauvres par quintiles de niveau de vie, selon la pauvreté subjective

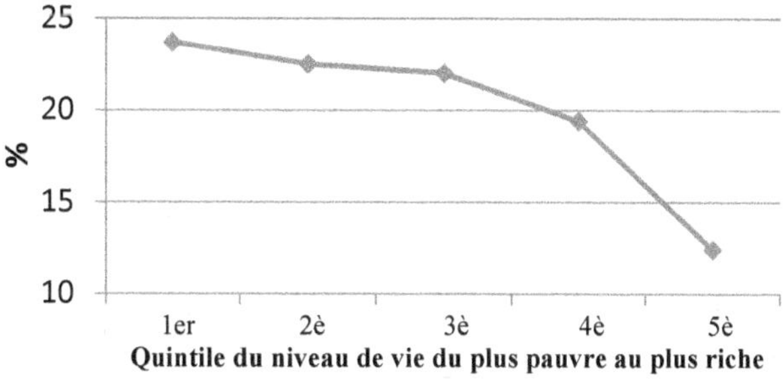

Source : Calcul de l'auteur à partir des données de l'ELIM 2006.

5. ANALYSE DES FACTEURS QUI FAVORISENT LA PROBABILITÉ D'OCCURRENCE DE LA PAUVRETÉ

Pour aller au-delà de l'analyse descriptive, nous recourons à un modèle logit afin d'identifier les facteurs qui favorisent la probabilité d'occurrence des différentes formes de pauvreté. Le modèle considéré est de la forme suivante :

$$Y^*_i = X_i \beta + \varepsilon_i$$

où Y^*_i est la variable latente à laquelle correspond l'observation Y_i de l'indicateur de la pauvreté pour le chef de ménage $_i$ (de fait 0 ou 1) ; X_i est le vecteur des caractéristiques du chef de ménage $_i$; ε_i est le terme d'erreur.

La pauvreté est une variable qualitative avec deux modalités, « pauvre » et « non pauvre ». La valeur 1 est attribuée à la modalité « pauvre ». Un coefficient positif signifie donc que la variable accroît le risque de pauvreté.

En outre, à partir des résultats obtenus, il est possible d'obtenir une décomposition du R-carré de chacune des régressions à partir de la valeur de Shapley afin d'examiner le degré d'impact des différentes variables explicatives sur les différentes formes de pauvreté.

Tableau 11. Statistiques descriptives des principales variables

Variable	Moyenne	Ecart-type	Minimum	Maximum
Homme	0.931	0.253	0	1
Urbain	0.035	0.478	0	1
Rural	0.065	0.478	0	1
Âge	49	13.900	15	95
Niveau scolaire : Aucun	0.716	0.045	0	1
Niveau scolaire : Post-fondamental	0.128	0.334	0	1
Manque de nourriture	0.324	0.468	0	1
Pas d'accès au service de santé	0.512	0.499	0	1
Perte de bétail	0.091	0.288	0	1
Perte de récolte	0.117	0.321	0	1

Source : Calcul de l'auteur à partir des données de l'ELIM 2006.

La liste des variables et leurs statistiques descriptives sont données dans le tableau 11. Les tableaux 12 et 13 présentent les principaux résultats des modèles. En considérant les caractéristiques démographiques, il apparaît que les chefs de ménage hommes ont une probabilité plus forte d'être objectivement pauvres comparativement aux chefs de ménage femmes. Cela est particulièrement le cas en milieu rural en ce qui concerne la pauvreté monétaire. L'agriculture de subsistance généralement pratiquée en milieu rural et son faible rendement contribuent à la vulnérabilité des chefs de ménage. Cependant les chefs de ménage hommes sont moins souvent portés à se déclarer pauvres que les chefs de ménage femmes.

Tableau 12. Les déterminants des différentes formes de la pauvreté des chefs de ménage

	Pauvreté monétaire			Pauvreté en conditions de vie			Pauvreté subjective		
Variables explicatives	Urbain	Rural	Ensemble	Urbain	Rural	Ensemble	Urbain	Rural	Ensemble
Sexe : Homme	0.0451	0.135***	0.142***	0.0264	0.0346	0.109***	-0.0406	-0.169***	-0.0759***
	(0.0313)	(0.0436)	(0.0260)	(0.0315)	(0.0406)	(0.0263)	(0.0391)	(0.0396)	(0.0282)
Âge									
15-39 ans	Réf	Réf	Réf	Réf	Réf	Réf	Réf	Réf	Réf
40-59 ans	0.0235	0.136***	0.0931***	0.0203	0.0478**	0.0380**	0.0254	0.0586**	0.0460***
	(0.0211)	(0.0226)	(0.0164)	(0.0198)	(0.0210)	(0.0157)	(0.0279)	(0.0228)	(0.0177)
60 ans et +	0.0289	0.155***	0.110***	-0.00273	0.00632	0.00248	0.103***	0.0620**	0.0706***
	(0.0297)	(0.0262)	(0.0202)	(0.0287)	(0.0243)	(0.0194)	(0.0366)	(0.0261)	(0.0211)
Niveau d'instruction									
Aucun	0.106***	0.0282	0.157***	0.281***	0.309***	0.421***	0.0927***	0.0838***	0.124***
	(0.0266)	(0.0315)	(0.0196)	(0.0242)	(0.0310)	(0.0179)	(0.0310)	(0.0318)	(0.0208)
Post-fondamental	-0.148***	-0.378***	-0.251***	-0.0850***	-0.341***	-0.195***	-0.115***	-0.115*	-0.141***
	(0.0212)	(0.0474)	(0.0198)	(0.0154)	(0.0414)	(0.0168)	(0.0311)	(0.0630)	(0.0267)
Chocs survenus									
Perte de bétail	-0.0188	-0.0507**	-0.0140	0.0849*	0.000182	0.0552***	0.0483	0.0800***	0.0850***
	(0.0429)	(0.0256)	(0.0227)	(0.0481)	(0.0230)	(0.0210)	(0.0584)	(0.0245)	(0.0224)
Perte de récolte	0.0458	0.0650**	0.0959***	0.0631	0.112***	0.146***	0.197***	0.131***	0.151***
	(0.0613)	(0.0281)	(0.0258)	(0.0669)	(0.0229)	(0.0225)	(0.0715)	(0.0258)	(0.0243)
Constante	0.132***	0.253***	0.101***	0.0581*	0.339***	0.0858***	0.400***	0.606***	0.462***
	(0.0372)	(0.0538)	(0.0314)	(0.0351)	(0.0509)	(0.0302)	(0.0467)	(0.0508)	(0.0342)
Observations	1584	2910	4494	1584	2910	4494	1584	2910	4494
R^2	0.079	0.039	0.105	0.181	0.089	0.243	0.052	0.027	0.058

*Note : Fondamental est la catégorie de référence pour le niveau d'instruction. ***significatif au seuil de 1%, ** au seuil de 5%, * au seuil de 10%.*
Source : Calcul de l'auteur à partir des données de l'ELIM 2006.

Comme cela a été montré dans d'autres études, l'avancée en âge accroît la probabilité pour les chefs de ménage d'être ou de se sentir pauvres. Ce résultat, d'ailleurs plus prononcé en milieu rural, pourrait s'expliquer par le fait qu'avec l'avancée en âge, les besoins matériels ou non nécessairement matériels augmentent (par exemple la perte d'autonomie).

Tableau 13. Déterminants de la pauvreté subjective des chefs de ménage objectivement non pauvres

	Monétairement non pauvres			Non pauvres en conditions de vie		
Variables explicatives	Urbain	Rural	Ensemble	Urbain	Rural	Ensemble
Sexe : Homme	-0.0120	-0.148***	-0.0366	-0.0297	-0.226***	-0.0718*
	(0.0434)	(0.0518)	(0.0338)	(0.0436)	(0.0737)	(0.0379)
Âge						
15-39 ans	Réf	Réf	Réf	Réf	Réf	Réf
40-59 ans	0.0193	0.0977***	0.0562***	0.0272	0.0677*	0.0425*
	(0.0302)	(0.0304)	(0.0216)	(0.0298)	(0.0384)	(0.0237)
60 ans et +	0.0832**	0.0694*	0.0671**	0.122***	0.0310	0.0736**
	(0.0409)	(0.0365)	(0.0272)	(0.0407)	(0.0449)	(0.0300)
Niveau d'instruction						
Aucun	0.0736**	0.101**	0.138***	0.00461	0.0406	0.0328
	(0.0352)	(0.0439)	(0.0255)	(0.0349)	(0.0440)	(0.0259)
Post-fondamental	-0.0997***	-0.123*	-0.120***	-0.102***	-0.0441	-0.0987***
	(0.0330)	(0.0711)	(0.0294)	(0.0320)	(0.0692)	(0.0285)
Chocs survenus						
Perte de bétail	0.0687	0.0856**	0.101***	0.00976	0.163***	0.120***
	(0.0647)	(0.0341)	(0.0301)	(0.0672)	(0.0456)	(0.0376)
Perte de récolte	0.213**	0.113***	0.150***	0.244***	0.0912	0.136***
	(0.0870)	(0.0399)	(0.0367)	(0.0870)	(0.0598)	(0.0493)
Constante	0.355***	0.553***	0.390***	0.373***	0.564***	0.412***
	(0.0514)	(0.0676)	(0.0408)	(0.0510)	(0.0851)	(0.0438)
Observations	1287	1438	2725	1285	949	2234
R^2	0.040	0.035	0.067	0.031	0.031	0.031

Note : Fondamental est la catégorie de référence pour le niveau d'instruction.
****significatif au seuil de 1%, ** au seuil de 5%, * au seuil de 10%.*
Source : Calcul de l'auteur à partir des données de l'ELIM 2006.

Concernant l'éducation du chef de ménage, le fait d'avoir un niveau scolaire élevé (post-fondamental) diminue le risque d'être ou se sentir pauvre. A l'inverse, ne pas avoir fréquenté l'école (aucun niveau scolaire) augmente fortement ce risque. Avoir un niveau d'instruction élevé aide aux réalisations et à la qualité de vie. Il est souvent associé à un meilleur comportement en matière de santé, à un certain prestige social, etc. En analysant les données des enquêtes nationales auprès des ménages au Sénégal, Wodon (2006) explique l'écart entre l'évolution de la pauvreté objective et de la pauvreté subjective, entre autres, par les progrès enregistrés « dans des domaines tels que l'éducation et la santé (par exemple dans la performance des services publics) susceptibles d'avoir une forte influence sur la perception des ménages ».

L'un des facteurs qui contribue au sentiment de pauvreté subjective réside dans certains chocs négatifs survenus dans la vie des chefs de ménage. Ces chocs ont un impact sur le comportement et le niveau de vie, notamment des ménages vulnérables en manque de capacités pour pouvoir y résister. Parmi les chocs considérés, la perte de récolte impacte les différentes formes de pauvreté. La perte de bétail est plus corrélée positivement avec la pauvreté en conditions de vie et la pauvreté subjective qu'avec la pauvreté monétaire.

Tableau 14. Décomposition du R^2

		Pauvreté monétaire		Pauvreté en conditions de vie		Pauvreté subjective	
	R^2	0.105		0.243		0.058	
Gr	Variables	Ind. % R^2	Group %R^2	Ind. % R^2	Group % R^2	Ind. % R^2	Group % R^2
1	Sexe: Homme	4.8614	4.8614	1.1357	1.1357	2.3796	2.3796
2	40-59 ans	3.8305	10.8499	0.5246	1.5543	1.6906	8.1118
	60 ans et +	7.0195		1.0298		6.4212	
3	Aucun	37.0657	78.6064	61.5768	90.5401	34.3893	64.0885
	Post-fondamental	41.5406		28.9632		29.6992	
4	Perte de bétail	0.2751	5.6823	1.7111	6.7699	8.0235	25.4201
	Perte de récolte	5.4072		5.0588		17.3966	

R^2 correspond à la proportion de la variance totale expliquée par le modèle. Par exemple, pour le modèle explicatif de la pauvreté monétaire, l'ensemble des variables explicatives expliquent 0,105 de la variance totale.
Ind%R^2 indique la part du R^2 expliquée par chaque catégorie ou variable. Par exemple, pour le modèle explicatif de la pauvreté monétaire, la variable "Sexe" contribue pour 4.86% au R^2 du modèle.
Group%R^2 indique la part du R^2 expliquée par l'ensemble des modalités d'une variable ou par un groupe de variables. Par exemple, pour le modèle explicatif de la pauvreté monétaire, le groupe 2 comporte les deux catégories 40-59 ans et 60 ans et plus et contribue pour 10.85% au R^2, soit 3,83 + 7,02.
Source : Calcul de l'auteur à partir des données de l'ELIM 2006.

Tableau 15. Décomposition du R^2

		Monétairement non pauvre et subjectivement pauvres		Non pauvres en conditions de vie et subjectivement pauvres	
	R^2	0.067		0.031	
Gr	Variables	Ind. % R2	Group % R2	Ind. % R2	Group % R2
1	Sexe: Homme	0.8610	0.8610	5.2659	5.2659
2	40-59 ans	2.2443	7.0357	2.5100	13.3612
	60 ans et +	4.7914		10.8512	
3	Aucun	39.5738	70.1431	15.7128	45.7069
	Postfondamental	30.5693		29.9941	
4	Perte de bétail	9.3640	21.9602	19.0757	35.6660
	Perte de récolte	12.5962		16.5903	

R^2 correspond à la proportion de la variance totale expliquée par le modèle. Par exemple, pour le modèle explicatif des chefs de ménages monétairement non pauvres et subjectivement pauvres, l'ensemble des variables explicatives expliquent 0,067 de la variance totale.
Ind%R^2 indique la part du R^2 expliquée par chaque catégorie ou variable. Par exemple, pour le modèle explicatif des chefs de ménages monétairement non pauvres et subjectivement pauvres, la variable "Sexe" contribue pour 0,86% au R^2 du modèle.
Group%R^2 indique la part du R^2 expliquée par l'ensemble des modalités d'une variable ou par un groupe de variables. Par exemple, pour le modèle explicatif des chefs de ménages monétairement non pauvres et subjectivement pauvres, le groupe 2 comporte les deux catégories 40-59 ans et 60 ans et plus et contribue pour 7,03% au R^2, soit 2,24 + 4,79.
Source : Calcul de l'auteur à partir des données de l'ELIM 2006.

Les tableaux 14 et 15 présentent les valeurs issues de la décomposition à la Shapley des R^2. Les résultats révèlent que parmi les variables explicatives retenues, c'est le « niveau d'instruction » qui a l'impact le plus important sur les trois types de pauvreté avec une valeur de 78,6 % sur la pauvreté monétaire, de 90,5 % sur la pauvreté de conditions de vie et de 64,1 % sur la pauvreté subjective. Concernant la pauvreté subjective parmi les chefs de ménage objectivement non pauvres, l'impact du niveau d'instruction reste élevé avec une valeur de 70,1 % pour les chefs de ménages monétairement non pauvres et 45,7 % pour les non pauvres en conditions de vie.

L'impact des chocs survenus dans la vie des chefs de ménage est plus prononcé sur la pauvreté subjective (avec une valeur de 25,4 %). Cet impact est encore plus important (valeur de 35,7 %), parmi les chefs de ménage non pauvres en conditions de vie.

L'âge a une influence non négligeable sur la pauvreté. L'effet est le plus marqué sur la pauvreté subjective des chefs de ménage non pauvres en conditions de vie (avec 13,4 %) et sur la pauvreté monétaire (avec 10,8 %).

La variable « Sexe : Homme », avec une valeur de 4,9 % pour la pauvreté monétaire, 1,1 % pour la pauvreté des conditions de vie et 2,4 % pour la pauvreté subjective, est la variable qui influe le moins sur les différents types de pauvreté. Le même constat est valable pour la pauvreté subjective parmi les chefs de ménage objectivement non pauvres (0,9 % pour les chefs de ménage monétairement non pauvres et 5,2 % pour les non pauvres en conditions de vie).

6. CONCLUSION

Un certain nombre de chefs de ménage maliens se sentent pauvres bien qu'ayant été classés comme non pauvres selon les critères de la pauvreté objective, mesurée par la consommation ou le revenu. Différentes études ont montré que les dimensions de la pauvreté ne peuvent être appréhendées à partir du seul critère monétaire et qu'il convient aussi de tenir compte de la consommation de biens publics (éducation, santé...), des bénéfices des relations sociales et plus largement de la qualité de la vie.

Cet article a eu comme objectif d'analyser les facteurs qui expliquent la pauvreté objective et la pauvreté subjective des chefs de ménages au Mali. Près d'un cinquième des chefs de ménage maliens, pourtant objectivement non pauvres, se considèrent subjectivement commet pauvres et souffrant de leurs conditions de vie. Les résultats de notre étude indiquent que les deux formes de pauvreté ont en commun trois déterminants essentiels : le niveau d'instruction, l'avancée en âge et les chocs (comme les pertes de récolte) survenus dans la vie sans avoir les capacités de résilience. Ces trois facteurs sont d'autant plus prononcés en ce qui concerne la pauvreté subjective. Ces différentes formes de risques de pauvreté impliquent donc des politiques mieux ciblées.

REFERENCES

Alkire S., Foster J., 2011b, « Understandings and misunderstandings of multidimensional poverty measurement », *Journal of Economic Inequality,* 9, 2, 289-314.

Alkire S., Santos M. E., 2010, « Acute Multidimensional Poverty: A New Index for Developing Countries », Oxford Poverty & Human Development Initiative (OPHI) Working Paper No. 38.

Banque mondiale, 2015, Mali - Présentation. www.banquemondiale.org/fr/country/mali/overview.

Bertin A., 2007, Pauvreté monétaire, pauvreté non-monétaire : une analyse des interactions appliquée à la Guinée, Thèse de doctorat, Université Montesquieu Bordeaux 4.

Bertin A., Leyle D., 2007, « Mesurer la pauvreté multidimensionnelle dans un pays en développement : Démarche méthodologique et mesures appliquées au cas des observations de la Guinée maritime », Cahiers du Gretha n°17.

Clark A.E., Senik C., 2011, « La croissance du PIB rendra-t-elle les habitants des pays en développement plus heureux ? », *Revue d'économie du développement,* 25, 2-3, 113-190.

Direction nationale de la statistique et de l'informatique (DNSI), 2006, « Enquête Légère Intégrée auprès de Ménages (ELIM) 2006 », Bamako, Mali.

Easterlin R.A., 2001, « Income and happiness: Towards a unified theory ». *The Economic Journal,* 111, 465-484.

Easterlin R.A., 2003, « Building a better theory of Well-Being », IZA Discussion Paper, n° 742.

FAO, 2006, Améliorer la foresterie pour réduire la pauvreté : manuel du praticien.

FMI, 2011, « Document de stratégie pour la réduction de la pauvreté - Rapport d'avancement 2009 », Rapport du FMI n° 11/38.

FMI, 2015, « Troisième revue de l'accord au titre de la facilité élargie de crédit, demande de dérogation à des critères de réalisation et demande de modification de critères de réalisation », Rapport du FMI, n° 15/151.

Frey B., Slutzer A., 2002, *Happiness and Economics*, Princeton University Press.

Hagenaars A., de Vos K., 1988, « The definition and measurement of poverty », *The Journal of Human Resources*, 23, 2, 211-221.

Gondard-Delcroix C., Rousseau S., 2004, « Vulnérabilité et Stratégies durables de gestion des risques : Une étude appliquée aux ménages ruraux de Madagascar », *Développement durable et territoires* [En ligne].

Herrera J., Razafindrakoto M., Roubaud F., 2006, « Les déterminants du bien-être subjectif : une approche comparative entre Madagascar et Pérou », DT/2006-01, IRD.

Hourriez J-M., Legris B., 1997, « L'approche monétaire de la pauvreté : méthodologie et résultats », *Economie et Statistique*, n°308-309-310, 35-63.

Institut national de la statistique et de la démographie (INSD), 2005, «Gouvernance, démocratie et lutte contre la pauvreté à Ouagadougou : Le point de vue de la population de la capitale. Enquêtes 1-2-3, premiers résultats », Burkina Faso. http://www.dial.ird.fr/content/download/51330/393328/version/.../burkina.pdf

Kalugina E., Najman B., 2003, « Travail et pauvreté en Russie : évaluations et perceptions subjectives », *Economie et Statistique*, n° 367, 83-100.

Kingdon G.G., Knight J., 2004, « Subjective well-being poverty versus income poverty and capabilities poverty? », University of Oxford, GPRG WPS-003.

Lachaud J.-P., 2002, « La dynamique de pauvreté au Burkina Faso revisitée : Pauvreté durable et transitoire et vulnérabilité », Centre d'Economie du Développement, Document de Travail No 77, Université Montesquieu-Bordeaux IV.

Lollivier S., et Verger D., 1999, « Pauvreté d'existence, monétaire et subjective. Facteurs de persistance et corrélation sur données de panel », *Revue économique*, 50, 3, p. 431-450.

Marniesse S., 1999, « Note sur les différentes approches de la pauvreté », DPE/DME.
http://www.ads.ma/fileadmin/rca/AdsDocutheque/FrDocuments/pauvrete_AFD.pdf

Marniesse S., Peccoud R., 2004, « Pauvreté, inégalité, croissance. Quels enjeux pour l'aide au développement ? », *Afrique contemporaine*, 211.

Narayan D., with Patel R., Schafft K., Rademacher A., Koch-Schulte S., 2000, *Voices of the Poor: vol. 1, Can Anyone Hear Us?*, New York: Oxford University Press for the World Bank.

OCDE, 2011, *Comment va la vie ? Mesurer le bien-être*, OECD Publishing.

Osberg, L. (Ed.), *Economic inequality and poverty. International perspectives*, New York and London, M.E. Sharpe, Inc., Armonk.

Ouedraogo B., 2009, « Aménagement forestier et lutte contre la pauvreté au Burkina Faso », *Développement durable et territoires* [En ligne].

PNUD, 2014, *Rapport sur le développement humain 2014*.

Ravallion M., 1996, « Comparaison de la pauvreté : Concepts et méthodes », LSMS Working Paper, N° 122. World Bank, Washington, DC.

Razafindrakoto M. et Roubaud F., 2006, « Les déterminants du bien-être individuel en Afrique francophone : le poids des institutions », *Afrique contemporaine*, 4, 220, 191-223.

Sen A.K., 1987, « The standard of living: lecture II, lives and capabilities », dans Hawthorn G. (dir.), *The standard of living, The Tanner Lectures*, Clare Hall, Cambridge, 1985, New York, Cambridge University Press.

Sen A.K., 1999, *Development as Freedom*, Oxford University Press.

Senik C., 2003, « What can we learn from subjective data. The case of Income and Well-being? », Delta Working Paper No. 2003-06, Paris.

Senik C., 2005b, « What can we learn from subjective data? The case of Income and Well-Being », *Journal of Economic Surveys*, 19, 1, 43-63.

Sirven N., 2007, « De la pauvreté à la vulnérabilité : Evolutions conceptuelles et méthodologique », *Mondes en développement,* 4, 140, 9-24.

Vero J. et Werquin P., 1997, "Un réexamen de la mesure de la pauvreté. Comment s'en sortent les jeunes en phase d'insertion ?" *Economie et Statistique,* 8-10, 143-158.

Wagle U., 2002, « Rethinking poverty: definition and measurement », *International Social Science Journal,* 54, 171, 155-165.

Wodon Q., 2006, « Pauvreté objective et pauvreté subjective : l'équation est dans le paradoxe », Magazine du bureau régional de la Banque mondiale à Dakar, 6.

ANNEXE

Seuils et incidence de la pauvreté au Mali

	Années de référence					
	2001	2006	2009-10	2011	2013	2014
Seuils de pauvreté (FCFA)	136 000	149 000	165 000	172 000	174 000	175 000
Incidence de la pauvreté (%)	55,6	47,5	43,6	45,4	47,1	46,9

Source : EMOP (Enquête Modulaire et Permanente auprès des ménages), Rapport d'analyse, 2014.

THE DETERMINANTS OF SUBJECTIVE PERCEPTION OF POVERTY AMONG HEADS OF HOUSEHOLDS OBJECTIVELY NON-POOR IN MALI

Abstract - *This paper aims to highlight the factors that explain the poverty of household in Mali. Less than a fifth of Malian households objectively non-poor can be classified as subjectively poor. They are mainly rural households with relatively decent conditions of life. The low level of education is one of the major elements that impacts on the forms of poverty among Malian households. The advanced age of the head of the household or the fact that the household has suffered from external shocks are other factors that increase the probability of feeling poor.*

Key-words - MALI, SUBJECTIVE POVERTY, OBJECTIVE POVERTY, VULNERABILITY

L'ÉVOLUTION DES INÉGALITÉS DE REVENU ENTRE CANADIENS DE NAISSANCE ET IMMIGRÉS

Nong ZHU* et Cécile BATISSE**

Résumé - *Cet article étudie l'évolution des écarts de revenu entre Canadiens de naissance et immigrés originaires de régions autres que l'Europe et les Etats-Unis entre 1991 et 2011. Nous utilisons la méthode de décomposition de Blinder-Oaxaca pour évaluer le rôle des facteurs intrinsèques (genre, éducation, profession...) et des facteurs non observés (discrimination, sous-qualification...) sur le creusement des disparités de revenu entre les immigrés et les Canadiens de naissance.*

Mots-clés - IMMIGRÉS, REVENU, CAPITAL HUMAIN, DISCRIMINATION, CANADA

Classification JEL - J61, I2, J71, I3

* Institut national de la recherche scientifique, Centre Urbanisation, Culture et Société (Canada) ; nong.zhu@ucs.inrs.ca
** CERDI, Université d'Auvergne (France) ; cecile.batisse@udamail.fr

1. INTRODUCTION

Le sujet de l'immigration et plus particulièrement la question de l'intégration économique des immigrés et des politiques économiques à adopter font l'objet de nombreux débats. L'exemple canadien en matière d'intégration socio-économique des immigrés est souvent présenté comme une réussite, en comparaison avec des pays comme la France, où les problèmes d'intégration sont devenus une source de tensions sociales. Aujourd'hui, un Canadien sur cinq est né à l'étranger (Statistique Canada, 2011). L'admissibilité des immigrés repose, à l'instar de l'Australie et de la Nouvelle-Zélande, sur un système de points. La politique d'immigration du gouvernement fédéral a subi cependant d'importants changements au cours des années 1990 et 2000 en visant à mieux prendre en compte leur insertion économique. Elle est aujourd'hui fondée sur les caractéristiques des migrants eux-mêmes, ce qu'on appelle parfois « un modèle de capital humain » axé sur l'offre de travail. Le capital humain des immigrés est ainsi davantage considéré, à travers des critères liés au niveau d'éducation, à l'âge, aux compétences linguistiques ainsi qu'aux expériences de travail acquises[1].

L'évolution de ces politiques a eu un impact majeur sur le visage de l'immigration au Canada. Les principaux changements observés au fil du temps touchent la structure des pays d'origine et le niveau général d'instruction des nouveaux arrivants. Historiquement, la majorité des immigrés au Canada étaient originaires d'Europe. Plus récemment, la part des nouvelles régions (Asie, Afrique et Amérique – sauf Etats-Unis) a beaucoup augmenté et représente aujourd'hui 80% des immigrés entre 2001 et 2011, contre 42% parmi ceux arrivés avant 1991. Parallèlement, la proportion d'immigrés admis en vertu du volet économique de la politique d'immigration a augmenté. Enfin, aujourd'hui, la plupart des immigrés ont été sélectionnés sur la base de leurs compétences et sont de plus en plus diplômés[2].

Les données statistiques récentes tracent cependant un portrait plutôt problématique de la situation économique des immigrés. La population immigrée canadienne semble en effet surreprésentée dans le bas de l'échelle des revenus et les cohortes récentes connaissent une détérioration de leur situation économique en comparaison avec celles de leurs homologues nés au Canada et des immigrés précédents (Picot et Sweetman, 2005 ; Bonikowska et al., 2011 ;

[1] En 1992, le gouvernement canadien allouait 12 points (sur 100) à un niveau d'éducation supérieur et 15 à l'habileté linguistique en français ou en anglais. En 2006, les demandeurs ayant un niveau baccalauréat recevaient 20 points, et ceux ayant un niveau master ou doctorat recevaient 25 points. Les points alloués à la maitrise de la langue ont été portés à 24 (Kaushal et al., 2015). Il est à noter que les critères de sélection ne sont pas identiques pour toutes les catégories d'immigrés. Le gouvernement canadien applique des critères d'admission moins stricts pour les immigrés appartenant aux catégories « réfugiés » et « regroupement familial », bien qu'ils représentent respectivement 28,4% et 13% de la totalité des immigrés.

[2] Par exemple, Reitz, Curtis, Elrick (2014) soulignent que la proportion des immigrants qui possèdent un diplôme universitaire est passée de 20,8 % pour ceux arrivés en 1994 à 45,6 % en 2001 – et ce niveau est demeuré inchangé jusqu'en 2011. Par conséquent, les immigrants récents sont de plus en plus instruits par rapport à la population canadienne.

Kaushal et Lu, 2014). Les immigrés sont plus exposés au chômage que les natifs et les emplois qu'ils occupent sont moins susceptibles de s'arrimer à leurs compétences. Si l'insertion sur le marché du travail ne garantit pas nécessairement l'intégration sociale, elle joue de toute évidence un rôle essentiel en permettant aux immigrés de vivre en citoyens autonomes dans les pays d'accueil. Elle contribue également à l'acceptation de l'immigration par la population locale et à la pérennisation de la politique migratoire (OCDE, 2009).

Il est déjà établi dans la littérature que les immigrés d'origine européenne suivent un parcours distinct et plus favorable dans le processus d'intégration économique en Amérique du Nord par rapport aux immigrés d'origine non-européenne (Buzdugan et Halli, 2009). La présente étude cherche à analyser les disparités économiques existant entre les immigrés en provenance de régions autres que l'Europe ou les Etats-Unis et les Canadiens de naissance entre 1991 et 2011 en utilisant comme indicateur l'évolution de l'écart de revenu réel. Nous analysons pour les deux groupes les différents facteurs qui déterminent leur revenu ainsi que les changements survenus au cours de la période. Nous cherchons aussi, en comparant les deux groupes, à déterminer les facteurs à l'origine des disparités de croissance des revenus constatées entre les immigrés et les Canadiens de naissance en utilisant la méthode de décomposition de Blinder-Oaxaca (Blinder, 1973 ; Oaxaca, 1973 ; Oaxaca et Ransom, 1994). En utilisant cette méthode, il est possible de déterminer la part des écarts de revenu due aux différences de caractéristiques entre immigrés (anciennes et nouvelles cohortes) et natifs, et la part due à la différence d'effet sur le revenu de ces caractéristiques. Nous analysons particulièrement les effets des critères utilisés pour la sélection des immigrés, notamment le niveau d'éducation, la profession et la langue parlée, sur ces écarts de revenu.

Dans un premier temps, nous examinons la distribution du revenu et son évolution différenciée entre immigrés, d'origine non européenne et non américaine, et natifs du Canada dans les années 1990 et 2000. Nous analysons ensuite les facteurs à l'origine de ces inégalités à l'aide de la méthode de décomposition de Blinder-Oaxaca.

2. ÉVOLUTION DU REVENU ENTRE CANADIENS DE NAISSANCE ET IMMIGRÉS

L'évolution des politiques migratoires au Canada a renforcé la sélection des immigrés sur la base de leur niveau d'éducation et de leur maitrise des langues officielles, deux attributs dont l'importance s'est accrue dans le système de points. Or, paradoxalement, la plupart des études mettent en évidence le fait que les nouveaux immigrés ont de plus faibles revenus que les Canadiens de naissance ou les cohortes d'immigrés précédentes (Aydemir et Skuterud, 2008 ; Green et Worswick, 2009 ; Zhu et Aboubacar, 2014 ; Kaushal et al., 2015 ; Hou et Picot, 2016 ; etc). Il semblerait donc que si le niveau de capital humain des nouveaux arrivants s'est amélioré, les compétences des immigrés aient été peu ou mal valorisées par le marché du travail canadien (comme la reconnaissance des diplômes acquis à l'étranger ou de leur expérience professionnelle).

La littérature sur les inégalités de revenu que subissent les immigrés a souvent été abordée au Canada. Les causes avancées pour expliquer cette situation sont l'assimilation, le capital humain et la discrimination. L'assimilation renvoie à l'idée que les immigrants connaissent à leur arrivée au Canada des difficultés d'insertion, en partie attribuables à l'effet perturbateur de la migration elle-même, mais aussi à la distance culturelle et linguistique par rapport à la société d'accueil et à l'absence de réseau. Selon cette théorie, la situation économique des immigrés tend à s'améliorer en fonction de la durée de résidence au Canada, à mesure que leur intégration linguistique et culturelle et que leur réseau de contacts se développent. Il a fallu entre 10 et 15 ans pour que les immigrés arrivés avant les années 1980 réduisent les écarts de revenu qui les séparaient initialement des Canadiens de naissance. Cependant, il apparaît qu'à l'inverse le revenu perçu par les immigrés sur le marché du travail s'est détérioré depuis les années 1980, en dépit de l'augmentation de leur niveau de diplôme (Picot, Hou et Coulombe, 2007).

D'un côté, il est possible que les immigrés originaires des nouveaux bassins d'émigration n'aient pas les mêmes caractéristiques que les immigrés occidentaux, comme notamment la qualité de l'éducation reçue dans le pays d'origine (Coulombe et al., 2014). Ces éléments affecteraient ainsi leur intégration et leur niveau de revenu. Par ailleurs, alors même que les immigrés sont de plus en plus diplômés, l'accumulation du capital humain peut se heurter à plusieurs obstacles dont les plus sérieux sont la non-transférabilité des compétences et connaissances acquises avant l'immigration, notamment lorsque le système éducatif, la culture et le système légal diffèrent considérablement (Chriswick et al., 2006). Dans ce cas, l'écart de revenu entre les groupes serait au départ justifié. D'un autre côté, il se peut également que les immigrés fassent l'objet d'un traitement discriminatoire. Comme la détérioration du revenu des nouvelles cohortes d'immigrés coïncide avec d'importants changements quant à leur origine ethnique, plusieurs auteurs ont mis en avant l'hypothèse que la discrimination pouvait expliquer celle-ci. Des études ont montré que les personnes appartenant à un groupe de minorités visibles (Pendakur et Pendakur, 1998) ou d'origine non européenne (Kazamipur et Halli, 2000a ; 2000b) obtenaient des revenus plus faibles et étaient plus susceptibles de vivre sous le seuil de pauvreté que les blancs ou ceux d'origine européenne.

Afin d'étudier la question de l'intégration économique des immigrés, la présente étude s'appuie sur les fichiers de microdonnées à grande diffusion des recensements de 1991, 1996, 2001, 2006 et 2011. Ces cinq bases reprennent des données fondées sur un échantillon d'environ 3% de la population recensée. Si l'intégration économique peut revêtir plusieurs dimensions, l'utilisation du revenu constitue, dans la littérature, le critère standard pour mesurer la « performance économique » des immigrés. La méthode généralement employée pour mesurer le niveau d'intégration de l'immigré consiste à analyser la convergence de son profil de revenu par rapport à celui des natifs disposant des mêmes caractéristiques observables.

Notre base de données permet d'étudier l'évolution de la distribution du revenu sur une période de 20 ans en effectuant des comparaisons dans le temps.

Nous utilisons les fichiers des particuliers. À l'instar de nombreuses études antérieures (Bonikowska et al., 2011 ; Frenette, 2002 ; etc.), l'échantillon est limité aux personnes âgées de 25 à 54 ans où la plus grande partie des inégalités de revenu s'explique par l'inégalité des revenus du travail eux-mêmes. Or, avant l'âge de 25 ans, ceux qui poursuivent des études universitaires ont encore des revenus précaires ou provisoires, et passé l'âge de 54 ans, certains travailleurs commencent à sortir du marché du travail. Une autre raison justifiant ce choix est liée à la structure par âge différenciée des populations native et immigrée. Cette dernière est plus centrée sur le groupe d'âge des 30 à 50 ans. La restriction de l'échantillon aux personnes âgées de 25 à 54 ans rend les deux populations plus comparables. Nous utilisons le revenu du travail, défini par la somme des salaires et des revenus provenant d'un travail indépendant. Nous gardons seulement les revenus positifs[3] et nous utilisons les indices des prix à la consommation par province pour calculer les revenus réels. Enfin, nous nous concentrons sur les immigrés d'origine non américaine et non européenne, que nous dénommerons les « immigrés du Sud ».

Le tableau 1 compare les caractéristiques des Canadiens de naissance et immigrés du Sud en 1996 et en 2011. La part des immigrés du Sud est passée de 11,6% en 1996 à 19,2% en 2011. Elle se répartie à peu près pour moitié entre hommes et femmes. Dans l'ensemble, les immigrés sont plus âgés que les natifs. Le niveau du diplôme obtenu a augmenté dans les deux groupes au cours de la période étudiée. Les immigrés sont plus susceptibles que les natifs de posséder le baccalauréat et même un diplôme universitaire. En ce qui a trait aux connaissances linguistiques, nous remarquons que les tendances restent stables entre 1996 et 2011 pour les natifs et les immigrants : la très grande majorité de ces derniers étant unilingues en anglais, et une faible proportion en français, seuls 11% des immigrés se déclarent bilingues. Enfin, il apparait que les immigrés sont surreprésentés par rapport aux natifs dans les professions « Sciences naturelles et appliquées » et « Sciences sociales et enseignement ». Il faut noter que la proportion des personnes n'ayant pas travaillé est significativement plus élevée chez les immigrés que chez les natifs, et augmente au cours du temps. Plus de 90% des immigrés résident dans des régions métropolitaines de recensement. Plus de la moitié des immigrés sont installés dans la province de l'Ontario. Les provinces du Québec, de la Colombie Britannique et de l'Alberta sont également des régions où les immigrés se concentrent[4].

Le tableau 2 présente le changement de la distribution du revenu réel entre 1991 et 2011. Dans l'ensemble, le revenu moyen réel a diminué entre 1991 et 1996 avant d'augmenter entre 1996 et 2011. Le revenu moyen des immigrés originaires des nouveaux bassins d'immigration est nettement plus faible que celui des natifs, l'écart s'accentuant entre 1991 et 2011.

---

[3] L'analyse est limitée aux enquêtés ayant un revenu positif. S'il est possible que ces personnes enquêtées ne se répartissent pas aléatoirement dans la population, ils représentent cependant plus de 94% de l'échantillon en 1996 et 97% en 2011.

[4] Plusieurs auteurs ont en effet souligné le caractère non aléatoire de la localisation des immigrés (Green et Worswick, 2009).

Tableau 1. Description de l'échantillon

	Canadiens de naissance		Immigrés du Sud	
	1996	2011	1996	2011
Homme (%)	51.9	51.2	49.3	47.1
Groupe d'âge (%)				
25-29 ans	16.0	14.9	16.1	11.8
30-34 ans	19.3	19.0	15.7	14.7
35-39 ans	20.0	19.8	15.0	17.9
40-44 ans	17.9	18.6	15.7	19.9
45-49 ans	15.3	16.6	18.5	19.8
50-54 ans	11.4	11.2	19.0	16.0
Plus haut certificat, diplôme ou grade (%)				
Aucun diplôme	23.6	23.3	10.4	10.4
Diplôme d'études secondaires	23.8	21.1	22.5	18.8
Diplôme d'une école de métiers, collégial	35.1	29.9	41.6	30.1
Baccalauréat	12.1	16.7	17.4	23.6
Diplôme universitaire supérieur au baccalauréat	1.8	2.2	2.3	4.5
Diplôme en médecine	0.5	1.1	0.5	1.1
Maîtrise	2.8	4.6	4.3	9.0
Doctorat acquis	0.4	1.1	0.5	1.4
Connaissance des langues officielles (%)				
Anglais	64.1	80.4	64.1	79.2
Français	14.4	3.7	12.6	4.5
Anglais et français	21.5	10.8	23.3	11.7
Aucune langue officielle	...	5.1	...	4.7
Profession (%)				
Gestion	9.1	8.2	10.4	7.9
Affaires, finance et administration	19.2	17.1	17.4	15.8
Sciences naturelles et appliquées et professions apparentées	4.9	6.5	6.9	9.6
Secteur de la santé	5.2	5.5	6.3	6.1
Sciences sociales, enseignement, adm. publique et religion	7.6	4.1	10.3	6.2
Arts, culture, sports et loisirs	2.3	1.5	2.9	1.5
Ventes et services	19.4	22.2	16.2	18.7
Métiers, transport et machinerie	14.0	8.7	13.7	9.2
Professions propres au secteur primaire	3.8	1.2	2.5	0.7
Transformation, fabrication et services d'utilité publique	6.4	12.9	3.5	6.4
Personnes n'ayant pas travaillé	8.2	12.0	9.8	17.9
Travail à plein temps ou à temps partiel (%)				
Travail à plein temps	76.1	73.7	78.5	71.7
Travail à temps partiel	14.3	12.2	11.6	12.0
Autres	9.6	14.1	9.8	16.3
Région métropolitaine de recensement	56.3	93.9	63.8	96.6
Lieu de résidence (%)				
Québec	27.8	14.3	27.1	15.5
Ontario	32.9	53.6	34.0	53.0
Manitoba	3.9	2.6	3.6	2.5
Saskatchewan	3.7	0.7	3.3	0.8
Alberta	9.9	8.3	11.7	10.0
Colombie-Britannique	11.9	19.6	11.6	17.6
Île-du-Prince-Édouard, Nouvelle-Écosse, Nouveau-Brunswick et autres régions	9.9	0.8	8.7	0.5
Durée d'immigration (%)				
Moins de 5 ans		9.7		13.3
6 - 15 ans		30.2		27.3
16 - 25 ans		33.7		33.7
Plus de 25 ans		26.3		18.8
Nombre d'observations	261760	34466	263731	62780

Légende : « ... » signifie que la valeur absolue est inférieure à 0.1.
Sources : Fichiers de microdonnées à grande diffusion des recensements de 1996 et 2011, Statistique Canada ; calculs et présentation des auteurs.

Tableau 2. Evolution de la distribution du revenu réel

	1991	1996	2001	2006	2011	Variation 1991-2011 (%)
Moyenne du revenu (dollars canadiens)						
Total	29159	27585	29105	32028	33130	13.6
Natifs	29093	27938	29648	33155	34328	18.0
Immigrés des États-Unis et de l'Europe	31937	29732	31488	34883	35907	12.4
Immigrés en provenance des autres régions	26248	23024	24237	25037	26943	2.6
Indice de Gini						
Total	0.377	0.391	0.397	0.452	0.443	17.5
Natifs	0.374	0.386	0.391	0.444	0.432	15.5
Immigrés des États-Unis et de l'Europe	0.381	0.400	0.403	0.471	0.465	22.0
Immigrés en provenance des autres régions	0.388	0.412	0.422	0.472	0.472	21.6
Incidence de la pauvreté (%)						
Total	14.9	18.0	17.2	17.4	16.6	11.7
Natifs	14.9	17.5	16.3	15.9	15.0	1.1
Immigrés des États-Unis et de l'Europe	13.2	16.6	16.0	17.1	16.9	27.9
Immigrés en provenance des autres régions	17.0	23.3	23.3	25.2	23.5	38.2

Sources : Fichiers de microdonnées à grande diffusion des recensements de 1991, 1996, 2001, 2006 et 2011, Statistique Canada, calculs et présentation des auteurs.

Dans les données des recensements, la population est par ailleurs divisée en deux catégories selon le seuil de faible revenu (SFR) de Statistique Canada : les pauvres et le reste de la population. Dans l'ensemble, la pauvreté a augmenté entre 1991 et 1996, puis diminué entre 1996 et 2011 (Tableau 2). Pour les immigrants du Sud, la progression de la pauvreté a été significativement plus importante que celle des deux autres groupes et, en dépit d'une diminution entre 2006 et 2011, elle est demeurée à un niveau élevé en 2011. Concernant l'inégalité de revenu, l'indice de Gini a augmenté entre 1991 et 2011 pour chacun des groupes, mais son niveau se révèle un peu plus important dans le groupe des immigrants du Sud, soulignant la grande hétérogénéité de ce groupe.

Ce bref descriptif met en évidence une inégalité significative entre immigrés en provenance du Sud et natifs, en particulier au niveau des revenus, de l'incidence de la pauvreté et de l'évolution des inégalités intra-groupes. Nous examinons dans la section suivante l'évolution des inégalités de revenus entre les immigrés et les natifs et nous identifions les segments de la population les plus concernés.

3. ÉVOLUTION DE LA DISTRIBUTION DE REVENU ENTRE CANADIENS DE NAISSANCE ET IMMIGRÉS

Une variation dans la distribution de revenu peut tenir à un changement de revenu de certains groupes. La courbe d'incidence de la croissance (CIC) développée par Ravallion et Chen (2001) permet d'examiner l'évolution des inégalités de revenu suite à la variation du revenu des différents segments de la population. La disponibilité de micro-données au niveau des ménages sur l'ensemble du territoire canadien sur une période de 20 ans nous permet en effet d'estimer des CIC en calculant les variations de revenu de chaque percentile. Le taux de croissance du revenu p^e quantile entre deux points du temps t_0 et t_1 est donné par $g(p)=(y_1(p)-y_0(p))/y_0(p)$ avec $g(p)$ le taux de croissance du revenu du p^e percentile. Si les $g(p)$ sont positifs pour chaque percentile, la croissance se révèle bénéfique pour tous les niveaux de revenu. Si *g(p)* est une fonction décroissante (croissante) à travers le temps pour tout *p*, alors les inégalités diminuent (augmentent). La comparaison des courbes CIC entre les divers groupes aux différentes périodes permet d'analyser les différences entre immigrés et natifs[5].

Au sein des trois groupes de population retenus, ce sont les segments les plus riches (entre le 90eme et le 100eme percentile) qui connaissent la croissance du revenu réel la plus importante (Graphique 1). Il y a donc une augmentation des inégalités avec une concentration de richesses sur les segments les plus aisés de la population canadienne. La courbe des natifs se trouve toujours au-dessus de l'axe zéro. Autrement dit, ils ont tous connu une augmentation du revenu réel. Les courbes des immigrés américains et européens restent en-dessous de l'axe zéro jusqu'au 35e percentile, ce qui implique une baisse de revenu réel des catégories pauvres et moyennes de ce groupe. La courbe est par ailleurs croissante, signifiant une accentuation des inégalités de revenu réel au sein de ce groupe. Parmi les immigrés du Sud, il faut attendre le 70e percentile de la population pour que la courbe soit au-dessus de zéro.

Durant la période étudiée, l'économie canadienne a traversé trois cycles économiques : une récession (1991-1996), une expansion (1996-2006) et un ralentissement économique (2006-2011). La période 1991-1996 (Graphique 2) se caractérise par une diminution du revenu réel. Celle-ci est toutefois plus importante pour les immigrés du Sud et les plus pauvres. Les inégalités se sont donc accentuées. Entre 1996 et 2006, les courbes ont une forme en U inversé au-dessus de l'axe zéro (Graphique 3). Autrement dit, les personnes situées aux deux extrémités de la distribution – les plus pauvres et les plus riches – ont connu une forte croissance de leur revenu réel, alors que le revenu des catégories moyennes a peu progressé. Quel que soit le segment de la population, l'augmentation de revenu réel est plus faible pour les immigrés du Sud relativement aux deux autres groupes, si ce n'est entre le 3ème et le 10ème percentile évoluant dans les mêmes proportions quelle que soit l'origine géographique des migrants. Dans la période 2006-2011, le revenu réel a continué de progresser de façon relativement homogène pour tous les segments de la population, mais dans des proportions moindres par rapport à la période précédente (Graphique 4). Ce sont les immigrés du Sud qui ont connu la croissance du revenu réel la plus importante, en particulier la part la plus aisée de cette population.

En résumé, le revenu réel a connu une baisse entre 1991 et 1996, puis un redressement entre 1996 et 2011. Durant cette période, ce sont les immigrés du Sud qui ont le plus subi les fluctuations économiques. Et la classe la plus pauvre de ce groupe a connu une détérioration de leur revenu pendant la période de récession, puis une hausse de revenu avec le retour de la croissance, mais cette dernière s'est faite à un rythme plus lent que pour les autres groupes. Les segments de la population les plus riches ont été les moins touchés par la récession, et ont par ailleurs bénéficié de la plus forte hausse de leur niveau de revenu durant la période d'expansion. Les inégalités se sont donc accentuées au cours du temps (voir indice de Gini, tableau 2).

---

[5] Comme les recensements ont été effectués à différentes dates, fournissant des données transversales, la CIC est estimée à partir de deux populations différentes.

Graphique 1. Courbe CIC (1991-2011)

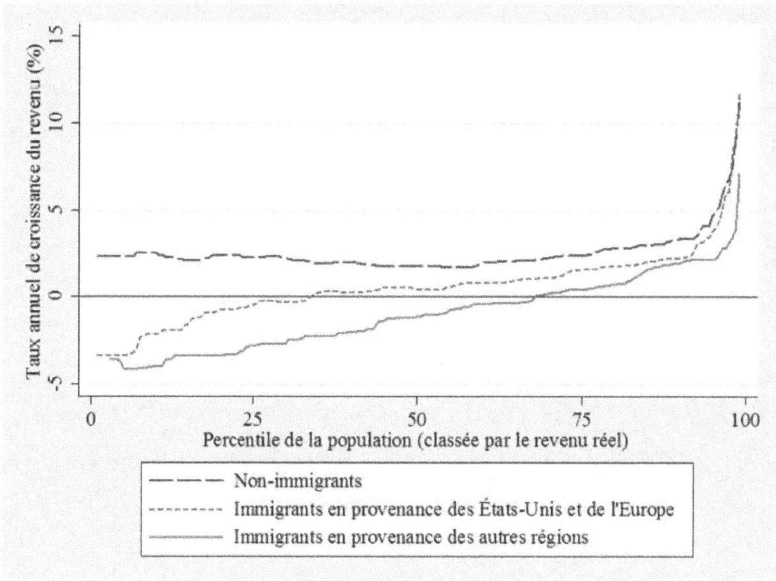

Sources : Fichiers de microdonnées à grande diffusion des recensements de 1991 et 2011, Statistique Canada ; calculs et présentation des auteurs.

Graphique 2. Courbe CIC (1991-1996)

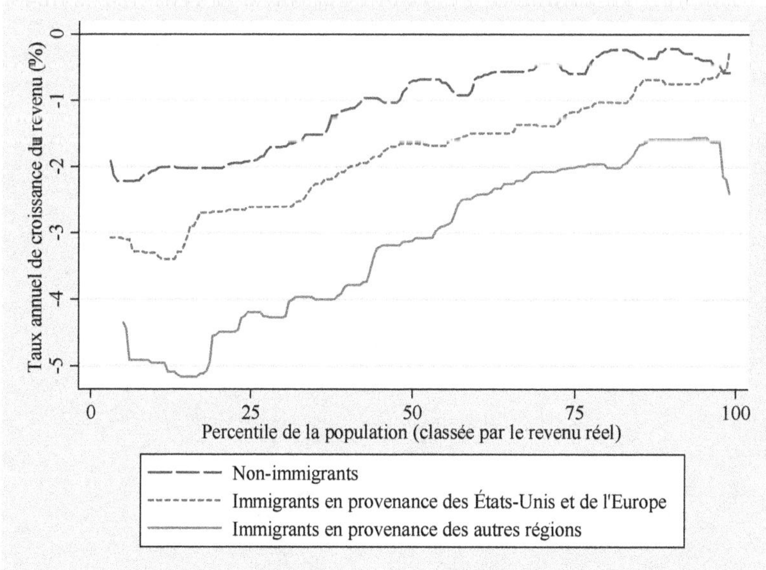

Sources : Fichiers de microdonnées à grande diffusion des recensements de 1991 et 1996, Statistique Canada ; calculs et présentation des auteurs.

Graphique 3. Courbe CIC (1996-2006)

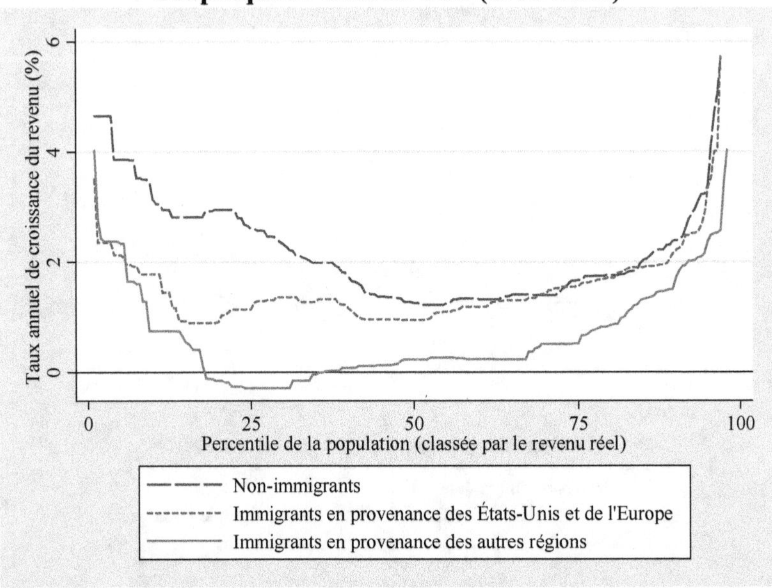

Sources : Fichiers de microdonnées à grande diffusion des recensements de 1996 et 2006, Statistique Canada ; calculs et présentation des auteurs.

Graphique 4. Courbe CIC (2006-2011)

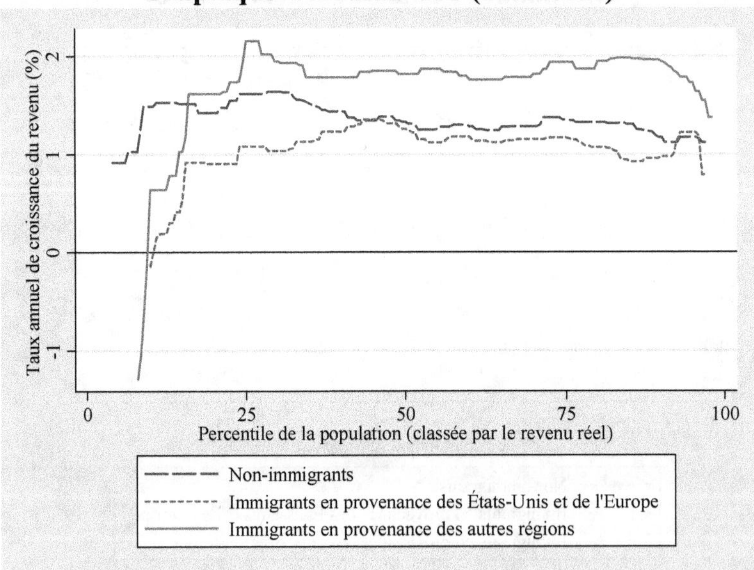

Sources : Fichiers de microdonnées à grande diffusion des recensements de 2006 et 2011, Statistique Canada ; calculs et présentation des auteurs.

4. DÉTERMINANTS DES ÉCARTS DE REVENU

Nous cherchons à identifier les sources de l'écart de revenu entre les immigrés du Sud et les natifs, et de repérer si des changements particuliers se sont produits entre 1996 et 2011[6]. De manière générale pour chaque groupe, le logarithme du revenu réel est expliqué à partir des variables suivantes : sexe, groupe d'âge, plus haut diplôme obtenu, connaissance des langues officielles, province de résidence, profession et travail à plein temps[7].

Le tableau 3 présente les résultats de l'estimation des équations de revenu pour 1996 et 2011. Les variables liées aux caractéristiques socio-démographiques, à savoir le genre et l'âge, sont significatives et jouent dans le sens attendu sur le revenu : le fait d'être un homme et d'avoir une expérience professionnelle exerce un effet positif sur le niveau de revenu.

La détention d'un diplôme fait également augmenter le revenu des immigrés. Néanmoins, l'effet est moins rentable chez les immigrés que chez les natifs, quel que soit le niveau de diplôme. Le changement dans les pays d'origine des immigrés peut expliquer ce résultat (Boudarbat et Grenier, 2014). Les immigrés non occidentaux peuvent en effet avoir des difficultés à faire reconnaitre et à valoriser les compétences et diplômes acquis dans leur pays d'origine. Cela renvoie au problème de la transférabilité des compétences acquises à l'étranger. D'autres facteurs sociaux, économiques et institutionnels, comme un éventuel dualisme ou une possible segmentation du marché du travail peuvent également réduire le rendement de l'éducation chez les immigrés du Sud. Comme le soulignent certains auteurs, les nouveaux arrivants peuvent être contraints dans un premier temps d'accepter des emplois sous-qualifiés, limitant la correspondance de l'emploi occupé avec leur niveau de compétence dans le processus d'accès au marché du travail (Boyd, 2013 ; Kaushal et al., 2015).

La plupart des études mettent l'accent sur le fait que parler la langue officielle du pays d'accueil constitue un facteur important de l'intégration des immigrés, en particulier sur le marché du travail (Chiswick et Miller, 2001 ; 2003 ; 2007 ; Chiswick et al., 2006). Si les immigrés qualifiés sont sélectionnés au Canada en fonction de leur connaissance du français et/ou de l'anglais, cette connaissance n'est pas exigée de leur conjoint ou enfants reçus au titre du regroupement familial ainsi que des réfugiés. Le groupe linguistique (connaissance des langues officielles) a une incidence marquée sur la « réussite » économique des immigrants. Deux résultats s'imposent. La connaissance des deux langues officielles est positivement associée au revenu chez les immigrés (et négativement pour les allophones) par rapport aux seuls anglophones. Il est à noter qu'entre 1996 et 2011, l'apport en termes de revenu de la maîtrise du français par rapport à l'anglais n'est plus significatif pour les immigrés. En cela, la composition de la population immigrée selon le pays d'origine a changé. La

[6] Nous n'avons pas considéré ici l'année 1991 car des changements dans la classification des professions entre le recensement de 1991 et les suivants ne les rendent pas directement comparables.

[7] Les sous-catégories des variables explicatives sont transformées en variables dichotomiques prenant la valeur 1 si la personne appartient à la catégorie et 0 sinon.

proportion venant de l'Europe du Sud et de l'Est ainsi que de l'Asie de l'Est a diminué, et celle venant de l'Asie du Sud et des Caraïbes, de l'Amérique centrale et de l'Amérique du Sud a augmenté au cours des années 2000 (Hou et Picot, 2016). Or, cette population immigrée maîtrise en premier lieu l'anglais. Nous retrouvons pour une part les résultats de Statistique Canada (2016) montrant que les immigrants qui ne connaissent que le français sont désavantagés au cours des années 2000 par rapport aux anglophones et aux bilingues.

Tableau 3. Estimation des équations de revenu

	Natifs		Immigrés du Sud			
	Modèle 1		Modèle 1		Modèle 2	
	1996	2011	1996	2011	1996	2011
Homme	0.319***	0.220***	0.185***	0.097***	0.197***	0.099***
	(101.21)	(69.59)	(20.98)	(13.95)	(22.88)	(14.44)
Groupe d'âge (référence : 24-29 ans)						
30-34 ans	0.195***	0.188***	0.110***	0.153***	0.100***	0.142***
	(43.26)	(39.14)	(7.88)	(12.75)	(7.33)	(11.96)
35-39 ans	0.291***	0.288***	0.212***	0.236***	0.179***	0.207***
	(65.11)	(59.18)	(15.35)	(20.42)	(13.18)	(18.05)
40-44 ans	0.336***	0.341***	0.261***	0.277***	0.198***	0.224***
	(73.03)	(70.80)	(18.57)	(24.47)	(14.32)	(19.79)
45-49 ans	0.355***	0.376***	0.330***	0.271***	0.222***	0.192***
	(74.12)	(80.93)	(22.80)	(23.86)	(15.37)	(16.81)
50-54 ans	0.384***	0.399***	0.325***	0.292***	0.180***	0.188***
	(73.67)	(86.28)	(20.26)	(24.58)	(11.05)	(15.56)
Diplôme le plus élevé (référence : aucun diplôme)						
Diplôme d'études secondaires	0.115***	0.106***	0.007	-0.003	0.023*	0.003
	(28.79)	(20.63)	(0.60)	(-0.25)	(1.89)	(0.27)
Diplôme d'une école de métiers, collège	0.184***	0.220***	0.086***	0.047***	0.091***	0.069***
	(49.22)	(45.60)	(7.19)	(4.16)	(7.80)	(6.17)
Baccalauréat	0.348***	0.467***	0.147***	0.093***	0.177***	0.143***
	(64.95)	(80.76)	(10.32)	(7.81)	(12.70)	(12.01)
Diplôme univ. supérieur au bac.	0.403***	0.527***	0.162***	0.056***	0.208***	0.121***
	(37.30)	(51.68)	(5.54)	(3.14)	(7.30)	(6.89)
Diplôme en médecine	0.720***	0.976***	0.412***	0.263***	0.458***	0.326***
	(36.97)	(48.43)	(10.06)	(8.34)	(11.41)	(10.44)
Maîtrise	0.446***	0.570***	0.283***	0.086***	0.335***	0.166***
	(49.36)	(69.14)	(12.78)	(5.89)	(15.46)	(11.31)
Doctorat acquis	0.472***	0.658***	0.394***	0.227***	0.517***	0.323***
	(21.15)	(34.30)	(9.67)	(7.94)	(12.95)	(11.37)
Connaissance des langues officielles (référence : Anglais)						
Français	-0.064***	-0.029***	0.049*	0.010	0.048*	0.039**
	(-9.71)	(-4.25)	(1.88)	(0.54)	(1.89)	(2.04)
Anglais et français	0.007	0.032***	0.097***	0.067***	0.039**	0.049***
	(1.47)	(6.69)	(6.00)	(5.24)	(2.45)	(3.89)
Aucune langue officielle	-0.153**	-0.113	-0.187***	-0.150***	-0.081***	-0.088***
	(-2.17)	(-1.48)	(-9.72)	(-9.90)	(-4.24)	(-5.81)
Profession (référence : personnes n'ayant pas travaillé)						
Gestion	0.383***	0.438***	0.281***	0.324***	0.250***	0.271***
	(28.74)	(46.92)	(8.46)	(19.19)	(7.70)	(16.17)
Affaires, finance et administration	0.228***	0.206***	0.263***	0.171***	0.230***	0.125***
	(17.77)	(23.19)	(8.37)	(11.49)	(7.49)	(8.43)
Sciences naturelles et appliquées et professions apparentées	0.346***	0.329***	0.451***	0.424***	0.408***	0.382***
	(24.71)	(33.32)	(13.11)	(25.68)	(12.14)	(23.25)
Secteur de la santé	0.474***	0.386***	0.527***	0.423***	0.481***	0.377***
	(33.92)	(38.52)	(15.02)	(23.46)	(14.02)	(21.06)
Sciences sociales, enseignement, administration publique et religion	0.343***	0.196***	0.339***	0.171***	0.283***	0.127***
	(25.04)	(20.68)	(9.26)	(9.56)	(7.91)	(7.16)

Arts, culture, sports et loisirs	0.018	-0.040***	0.034	-0.073***	0.003	-0.130***
	(1.20)	(-3.43)	(0.77)	(-2.60)	(0.07)	(-4.70)
Ventes et services	-0.025**	-0.004	-0.065**	-0.175***	-0.049	-0.190***
	(-2.00)	(-0.47)	(-2.12)	(-12.21)	(-1.62)	(-13.33)
Métiers, transport et machinerie	0.124***	0.126***	0.137***	-0.070***	0.122***	-0.098***
	(9.57)	(13.79)	(4.19)	(-4.19)	(3.81)	(-5.97)
Professions propres au secteur primaire	-0.050***	-0.037***	-0.182***	-0.222***	-0.145***	-0.233***
	(-3.53)	(-3.14)	(-3.83)	(-5.62)	(-3.11)	(-5.95)
Transformation, fabrication et services d'utilité publique	0.169***	0.135***	0.071**	-0.068***	0.084***	-0.086***
	(12.49)	(12.25)	(2.23)	(-3.87)	(2.72)	(-4.96)
Travail à plein temps ou à temps partiel (référence : autres)						
Travail à plein temps	0.929***	1.053***	0.845***	1.162***	0.797***	1.166***
	(79.45)	(126.36)	(30.20)	(85.07)	(29.14)	(86.21)
Travail à temps partiel	0.203***	0.310***	0.169***	0.444***	0.150***	0.468***
	(16.76)	(34.13)	(5.64)	(28.10)	(5.12)	(29.88)
Région métropolitaine de recensement	0.080***	0.052***	-0.052***	-0.093***	-0.008	-0.142***
	(27.54)	(17.13)	(-2.91)	(-5.27)	(-0.48)	(-8.04)
Lieu de résidence (référence : Île-du-Prince-Édouard, Nouvelle-Écosse, Nouveau-Brunswick et autres régions)						
Québec	0.077***	0.029***	-0.040	-0.076*	-0.043	-0.159***
	(11.49)	(4.28)	(-0.84)	(-1.69)	(-0.94)	(-3.56)
Ontario	0.189***	0.075***	0.154***	0.021	0.134***	-0.083*
	(37.52)	(14.09)	(3.41)	(0.47)	(3.04)	(-1.92)
Manitoba	-0.011	0.029***	0.004	-0.057	-0.052	-0.103**
	(-1.37)	(3.35)	(0.08)	(-1.19)	(-1.03)	(-2.19)
Saskatchewan	0.007	0.089***	-0.113*	-0.002	-0.136**	-0.012
	(0.81)	(10.08)	(-1.72)	(-0.04)	(-2.12)	(-0.22)
Alberta	0.077***	0.149***	0.020	0.056	-0.016	-0.023
	(12.50)	(24.10)	(0.43)	(1.27)	(-0.36)	(-0.52)
Colombie-Britannique	0.127***	0.100***	0.069	0.004	0.053	-0.099**
	(21.69)	(16.09)	(1.51)	(0.09)	(1.20)	(-2.26)
Durée d'immigration (référence : arrivée depuis moins de 5 ans)						
Plus de 25 ans					0.510***	0.375***
					(32.23)	(33.91)
16 - 25 ans					0.399***	0.256***
					(36.10)	(28.70)
6 - 15 ans					0.256***	0.154***
					(24.78)	(18.63)
Constante	8.308***	8.376***	8.501***	8.626***	8.306***	8.633***
	(1153.11)	(1067.24)	(177.91)	(185.49)	(176.59)	(187.62)
R^2	0.395	0.389	0.322	0.362		
Nombre d'observations	261760	263572	34466	62617		

Variable dépendante : logarithme du revenu réel.
*Légende : Les t de student sont indiqués entre parenthèses. *** résultat significatif au seuil 0.01, ** résultat significatif au seuil 0.05, * résultat significatif au seuil 0.10.*
Sources : Fichiers de microdonnées à grande diffusion des recensements de 1996 et 2011, Fichiers des particuliers, Statistique Canada ; calculs et présentation des auteurs.

Le choix de la localisation a plus d'incidence sur le revenu pour les natifs que pour les immigrés, pour lesquels le choix du lieu de résidence est rarement significatif. Au début des années 2000, les politiques migratoires ont revu leurs objectifs afin de répondre aux besoins des provinces en matière de demande de main-d'œuvre. Certains programmes existants ont été élargis et de nouveaux programmes ont été mis en place. La proportion d'immigrants sélectionnés dans le cadre de ces programmes a augmenté favorisant leur répartition géographique sur le territoire canadien. Ils étaient ainsi moins nombreux à s'établir à Toronto et plus nombreux à opter pour l'Ouest (Hou et Picot, 2016).

En comparant l'effet des différentes professions sur le revenu par rapport à l'inactivité, nous constatons que les résultats sont très hétérogènes selon le groupe et selon la profession. En 1996, tant chez les natifs que chez les immigrés, les catégories « Gestion » et « Secteur de la santé » se placent parmi les premières en termes d'effet sur le revenu. Le rendement de « Sciences naturelles et appliquées et professions apparentées » est également important, surtout chez les immigrés. En 2011, la catégorie « Gestion » devient la profession la plus rentable pour les natifs, alors que les catégories « Secteur de la santé » et « Sciences naturelles » ont toujours l'effet le plus important sur le revenu concernant les immigrés du Sud. Certains métiers, notamment la vente, les arts, les professions propres au secteur primaire, sont peu rémunérateurs pour les immigrés. De plus, comme attendu, l'exercice d'un emploi à temps plein améliore le revenu. Son effet est plus important pour les immigrés que pour les natifs en 2011, alors que c'était le cas inverse en 1996.

Enfin, dans le modèle 2, nous cherchons à appréhender l'effet sur le revenu des immigrés du temps passé sur le territoire canadien depuis l'année d'immigration. L'introduction de cette variable ne modifie pas l'effet des autres variables explicatives du modèle. Que ce soit en 1999 ou en 2011, plus la durée d'immigration est longue, plus le revenu augmente. Les cohortes les plus récentes (celles des immigrés arrivés depuis moins de cinq ans) présentent les revenus les plus faibles, rejoignant les thèses développées par la théorie de l'assimilation.

5. DÉCOMPOSITION DE L'ÉCART DE REVENU ENTRE CANADIENS DE NAISSANCE ET IMMIGRÉS

Pour identifier les sources des écarts de croissance du revenu des immigrés du Sud et des natifs entre 1996 et 2011, nous utilisons la méthode de décomposition des moyennes de Blinder-Oaxaca. Elle permet, d'une part, de mesurer l'influence des caractéristiques individuelles (en particulier le niveau d'éducation, la profession, la langue maternelle – trois des principaux critères utilisés dans la sélection des immigrés) et, d'autre part, de déterminer l'influence des facteurs non observés, tels que la discrimination et la non-reconnaissance des diplômes et de l'expérience acquise avant l'immigration, sur l'écart de revenu entre les deux groupes.

Nous supposons deux équations de revenu, celles de 1996 et de 2011 :

$$\log y_i = \beta^{t_0} X_i + \mu_i^{t_0} \qquad \text{pour } t_0 \tag{1}$$

$$\log y_i = \beta^{t_1} X_i + \mu_i^{t_1} \qquad \text{pour } t_1 \tag{2}$$

où y_i est le revenu des immigrés et $X_i = \{x_{k,i}\}$ ($k = 1,2,\cdots,K$) le vecteur qui définit les caractéristiques individuelles. En fait, nous pouvons considérer les coefficients, β^{t_0} et β^{t_1}, comme le « rendement » des attributs individuels.

Après avoir estimé (1) et (2), nous obtenons :

$$\Delta \log y = \log \widetilde{y}_{t_1} - \log \widetilde{y}_{t_0} = \hat{\beta}^{t_0}(\overline{X}_{t_1} - \overline{X}_{t_0}) + (\hat{\beta}^{t_1} - \hat{\beta}^{t_0})\overline{X}^{t_1} \tag{3}$$

où $\widetilde{y}_{t_1}$ et $\widetilde{y}_{t_0}$ sont les moyennes géométriques du revenu prédit des deux points du temps t_0 et t_1 ; $\Delta \log y$ représente la variation de revenu pendant cette période. $\hat{\beta}^{t_0}(\overline{X}_{t_1} - \overline{X}_{t_0})$ – *l'effet principal* – capture l'impact du changement des attributs des immigrés : changement de capital humain, transfert des travailleurs de secteurs à productivité faible vers des secteurs à productivité élevée, transfert de métiers à bas salaire vers des métiers qualifiés, etc. $(\hat{\beta}^{t_1} - \hat{\beta}^{t_0})\overline{X}^{t_1}$ – *l'effet temporel* – capture l'impact de la variation du « rendement » des divers attributs : rendement de l'éducation, premiums sectoriels spécifiques, disparités régionales, etc.

Le tableau 4 présente les résultats de cette décomposition. La première partie du tableau présente la croissance totale du revenu (en logarithme) ainsi que l'effet principal total – l'impact du changement de l'ensemble des attributs – et l'effet temporel total – l'impact de la variation du rendement de l'ensemble des attributs. La deuxième partie du tableau présente, pour les principaux attributs, les effets agrégés principal et temporel. Les figures 5 et 6 illustrent pour les deux principaux facteurs les effets principal et temporel des diverses catégories, introduites sous forme de variables muettes.

Les résultats montrent que la croissance du revenu est dominée par l'effet temporel, à savoir l'évolution du rendement des caractéristiques individuelles. La partie expliquée par le changement des paramètres des équations de revenu représente respectivement 57,5% et 69,1% de la croissance totale du revenu réel chez les natifs et chez les immigrés.

L'effet temporel est positif, montrant pour les natifs une augmentation du rendement de leur éducation entre 1996 et 2011, à la différence des immigrés qui ont connu une diminution significative (-50,1%). L'impact des divers diplômes sur la croissance de revenu est illustré dans la figure 5 où sont représentés l'effet principal et l'effet temporel de chaque diplôme. Pour les natifs, le rendement s'accroît pour tous les niveaux de diplôme (effet temporel positif), en particulier pour le diplôme collégial, le baccalauréat et le diplôme en médecine acquis par un nombre croissant de natifs (effet principal positif). Au contraire, le rendement des diplômes s'est détérioré pour les immigrés (effet temporel négatif) et l'effet principal des divers niveaux de diplôme est peu important. Il semblerait donc que les modifications apportées aux procédures de sélection des immigrés afin de relever leur niveau d'éducation et d'accroître la proportion de travailleurs qualifiés aient été peu efficaces de ce point de vue car elles se sont traduites souvent par une déqualification professionnelle des nouveaux arrivants. Cela peut s'expliquer par plusieurs facteurs comme une moindre reconnaissance des diplômes et de l'expérience ou différentes formes de discrimination.

L'effet principal de la connaissance des langues officielles est négligeable, alors que son effet temporel se renforce de 1996 à 2011. Cet effet temporel est négatif pour les immigrés du Sud, traduisant une baisse du rendement de la connaissance des langues officielles.

Tableau 4. Décomposition de la croissance de revenu (1996-2011)

	Natifs		Immigrés du Sud	
	Effet	%	Effet	%
Logarithme du revenu réel en 2011	10.117		9.823	
Logarithme du revenu réel en 1996	9.935		9.710	
Croissance totale du revenu (en logarithme)	0.182	100.0	0.113	100.0
Effet principal total	0.077	42.5	0.035	30.9
Effet temporel total	0.105	57.5	0.078	69.1
Contribution des divers facteurs à la croissance de revenu				
Homme				
Effet principal	-0.008	-4.4	-0.007	-6.6
Effet temporel	-0.050	-27.5	-0.041	-36.2
Groupe d'âge				
Effet principal	0.012	6.3	0.020	18.0
Effet temporel	0.001	0.6	...	0.1
Plus haut certificat, diplôme ou grade				
Effet principal	0.035	19.3	0.026	23.0
Effet temporel	0.041	22.3	-0.057	-50.1
Connaissance des langues officielles				
Effet principal	0.001	0.7	0.002	1.7
Effet temporel	0.010	5.7	-0.003	-3.1
Profession				
Effet principal	0.016	8.7	0.017	14.6
Effet temporel	-0.023	-12.4	-0.082	-72.5
Travail à plein temps ou à temps partiel				
Effet principal	0.014	7.6	-0.019	-16.6
Effet temporel	0.110	60.1	0.255	225.3
Autres facteurs	0.023	12.8	0.003	2.3

Légende : "..." signifie que la valeur absolue est inférieure à 0.001.
Sources : Fichiers de microdonnées à grande diffusion des recensements de 1996 et 2011, Fichiers des particuliers, Statistique Canada ; calculs et présentation des auteurs.

Le taux d'emploi s'améliore sur la période (effet principal de la profession positif) et explique respectivement 8,7% et 14,6% de la croissance de revenu chez les natifs et chez les immigrés. Par rapport aux personnes n'ayant pas travaillé (se caractérisant par une rémunération relativement faible), le rendement agrégé des diverses professions a significativement diminué pendant la période étudiée (effet temporel négatif), et de façon beaucoup plus forte pour les immigrés. Les effets principal et temporel de chaque profession sont donnés dans le Graphique 6. Nous observons que la catégorie « Sciences naturelles » a connu une augmentation relativement importante de l'effet principal chez les immigrés, mais une baisse du rendement de ces professions. D'autres professions, comme les professions propres au secteur primaire, les « arts, culture et sports » et la « transformation » ont les deux effets négatifs, c'est-à-dire que à la fois le rendement de ces professions sur le marché du travail a diminué et que leur proportion dans le total a diminué. La baisse du rendement est nettement plus prononcée pour les immigrés que pour les natifs.

Graphique 5. Contribution à la croissance de revenu des diplômes

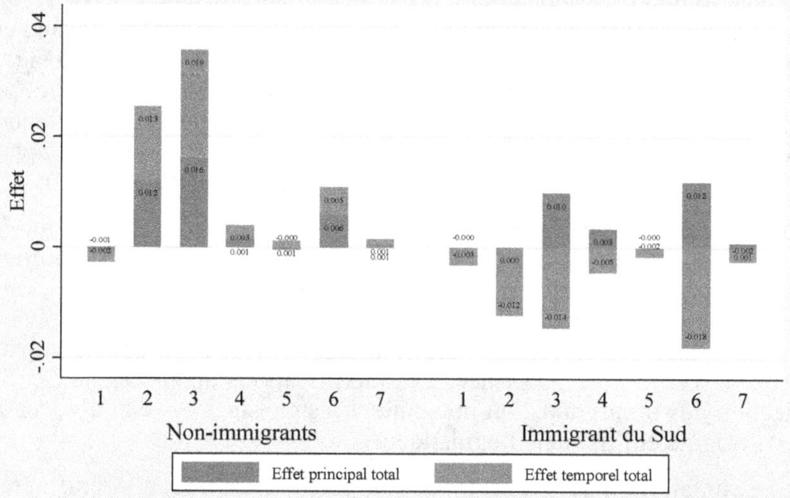

Note: 1-Diplôme d'études secondaires; 2-Diplôme d'une école de métiers, collégial; 3-Baccalauréat; 4-Diplôme universitaire supérieur au baccalauréat; 5-Diplôme en médecine; 6-Maîtrise; 7-Doctorat acquis. Reference: Aucun diplôme.

Sources : Fichiers de microdonnées des recensements de 1996 et 2011, Fichiers des particuliers, Statistique Canada ; calculs et présentation des auteurs.

Graphique 6. Estimation des équations de revenu

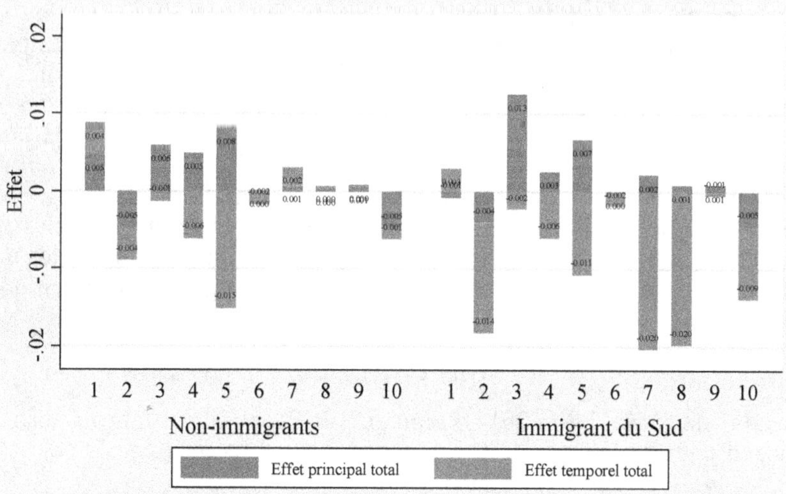

Note: 1-Gestion; 2-Affaires, finance et administration; 3-Sciences naturelles et appliquées et professions apparentées; 4-Secteur de la santé; 5-Sciences sociales, enseignement, administration publique et religion; 6-Arts, culture, sports et loisirs; 7-Ventes et services; 8-Métiers, transport et machinerie; 9-Professions propres au secteur primaire; 10-Transformation, fabrication et services d'utilité publique. Reference: Personnes n'ayant pas travaillé.

Sources : Fichiers de microdonnées des recensements de 1996 et 2011, Fichiers des particuliers, Statistique Canada ; calculs et présentation des auteurs.

5. CONCLUSION

Il apparaît fondamental de comprendre les mécanismes à l'œuvre dans la persistance d'inégalités entre populations immigrée et native du Canada et d'en cerner les causes, d'autant que l'immigration est aujourd'hui hétérogène. Notre étude a cherché ainsi à savoir à quel point les disparités de revenus observées entre immigrés du Sud et Canadiens de naissance sont liées aux différences de caractéristiques individuelles (genre, éducation, profession, etc.) comparativement à des facteurs non observés (discrimination, sous-qualification...).

Au cours des années 1990 et 2000, des modifications majeures ont été apportées aux politiques en matière de sélection des immigrés. Ces modifications visaient, en partie, à améliorer la situation économique des immigrés. En effet, au cours des années 1980 et au début des années 1990, plusieurs travaux ont montré que les revenus des nouveaux immigrés avaient diminué comparativement aux Canadiens de naissance. Les modifications apportées aux politiques de sélection des immigrants ont notamment insisté sur le niveau d'éducation, la région d'origine et l'habileté linguistique.

Nos résultats montrent que le revenu réel au Canada a connu après une baisse générale un redressement entre 1996 et 2011. Durant toute cette période, les immigrés restent dans l'ensemble caractérisés par un niveau de revenu inférieur à celui des natifs. Les immigrés originaires de pays autres que l'Europe et les Etats-Unis ont été les plus atteints. Les résultats de l'estimation des équations entre 1996 et 2011 indiquent que l'influence sur le revenu de ces migrants du niveau d'éducation et de qualification est moins significative pour les immigrés du Sud que pour les natifs. Il semble que la plus grande partie de l'évolution de revenu est expliquée par des facteurs inobservables, comme la non transférabilité des compétences et expériences acquises ou une possible segmentation et discrimination sur le marché du travail. Il serait donc requis d'améliorer les politiques de sélection et d'intégration économique des immigrés. Il est à noter qu'en janvier 2015, le gouvernement fédéral a de nouveau modifié sa politique migratoire et a adopté un modèle de sélection qui repose sur la demande de travail, soit un modèle de « déclaration d'intérêt » en vertu duquel les candidatures sont classées en fonction des intérêts exprimés par les employeurs. Il serait donc intéressant dans une étude future de saisir les modifications induites par ce programme en termes d'intégration économique des immigrés.

REFERENCES

Akbari, A., MacDonald, M., 2014, "Immigration Policy in Australia, Canada, New Zealand and the United States : An Overview of recent trends", *International Migration Review,* 48(3), pp. 801-822.

Aydemir, A., Skuterud, M., 2005, "Explaining the deteriorating entry earnings of Canada's immigrant cohorts, 1966-2000", *Revue canadienne d'économie*, 38(2), pp. 641- 672.

Beach, C., Green, A., Worswick, C., 2009, "Improving Canada's Immigration Policy," e-briefs 87, C.D. Howe Institute.

Blinder, A. S., 1973, "Wage Discrimination: Reduced Form and Structural Estimates", *Journal of Human Resources*, 8(4), pp. 436-455.

Bonikowska, A., Hou, F., Picot, G., 2011, "Les immigrants très scolarisés obtiennent-ils des résultats différents sur le marché du travail au Canada et aux États-Unis ? , Statistique Canada, *Direction des études analytiques : documents de recherche*, Catalogue n° 11F0019M – n° 329.

Boucher, A., Cerna, L., 2014, Current Policy Trends in Skilled Immigration Policy, *International Migration*, 52, pp. 21-25.

Boudarbat, B., Grenier, G., 2014, *L'impact de l'immigration sur la dynamique économique du Québec*, Rapport remis au ministère de l'Immigration, de la Diversité et de l'Inclusion.

Boyd, M., 2013, « Accreditation and the labor market integration of internationnally trained engineers and physicians in Canada" in T. Triadafilopoulos (Ed), *Wanted and Welcome? Policies for Highly Skilled Immigrants in Comparative Perspective*, New York, pp. 165-197.

Buzdugan, R., Halli, S.S., 2009, "Labour Market Experience of Canadian Immigrants with Focus on Foriegn Education and Experience", *International Migration Review*, 2(43), pp. 366-386.

Chriswick, B. R., Miller, P.W., 2003, « The complementarity of language and other human capital : immigrant earnings in Canada", *Economics of Education Review*, 5(22), pp. 469-480.

Chriswick, B., Miller, P.W., 2009, "Educational mismatch: Are high-skilled immigrants really working at high-skilled jobs and the price they pay if they aren't?", *IZA Discussion Paper* 4280.

Coulombe, S., Grenier, G., Nadeau, S., 2014, « Quality of Work Experience and Economic Development: Estimates using Canadian Immigrant Data", *Journal of Human Capital,* vol. 8(3), pp. 199-234.

Frenette, M., 2002, « La détérioration des gains des immigrants s'étend-elle aux immigrants qui travaillent de façon autonome ? », Statistique Canada, Direction des études analytiques : documents de recherche, Catalogue n° 11F0019MIF – n° 195.

Hou, F., 2013, "Immigrant entry earnings over the past quarter century: The roles of changing characteristics and returns to skills", *Canadian Studies in Population*, vol. 40 (3-4), pp. 149 à 163.

Hou, F., Picot, G., 2016, Évolútion des caractéristiques des immigrants et de leurs revenus initiaux, Statistique Canada, Direction des études analytiques : documents de recherche.

Kaushal, N., Lu, Y., 2014, "Recent Immigration to Canada and the United States: A mixed tale of positive and negative relative selection", *International Migration Review*.

Kaushal, N., Lu, Y., Denier, N., Wang, J. S-H., Trejo, S. J., 2015, "Immigrant Employment and Earnings Growth in Canada and the US: Evidence from Longitudinal Data", *IZA Discussion Paper* No 9495, 45p.

Kazemipur, A., Halli, S. S., 2000a, « The Colour of Poverty: A Study of the Poverty of Ethnic and Immigrant Groups in Canada », *International Migration*, vol. 38, n° 1, pp. 69-88.

Kazemipur, A., Halli, S. S., 2000b, « The Invisible Barrier: Neighbourhood Poverty and Integration of Immigrants in Canada », *Journal of International Migration and Integration*, 1(1), pp. 85-100.

Pendakur, K., Pendakur, R., 1998, « The colour of money: earnings differentials among ethnic groups in Canada », *Canadian Journal of Economics*, 31(3), pp. 518-548.

Piché, V., Renaud, J., Gingras, L., 2002, « L'insertion économique des nouveaux immigrants dans le marché du travail à Montréal : une approche longitudinale », *Population*, 57e année, 1, pp. 63-89.

Oaxaca, R., 1973, « Male-female wage differentials in urban labor markets », *International Economic Review*, 14(3), pp. 693-709.

Oaxaca, R., Ransom, M., 1994, "On discrimination and the decomposition of wage differentials," *Journal of Econometrics*, 61(1), pp. 5-21.

OCDE, 2009, *L'intégration des immigrés et de leurs enfants sur le marché du travail*, Forum politique à haut niveau sur les migrations, Paris, 29-30 juin.

Picot, G., Sweetman, A., 2012. Making it in Canada: Immigration outcomes and policies. *Étude de l'IRPP*, 29, Montréal : Institut de recherche en politiques publiques.

Picot, G., Sweetman, 2005, The Deteriorating Economic Welfare of Immigrants and Possible Causes, Statistique Canada.

Picot, G., Hou, F., Coulombe, S., 2007, « Chronic low income and low-income dynamics among recent immigrants », Statistics Canada, Analytical Studies Branch research paper series, n° 294.

Ravallion, M., Chen, S., 2001, « Measuring Pro-Poor Growth », *Policy Research Working Paper*, n° 2666, Washington D. C., The World Bank.

Reitz, J, 2007, « Immigrant employment success in Canada, Part II: Understanding the decline », *Journal of International Migration and Integration*, 8(1).

Reitz, J., Curtis, J., Elrick, J., 2014, "Immigrant Skill Utilization: Trends and Policy Issues", *Journal of International Migration and Integration*, 15(1), pp. 1-26.

Statistique Canada, 2016, L'intégration économique des immigrants de langue française hors Québec. Une approche longitudinale.

Zhu, N., Aboubacar, S., 2014, « La discrimination dans le revenu et l'intégration des immigrants au Canada », Cirano, Série Scientifique, 14 p.

THE EVOLUTION OF INCOME INEQUALITIES BETWEEN NATIVE-BORNS CANADIANS AND IMMIGRANTS

Abstract *- This study examines the evolution of the income gap between native-borns Canadians and non European and non American immigrants between 1991 and 2011. We use the Blinder-Oaxaca decomposition method to evaluate the role of intrinsic factors (gender, education, occupation...) and unobserved factors (discrimination, under-qualification...) on the widening of income disparities between Immigrants and native-born Canadians.*

Key-words - IMMIGRANTS, INCOME, HUMAN CAPITAL, DISCRIMINATION, CANADA

THE ECONOMICS OF FORCED DISPLACEMENT: AN INTRODUCTION

Paolo VERME[*]

Abstract - *Forced displacement – defined as the displacement of refugees and Internally Displaced Persons (IDPs) due to violence – has reached an unprecedented scale and global attention during the past few years, particularly in the aftermath of the Syrian refugee crisis in 2011 and the European Union's migration crisis in 2015. As this plight gained momentum, economics found itself unprepared to answer the basic questions surrounding refugees and IDPs. Few economists or institutions were working on forced displacement. Economic theory or empirics had little to offer in terms of articles published in journals. Data were found to be scarce, unreliable or inaccessible. Can economics rise to the challenge? Is the economics of forced displacement different from neoclassical economics? Can we use off the shelves models to study forced displaced populations? What are we missing to do the economics of forced displacement? What are the data constraints that limit economists in this work? This paper provides a first non-technical introduction to these topics. We argue that the modelling of utility, choice, risk and information in a short-term setting is the key to address the problem. Neoclassical economics lacks some of the theoretical ingredients that are needed but recent developments in game theory, neuroeconomics and behavioral economics have opened new horizons that make the task of modelling forced displacement within reach. Empirics is clearly limited by the scarcity of quality data but an example shows how welfare economists can start working with existing data. Economists have no excuse to maintain the status quo and should get on with the work on forced displacement.*

Keywords - REFUGEES, INTERNALLY DISPLACED PERSONS, FORCED DISPLACEMENT, CONFLICT

JEL classification - F22, K37, O15, R22, D74, F51

[*] World Bank.

1. INTRODUCTION

Forced displacement[1], is part of human history and achieved its peaks in the 20th century during World War I and II. Since the end of World War II, the nature of conflict has changed with intra-national conflicts dominating international conflicts but the number of refugees, Internally Displaced Persons (IDPs) and other forcibly displaced people have been growing steadily nevertheless. In 2015, the total number of forcibly displaced persons was the largest since 1950 when the global counts started[2].

The growth in numbers has accelerated during the past two decades mainly due to the Somalia, Iraq, Afghanistan and South Sudan conflicts. More recently, the Syrian conflict started in 2011 and the EU migration crisis of 2015 brought the plight of the forcibly displaced to global attention so that today the challenge is both with the numbers of people in need of assistance and with the political sensitivity of the forced migration issue. The Syrian crisis, immigration from poor to rich countries and extremist groups perpetrating violence and causing forced displacement in countries as diverse as Iraq, Nigeria or Afghanistan are now household topics at the center of daily news that can determine the outcome of national elections.

In this new global scenario, the economics profession has been surprisingly silent. Studies on refugees and IDPs have always been marginal in economics partly because of lack of data and partly because these were topics thought to belong to the humanitarian rather than development sphere. Studies on refugees focused on assistance, protection programs, or service delivery mostly from a humanitarian perspective and mostly in the form of reports rather than academic articles. More recently, economic research turned to assess the impact of refugees on host communities but these studies focused on outcomes and remained short of developing the economics of forced displacement (Sarvimäki et al., 2009; Baez, 2011; Ruiz and Vargas-Silva, 2013; Kreibaum, 2016). Other disciplines such as health, sociology or demography[3] have been more pro-active in conceptualizing forced displacement but theories of forced displacement have been hard to come by and published articles in top journals are very rare.

In this paper, we provide a non-technical introduction to the economics of forced displacement. We will first make the case for the need of economics to step in by reviewing the facts about forced displacement in section 2. We then discuss how the economics of forced displacement may deviate from neoclassical economics and how recent developments in economics can actually offer new instruments to model forced displacement. This is done from the perspective of utility theory and modelling choice. Next, we discuss data issues that are currently preventing economists from working on forced displacement. Section

[1] For the purpose of this paper, we define forced displacement as the displacement of people due to violence. This is a narrower definition of the term as used elsewhere, which may include displacement due to natural disasters.
[2] http://www.unhcr.org/en-us/figures-at-a-glance.html.
[3] The journal that publishes more frequently about refugees is Social Science and Medicine followed by multidisciplinary journals such as Migration Letters.

5 will provide a concrete example of how economics research can serve policy makers and improve the lives of refugees, IDPs and their hosts. Section 6 concludes.

2. SOME FACTS

The United Nations High Commissioner for Refugees (UNHCR) reports that at the end of 2015 there were 65.3 million forcibly displaced people worldwide.[4] This number includes 21.3 m. refugees and about 10 m. stateless people with the rest mostly being accounted for by Internally Displaced Persons (IDPs). The forcibly displaced population accounts therefore for about 0.9 percent of the world population estimated at 7.3 bn people in 2015. The latest estimate of forcibly displaced people is the largest on record, since the creation of the UNHCR in 1950. The growth in these numbers are evidently associated with episodes of conflict and violence. The Somalia, South-Sudan and Syrian conflicts have been responsible for the major outflows of refugees and movements of IDPs over the past decade with the Syrian conflict being responsible for the latest spike (**Figure *1***).

Figure 1. Number of Forcibly Displaced Persons (1951-2015)

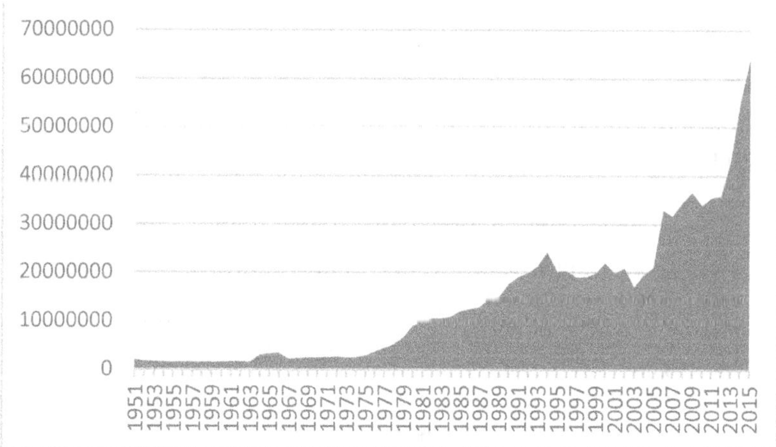

Note: 2015 data are mid-year and lower than end of year data.
Source: Constructed from UNHCR population data.
http://popstats.unhcr.org/en/time_series.

Most countries in the world are affected by forced displacement. There are at least 150 countries that host at least 100 refugees each and there are at least 141 countries that generated at least 100 refugees each. If we add the numbers for the internally displaced, almost no country in the world can be said to be immune from forced displacement.

Some countries and some regions are more affected than others. Over 53 percent of all refugees come from only three countries (Somalia, Afghanistan

[4] http://www.unhcr.org/en-us/figures-at-a-glance.html.

and Syria) and the great majority of displaced people are hosted in the Middle East and North Africa (39%), Africa (29%) and Asia and the Pacific (14%) regions.[5] Europe accounts for only 6% of the forcibly displaced and the Americas accounts for 12%, most of which are IDPs in Colombia.

Figure 2. Refugees per 1000 Inhabitants

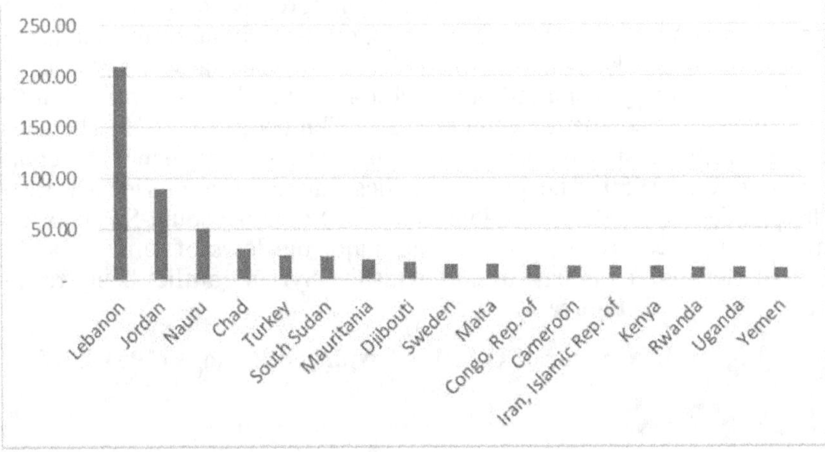

Source: Constructed from UNHCR population data.
http://popstats.unhcr.org/en/time_series

The incidence of refugees on host countries is greater in low and middle-income countries and this is true whether we consider population or GDP statistics, refugees or IDPs. Figure 2 shows the number of refugees per 1,000 inhabitants and it is visible that Lebanon is by far the country with the highest incidence of refugees followed by Jordan. Almost all countries in the figure are either middle or low income countries and almost all are in the MENA or Africa region. Figure 3 shows the number of refugees per USD estimated in Purchasing Power Parity (PPP) per capita. Ethiopia and Pakistan lead this particular ranking and the MENA and African region together with South Asia are the regions with countries showing the highest incidence. This principle also applies to IDPs. The top ten countries with the largest populations of IDPs are Colombia, Syrian Arab Republic, Iraq, Sudan, Democratic Republic of Congo (DRC), Azerbaijan, Somalia, Bosnia and Herzegovina, Afghanistan and Pakistan, essentially low and middle income countries. Quantitatively speaking, the heavy burden of refugees and IDPs is carried by low and middle income countries and not by wealthy OECD countries. Forced displacement is therefore a problem that complicates the question of economic development in directions that are not yet fully understood.

These facts were mainly known to specialists until the beginning of the Syrian crisis in 2011 and the EU migration crisis in 2015, two events largely covered by the press that brought forced displacement to global attention. This new

[5] http://www.unhcr.org/en-us/figures-at-a-glance.html.

level of interest, in turn, pressed international organizations for new solutions to the management of forced displaced people. The old general consensus that forcibly displaced persons are responsibility of humanitarian organizations was replaced by a new consensus whereby humanitarian organizations such as the UNHCR should work together with development organizations such as the World Bank from the very beginning of a forced displacement crisis to devise solutions that are sustainable for the livelihood of the forcibly displaced and their hosts (Verme and Macleod, 2016; Devictor, 2016).

Figure 3. Refugees per USD/PPP/Capita

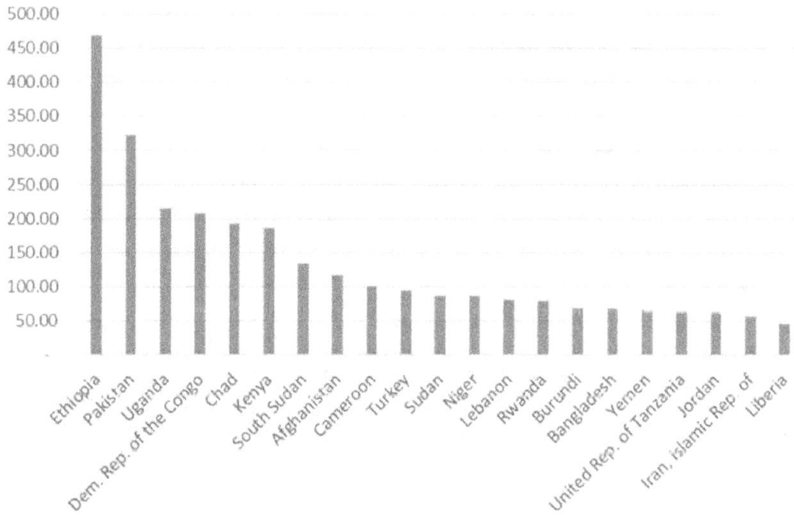

Source: Constructed from UNHCR population data http://popstats.unhcr.org/en/time_series

The growth of the forced displacement phenomenon and the new consensus on the humanitarian-development nexus encouraged development organizations to start looking at refugees, IDPs and their hosts. These populations were largely excluded from the development discourse until a few years ago. For example, the global count of poverty excluded for the most part refugees and IDPs because national household budget surveys would normally exclude these populations. Humanitarian organizations that conducted surveys on these populations did so mostly for humanitarian protection purposes and did not have special expertise on the measurement of welfare and poverty. Data remained scarce and economists did not pay much attention to forced displacement. This changed when development organizations started to engage with refugees, IDPs and their hosts with this phenomenon contributing to raise economists' interests.

Until these recent events, the economics profession approached the question of displacement from the perspective of internal (within nation) or external (across nations) migration. The economics of migration finds its theoretical and empirical roots in labor and development economics and is now an established discipline on its own with thousands of contributions in international journals. More recently, some contributions emerged on forced migration (Ruiz and Vargas-Silva, 2013) but these contributions remained empirical in nature and scarce in numbers.

Figure 4. Research on Migration, Refugees and IDPs (% of total hits)

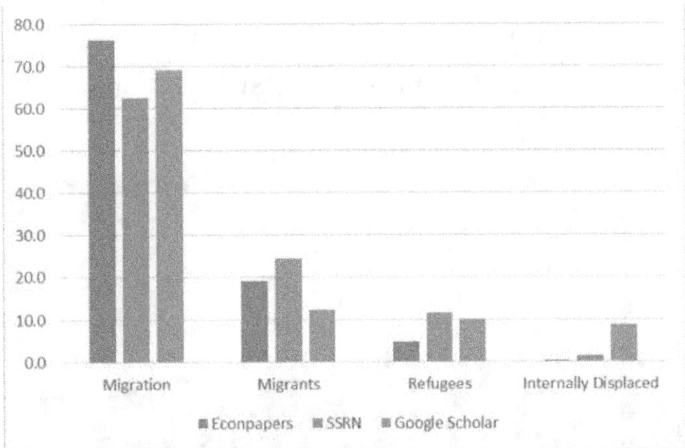

Source: Authors' estimations based on Econpapers, SSRN and Google Scholars.

A search by keywords of the major economic and social science research repositories shows a vast difference in the number of hits between the terms "migration" and "migrants" on the one hand and the terms "refugees" and "internally displaced" on the other hand (Figure 4). For example, a research in titles and keywords among published journal articles in the main economics repository (*Econpapers*) shows 6,350 hits for the word migration, 1,586 for the word migrants, 383 for the word refugees and only 18 for the word internally displaced. Similar outcomes in relative terms are visible if we do a search by title, keywords and abstracts of the research papers contained in the *Social Sciences Research Network* (SSRN), the main repository of social sciences articles, or google scholar. It is also extremely rare for studies on forced displacement to be published in top economics journals. Despite mass press coverage, studies on refugees and IDPs remain very scarce in number and quality.

This phenomenon can be explained by essentially two factors. The first relates to the humanitarian-development nexus. For the longest time, refugees and IDPs remained the quasi monopoly of humanitarian organizations whose mandate is essentially the humanitarian protection of refugees and IDPs. These organizations are not typically staffed by economists and analysists but by field workers and lawyers. There was, therefore, little demand for hard economics on forced displacement for a very long time. This is changing as development organizations typically staffed by economists have started to work on forced displacement situations. The second factor relates to lack of good data. As we will see in the data section, data collection of mobile populations is complex and the main organizations in charge of data collection of refugee and IDPs data are humanitarian organizations that do not necessarily have the complex skills required for issues like sampling, questionnaire design and data analysis and have a duty to protect data by mandate. This, in turn, has resulted in very few micro data that would be both of good quality and accessible to researchers. This is also starting to change but it is clear that the economics of forced displacement remains in its infant stage for now. What would it take to bring economics up to speed with developments on forced displacement? This is the question we address next.

3. THE ECONOMICS OF FORCED DISPLACEMENT

Is the economics of forced displacement different from neoclassical economics? Can we use off the shelves models to study forced displaced populations? What are we missing to do the economics of forced displacement? These are some of the questions we explore in this section. We focus on utility theory first, we then discuss how to model choice in a forced displacement context and we conclude with selected references from the macroeconomic and trade literature.

3.1. Utility theory

Economics is grounded in the concept of utility, a term that refers to the degree of satisfaction, happiness or wellbeing that individuals enjoy. Economics developed two separate approaches to measure utility. A direct approach that attempts to measure happiness with hedonimeters (Edgeworth, 1881; Khaneman, 2000) and an indirect approach that attempts to use revealed preferences in consumption patterns to derive the degree of utility that choices, such as consumption choices, provide (Fisher, 1892, Samuelson, 1938). Utility, as a concept, applies to forced displaced populations as it applies to any other population and we can potentially measure utility for refugees and IDPs using direct or indirect measures or objective and subjective measures. In this respect, forced displaced populations are no different for other populations. We should expect refugees and IDPs to attempt to maximize their own utility given a set of constraints and choices. However, the metrics we may use to measure utility, the time-span of the utility maximization process and the degree of information under which this process takes place are three aspects that may differentiate utility in a forced displacement context.

The **metrics** used to measure utility in economics is normally income or consumption and, in principle, these same metrics apply to refugees and IDPs. However, measuring income and expenditure of refugees and IDPs is different from measuring these same quantities in regular populations, the relation between income, wealth and savings is different, and non-monetary metrics are as important, if not more important, than monetary ones.

When people are subject to life threatening risks, abandoning jobs and income may be of secondary importance to abandoning assets such as real estate properties, which may have been acquired in the course of a lifetime. Abandoning properties during a conflict also heightens the likelihood of losing property rights, especially where institutions such as cadasters, are weak or non-existent. On the contrary, people with substantial financial wealth, may be able to quickly export this wealth before or during a conflict and rebuild lives elsewhere with no need to seek refugee or IDP status. Refugees and IDPs, by definition, have been forced to abandon their income and probably most of their wealth.

In the place of destination, refugees or IDPs would normally rely on handouts (cash and food vouchers) and maybe some informal and low paid work. Savings play a very important role and divesting in-cash and in-kind savings may be a major subsistence activity. Housing options may be between expensive rent, camps or informal shacks. This is a very different welfare scenario than the one faced by regular populations, even if very poor, and the money metrics of utility has to be rethought accordingly.

Non-monetary utility indicators also play a more important role in a forced displacement context. There are things that money cannot buy and provide the greatest utility in a conflict environment. Security and survival may be completely independent of income or wealth and, if this is the case, these variables are legitimate metrics of utility in such contexts. Measuring risk and personal security are complex undertakings in fragile and volatile environments, but important to understand the decision making process of refugees and IDPs. In a forced displacement context, nonmonetary indicators of utility become relatively more important than monetary indicators.

Another important question is the **time-span** of the utility maximization process. In standard economic models, including models of economic migration, utility maximization implies long-term or even life-cycle horizons. The decision to migrate is carefully taken based on lifetime prospects that relate to migrants and sometimes to the children of migrants. The large costs of migration are borne in the expectation of large long-term returns to these investments. As in in Deaton (1991), people start with a certain wealth, receive a stochastic wage draw in each future time period and must decide how much to save in order to smooth consumption and maximize utility over time. Many migration models are life-cycle models.

In the context of forced migration, people start with income and wealth that is subject to an idiosyncratic shock due to conflict and face uncertain prospects about future incomes and assets. They also have little time to plan the move, which may lead to irrational decisions related to moving choices. The decisional process is short-term and life-cycle models would not be suitable. The type of choice setting forced migrants face is closer to short-term game theory models. As we will see further in this section, modern branches of economics such as game theory, neuroeconomics and behavioral economics may provide those complementary elements that are currently missing in labor or migration economics.

Related to the question of time-span is the question of **information**. Life-cycle models and more generally neoclassical utility models rely on perfect information assumptions. In a conflict environment, this is a particularly troubling assumption because access to information is constrained, it is manipulated and politicized and there is little time to verify or gather information. People act out of very incomplete information and act irrationally because of that. Contemporary press offers numerous example where people have been driven to violence out of false information circulated by the media. A very good understanding of how information is managed and used in a fragile and conflict environment is key to model decision making in such context.

Recent developments in economics and utility theory may offer a good theoretical base to address issues of uncertainty and incomplete information. Neoclassical economic theory has for long relied on the axiom of perfect information whereby agents are perfectly informed about the outcomes of choices and take decisions accordingly. Modern economics has attempted to overcome this simplification and has developed a tradition of modelling choice under uncertainty.[6] Within this tradition, the most popular model and the backbone of most existing models is the von Neumann-Morgenstern Expected Utility (EU) model generally described as:

$$\chi = (E_i : x_i, \dots, E_n : x_n)$$

where χ denotes a *prospect*, $E_j, j = 1, \dots, n$ denote possible events of which only one is true but it is unknown and x_j denotes a utility metrics such as income, which is the *outcome* if the prospect E_j is true. As in standard decision theory, it is said that χ *dominates* γ if the decision maker prefers prospect χ over prospect γ. In this framework, decision makers maximize EU:

$$E(U) = \sum_{j=1}^{n} p\,(E_j) U(x_j)$$

where $U(.)$ is the utility (or value) function and $p\left(E_j\right)$ is the probability of the event occurring. Consequently, χ *dominates* γ if and only if:

$$\sum_{j=1}^{n} p\,(E_j)\left[U(x_j) - U(y_j)\right] \geq 0.$$

Given that the decision maker does not know which event is true, this choice setting is known as *decision under uncertainty* and the probabilities of the event occurring are referred to as *subjective probabilities*. (Savage, 1954). If probabilities are well known to all, these are referred to *objective probabilities.* In this case, the EU function becomes $\sum_{j=1}^{n} \pi_j U(x_j)$ and economists refer to *decision under risk*, which is a sub-set of the decision under uncertainty models. Note that in EU empirical applications, decision makers are expected to be risk averse and the utility function is expected to be concave ($u'' < 0$).

One critique to the subjective expected utility theory is the Ellsberg paradox (Ellsberg, 1961) or the question of ambiguity aversion. When individuals are put in front of two alternatives one with a certain low outcome and one with an uncertain high outcome, they would generally opt for the certain low outcome because of preferences for known odds to unknown odds. This ambiguity aversion violates the postulates of the subjective expected utility theory and offers a possible insight into why some people may choose to live under a conflict where risks are known rather than escaping elsewhere where risks and conditions are unknown.

---

[6] See de Palma et al. (2008).

A more recent critique to the EU model include Khaneman and Tversky (1979) prospect theory. The central theme of the critique is that people underweight outcomes that have very low probability of occurring and overweight outcomes that have a very high probability (this is called the *certainty* effect). Considering equal weighting as in EU theory can lead to the Allais paradox (Allais, 1953) where different choice frameworks can lead to opposite conclusions about dominance of alternative choices. Khaneman and Tversky (1979) also showed that, for negative prospects, preferences are reversed as compared to positive prospects (this is called the *reflection* effect). Therefore, "*(...) certainty increases the aversiveness of losses as well as the desirability of gains*". (Khaneman and Tversky, 1979, p. 269). Hence, the authors introduce the notion of decision weight π to weigh the importance that people give to different probabilities so that the expected utility function becomes:

$$E(U) = \sum_{j=1}^{n} \pi\left[p\left(E_j\right)\right]U(x_j)$$

One can also study decision making in a *game theory* setting. Expected utility can be looked at as a one person game but the value added of game theory in the context of forced displacement relates to multiple persons games. Suppose that actions taken by individuals under conflict situations affect the actions of others and ultimately one own's action (the classic prisoner's dilemma for example). This is what game theory is good in modelling and it could provide valuable contributions to the study of collective behavior under forced displacement situations (see for example Zeager and Bascom, 1996).

New branches of economics such as *neuroeconomics* and *behavioral economics*, which combine elements of psychology and neuroscience with elements of economics, offer alternative new avenues to the construction of utility models in a forced displacement context. For example, neuroeconomics developed a hierarchical module oriented approach (Sanfey et al., 2006) whereby individuals take decisions in a hierarchical manner where multiple systems of specialized processing modules transform specific inputs into outputs in organized decision stages. This process can be observed in people's brains with scans and can be modelled empirically using specifically designed questionnaires. This literature shows how the short-term decision process is different from the long-term process in terms of how we value potential outcomes. For example, small rewards in the short-term may be more appealing than large rewards in the long-term depending on the conditions under which we make choices (McClure et al., 2004 and 2007).

The EU model and the introduction of uncertainty is evidently a good starting point to model forced displacement. Decision makers (refugees and IDPs for example) experience a shock (conflict, violence) and suddenly face sets of uncertain events that will lead to alternative outcomes in terms of personal utility. Prospect theory is also important in this respect because introduces the notion of the weight function. Given the short-term nature of the decision to be taken on whether to stay or move during conflict, people may behave very differently as compared to normal situations and attribute very different weights to these probabilities as also shown by recent advances in neuroeconomics and behavioral economics. Therefore, while the specificities of a forced displacement model based on expected utility theory have yet to be designed, the fundamental framework is in place and it will be a question of tweaking this framework to identify the utility maximization process that best describes agents taking decisions during a conflict.

3.2. Modelling choice

If utility theory applies to forced displaced populations, we should expect choice models that derive from this utility theory to be suitable to study forced displacement situations. This reasoning reflects indeed the economics behind migration studies. The economics literature on migration originates from the labor economics literature on job seeking and wage differentials. Essentially and similarly to people seeking or changing job, migrants chose between moving and not moving and move if the difference between income prospects in the origin and destination areas (net of the moving costs) is positive (Harris and Todaro, 1970; Borjas, 2014). The natural step forward would be to use the economics of migration literature for the study of forced migration. In doing so, however, we are hampered by some of the specificities related to forced displacement situations.

In labor or migration studies, the choice set is between opportunities across occupations or geographic areas and the pay-offs are largely known to the decision maker. In such contexts, one can use job search models borrowed from the labor economics literature, an approach that has also been used for refugees in the past (Damm and Rosholm, 2010). However, forced migrants are "forced" to live the place of origin because of conflict, violence or more generally a life-threatening hazard. In economics terms, their choice set is more limited than the choice set of an economic migrant. Some people may just have to run and leave everything behind, while some other people under the same circumstances may opt to stay and face the hazard. Therefore, it is correct to model forced migration in a choice framework but the choice set is more limited, information is scarcer, uncertainty is higher and the role of risk more important. This also implies that behavioral traits such as personality may be more important to assess in the context of forced migration as compared to economic migration, or the behavioral traits that matter may be different. The decision to migrate under conflict may also depend on the collective behavior of peers, for example if most people in my village have decided to move or not. When the decisional time is short, peer effects may be very powerful factors in determining choice.

From an econometric perspective, we are interesting in modelling the probability of individuals fleeing the conflict or staying. As in standard probabilistic models, we model the probability of choice j as:

$$P_{itj} = Prob(individual\ i\ makes\ choice\ j\ at\ time\ t \mid choice\ set)$$

where the choice indicator is:

$$d_{itj} = 1\ if\ individual\ makes\ choice\ j\ at\ time\ t, and\ 0\ otherwise.$$

And the probability distribution of choice *j* is:

$$P_{itj} = Prob\left(d_{itj} = 1 \,\middle|\, X_{it}, z_{it}, u_{it}, \beta, \gamma, \ldots\right), j = 1, \ldots, J_{it}$$

where X_{it} represent the set of attributes of all J_{it} choices such as income, z_{it} are individual and household characteristics, u_{it} are the random unmeasured factors and β, γ are the parameters to be estimated.

These models are part of the probabilistic choice models family and can be estimated with logit and probit functions in a cross-section setting or their corresponding fixed or random effects models if one has panel data. The essential econometrics issues behind these models such as unobserved heterogeneity, multicollinearity, or reversed causality are not expected to be different in the context of forced displacement. However, the choice of dependent and independent variables and the data form have their peculiarities and need to be rethought in a forced displacement context.

The dependent variable can be simply set as a binary outcome of moving versus not moving but the attributes of the alternative choices X_{it} can be very different from a labor or economic migration scenario. As already discussed, the role of income, wealth and savings are different and there are factors that are non-monetary such as risks to personal security, health hazards and relations with the perpetrators of violence. For example, one could measure the number of casualties due to conflict across geographical areas and use this variable as a proxy of insecurity but this applies to all people living in a geographical area and does not help to explain why, violence being equal, some people move and other not. Some people may also gain from conflict in terms of income and wealth and this may explain why some people do not move. The defining attributes of the alternative choices are very different from any other model and the task of economics is to understand what these defining attributes should be.

In terms of independent variables, "push" factors become more important than "pull" factors in forced displacement models. The intensity of a conflict may be more important than the income opportunities in potential destination areas. In addition to the classic socio-economic variables, risk aversion, stress, anxiety, other traits of personality and behavioral factors in general have to be well understood and measured. Hence, one could think of four essential blocks of independent variables including individual or household socio-economic characteristics, "push" factors, "pull" factors and behavioral factors. Also, access and dissemination of information related to the conflict in the place of origin but also in the potential places of destination may be crucial for people to make choices. This is where social psychology, behavioral economics and neuroeconomics may offer insights into such choices.

Forced displacement data are also unusual in their form. Deciding on whether to flee or not to flee a conflict (the migration choice) can be an individual or household choice and risk coping strategies may include temporary migration, shuttling between places, migration of only selected members of the households or migration of the whole household. This implies that individuals may stay put throughout the period observed, join or leave the household during the period, or have several episodes of out and immigration. Household may decide to leave and come back several times. In econometric terms, this means that longitudinal data may be left and right censored and have spells within. They are therefore the most complex set of panel data possible and require particular treatment of data and modelling. Survival or duration models can usually accommodate many of these complexities but is very rare to find similar data sets used in published articles. Collecting such type of data is also not obvious, particularly if conflict is intense and survey areas cannot be reached. This is an issue where empirical economics could provide a real contribute by defining the optimal data format and adapting panel models to this format.

3.3. Macro models

Macroeconomics has attempted to model forced migration using models borrowed from the trade and economic migration literature such as the gravitational model (Echevarria and Gardeazabal, 2016) or used other macro models to test the impact of refugees on trade (White and Tadess, 2010). A more recent body of work is adapting trade models to take into account stochastic shocks in a dynamic framework (Cameron et al., 2007; Artuc et al., 2008). These are rational expectations models that are able to model the unpredictability of shocks and recent work has tried to adapt these models to the context of violent shocks and refugee crises (World Bank, 2016). This literature remains in its infant stage but provides a baseline for further macroeconomic studies built on the very rich tradition of trade models.

4. DATA ISSUES

As already illustrated, the forcibly displaced are essentially represented by two large groups: Refugees and IDPs. Data collection, data management and data dissemination are historically different for these two groups.

4.1. Refugees

Data on refugees have been collected since the creation of the UNHCR in 1950. The UNHCR's main mandate is the protection of refugees and since its early days the UNHCR has collected data on refugees by registering individuals and households seeking asylum and refugee status. Once granted, refugee status provides access to rights and assistance. For this reason, the UNHCR keeps and updates records of asylum seekers and refugees on a continuum basis.

These records are used for a variety of purposes such as legal protection purposes, identify beneficiaries of social assistance programs, or produce statistics on the people of concern to the UNHCR. Records included into the UNHCR registry are organized in different levels depending on urgency of the information required. Refugee crisis often result in thousands of people crossing the border daily and the first priority is to register large numbers of people quickly. Therefore, the first set of information recorded include only a few key individual socio-economic characteristics such as names, age, education, former occupation, place of origin and destination. In a second stage, the UNHCR conducts a more formal interview where existing records are verified and other records are added trying to reconstruct, for example, family structure and relations, types of special assistance and protection needed and other information necessary for protection and assistance purposes.

Because of the very protection mandate of the UNHCR, registry data are very rarely shared. A few exceptions to this rule occurs when UNHCR implementing agencies need information for running programs with refugees or if the UNHCR needs to carry out a study on a particular group of refugees. Recently, the UNHCR has also collaborated with the World Bank to carry out a study on the welfare of Syrian refugees and for this purpose the UNHCR shared some of its data with the World Bank.[7] However, unit records, anonymized or not, are not available on-line or upon request from the UNHCR. This is perhaps the main single factor that explains the scarce amount of research on refugees as documented at the outset of this paper.

In addition to the UNHCR registry, data on refugees are collected via home visits and sample surveys by a variety of organizations including the UNHCR, the World Food Program (WFP), other UN organizations and many NGOs working independently or on behalf of UN organizations. However, it is important to stress that any home visit or sample survey will have to rely on the UNHCR registry. The UNHCR registry system functions *de facto* as the only existing population survey for refugees. By definition, refugees are not included into national censuses unless governments make a special effort to do so. Ministries of interiors would generally keep records of people coming into and out of the country, including refugees, but these data are seldom shared, records are not always accurate and these records only include a handful of information strictly necessary to border police to grant entry and exit. Therefore, in many countries, the UNHCR registry system is the only system that contains population information on refugees and if this system does not exist or is managed by the host government information is scarce or not available. In a sense, the UNHCR is the statistical agency of refugees and the UNHCR registry system is the population census of refugees, which means that any other survey on refugees will have to rely on this registry, unless proper government registry systems are in place.

In addition to being scarcely available, the UNHCR registry also suffers from a number of deficiencies that span from records that are not filled or incomplete to data input and data cleaning issues to data management and data use. The quality of the UNHCR data registry varies significantly across countries with better quality usually available in middle-income countries and lower quality data available in low-income countries. Moreover, where data are generally perceived to be of good quality, many records may be missing and variables not usable. In other cases, data entry errors pollute the data while in some cases existing good data are not centralized and available for analysis.

These are problems that affect any data collection exercise but they tend to be exacerbated in a refugee context because of the urgency of the operations and because field staff are not necessarily data experts or users. For example, the UNHCR registry system is largely managed by IT specialist in collaboration

[7] See Verme et al. (2016) and the following section.

with field registry staff and it is rare to have economists or social scientists involved. That is because the UNHCR had historically low demand for research on refugees and the focus was on protection rather than research on programs. Because of the shift in paradigm from the humanitarian to the humanitarian-development approach, this is now changing. The UNHCR is increasingly searching for social scientists to improve on their data collection system and data use for analytics and development organizations such as the World Bank are increasingly paying attention to data and analytics on refugees. However, this process has started only recently and will require time to bear its fruits in terms of improved research on refugees.

For obvious reasons, the quality of refugee data is also very different depending on whether refugees are in camps or outside camps. In camps, refugees are assisted with shelter, education, health and any other requirement for conducting a decent life. Outside camps, refugees would normally receive cash and food assistance but they are on their own to find shelter and services. Refugees outside camps have an incentive to register because registration provides access to protection and assistance but contacts with UNHCR staff are more difficult and less frequent than in camps, which result in information that may be less accurate or up to date. In some countries, like Jordan and Lebanon over 90 percent of refugees are outside camps.

4.2. IDPs

Data collection on IDPs is more scarce and fragmented than the one illustrated for refugees. By definition, IDPs remain in their nation of origin and data collection should, in principle, be easier. In reality, IDPs derive from an internal shock such as a civil conflict where large number of people move quickly within a country. These people are then expected to return to their place of origin once the conflict is over and governments are typically over optimistic about the duration of civil conflicts and about return of IDPs. In some cases, government have also an interest in denying the very existence of IDPs for political purposes. Therefore, little time is spent in surveying IDPs or trying to find durable solutions in the place where they migrated. Moreover, national censuses are usually conducted every ten years and statistical agencies have little incentives to revise censuses, master samples and sample survey structure for situations that are perceived as short-term. In most cases, new surveys are suspended or carried out under the pre-crisis frameworks and, in either case, information on IDPs is not collected or poorly collected.

This leaves specialized government agencies or international organizations in charge of IDPs statistics (and care). However, unlike refugees, the IDPs do not benefit from a specialized international agency such as the UNHCR. IDPs assistance is currently provided by a multitude of organizations including ministries of interiors, specialized government agencies, the UNHCR, the International Organization for Migration (IOM), the UN Office for Humanitarian Affairs (UN-OCHA), specialized NGOs and others. Some of these organizations collect information on IDPs and make this information public while other collect information that is not published and others do not collect information and focus on providing assistance. Most data collected are for the simple purpose of counting IDPs and do not include individual or household socio-economic information. In some cases, information on socio-economic information is collected at the individual or household level but more often information is collected at the community level. It is extremely rare to have unit record data sets on IDPs, which explains why we found only 18 studies in the Econpaper repository as already documented.

Recognizing the problem of scarcity and availability of information on IDPs, international organizations have set up in several countries coordination mechanisms to count IDPs usually coordinated by IOM, UN-OCHA or the UNHCR. There are also global efforts to centralize this information on the part of organizations such as the UNHCR, UN-OCHA, the international Displacement Monitoring Centre (iDMC) or the Joint IDP Profiling Services (JIPS). These efforts are making good progress on harmonizing counts of IDPs but remain short of establishing proper data collection systems that could deliver in the years to come unit data of quality for research. Hence, research on IDPs remains constrained by lack of data, lack of blueprint on how to collect data and lack of an organization dedicated to IDP data collection.

4.3. Some data challenges common to refugees and IDPs

Irrespective of the specific questions related to refugee and IDPs data, there are also general questions that refer to the forcibly displaced in general and that are distinct from data collection of regular populations or even migrant populations. We explore here selected issues including sampling, unit of analysis, welfare measurement, multi-dimensional aspects, and the measurement of risks and vulnerabilities.

Sampling. As mentioned, the UNHCR is really the only statistical agency for refugees and the UNHCR registry the only population census. As for any other populations, sampling requires the preparation of a master sample that derives from the population census. With various degrees of knowledge and accuracy, this is also what happens with refugees. However, the master sample is more difficult to construct than for regular populations because refugees live in camps and outside camps and are diluted in a host population with different types of arrangements. Some households rent, other stay at relatives' places, other live in makeshift shacks and other stay in camps. The information available in the UNHCR registry (the census) can also be quite inaccurate as already discussed and the degree of accuracy changes for different groups of refugees. Stratification by urban and rural areas, a typical approach in sampling, may mean little for a population that is mostly in urban areas whether in camps or outside camps. Refugees and IDPs are also mobile and more difficult to track over time than other populations. Several statistical institutes worldwide have developed methodologies to track and measure mobile populations such as herders, nomads or homeless people. However, tracking refugees from other countries has been in the past less of a priority for national governments and is only recently and with the numbers of forcibly displaced people increasing that this is becoming an issue. Experiments are now being conducted with innovative technologies such as remote sampling with aerial or satellite imagery and also with non-sampling techniques but there is still no blueprint for sampling refugees and IDPS and more generally very mobile populations.

Unit of analysis. As for other studies based on micro data, the primary unit of analysis for refugees and IDPs are the individual and/or household. The added difficulty in the context of refugees and IDPs is how to identify the household and allocate individuals to single households. Refugee households are complex by definition. Some household members may stay behind or join later, other may leave or shuttle between places. Some families travel as clans with multiple families living together, others travel as single families. Sometimes individuals or families try to register in multiple places to claim more benefits. Deciding what constitute a household or a family is not simple. The UNHCR has its own definitions of family and household but is not always straightforward for field workers to apply such definitions. Again, while for national household budget surveys these questions are largely resolved, for mobile populations such as refugees and IDPs they are not and this is of key importance for economists working with unit data.

Welfare. How to measure the welfare of refugees? Welfare is perhaps the main outcome to measure for economists. Welfare economists would typically use income, expenditure or wealth to measure welfare but refugees and IDPs have a very peculiar situation when it comes to these measures. They have probably left behind most of their wealth and assets with the exception of what they could carry with them. Income from work, if any, is informal and very low whereas other incomes are mostly represented by cash grants provided by humanitarian organizations. Expenditure is probably restricted in terms of items purchased and largely driven by what can be purchased with food vouchers. Expenditure is also done in bulk, when money becomes available and in places that offer low prices or predetermined stores that accept food vouchers. Should food vouchers be considered income or expenditure? As we will see further in the paper, the study on the welfare of Syrian refugees addressed many of these questions but was limited to refugees in areas that benefitted from an unusually rich set of data. There is still no blueprint on how to measure welfare of forcibly displaced populations.

Multidimensional deprivations. Refugees and IDPS have also special needs that exist but are rare in regular populations. Refugees and IDPs are typically traumatized, injured or ill, in need of psychological and health assistance. They have difficulties in accessing basic services such as health and education because they often have no legal rights in the host country or the host country may simply not have the capacity to offer these services. Many may be at risk of violence or trafficking. These are very important aspects from the perspective of welfare economists interested in measuring well-being but these measurements are complex and not usually included in multi-dimensional indicators of deprivation or poverty. The dimensions of deprivations to consider are more numerous and more complex to measure. Again, there is very little research in welfare economics dedicated to the special needs of these populations.

Risks and vulnerabilities. The analysis of risk and vulnerability is also much more complex in the context of the forcibly displaced. Welfare economics has only approached these topics recently, in the past decade or so. Essentially, the idea is to measure the risk of being poor or falling poor in the future using cross-section or panel data studying spells of poverty over time. This is work that requires accurate and complex data sets that would be rarely available in a refugee or IDPs context. More importantly, the nature of the problem changes. Refugees and IDPs are by definition more at risk and more vulnerable than regular populations and these vulnerabilities are not only linked to skills and efforts but to legal status, discrimination, limited mobility and other factors that are unique or much more acute with refugees and IDPs. How to take these factors into account with risks and vulnerabilities studies is a question that has not really been addressed yet by the economics profession.

5. AN ILLUSTRATION: THE WELFARE OF SYRIAN REFUGEES

In this section, we review a study on the welfare of Syrian refugees in Jordan and Lebanon jointly conducted by the World Bank and the UNHCR in 2014. The study relied entirely on existing data collected by the UNHCR and provides an example of what welfare economics can do for the forcibly displaced from an analytical and policy perspective.

At the height of the crisis in 2014, Syria had an estimated 6.5 m IDPs, 4.4 m. refugees, and 1.5 m. additional migrants, which amounted to about half of the Syrian pre-conflict population. Despite these numbers, relatively little was known about the wellbeing of these populations aside from anecdotal information and some data collected for the purpose of assistance of refugees. The UNHCR had the data to conduct such studies but not the time or the expertise and was understandably concerned about data protection whereas specialized organizations such as the World Bank did not have access to data and did not see refugees as part of their core mandate of reducing poverty worldwide. This changed in 2014 when the two organizations decided to join forces to prepare a welfare assessment of refugees in Jordan and Lebanon. It was the obvious step forward in overcoming these problems and the answer to the increasing demand for evidence around the Syrian crisis.

The study benefitted from a unique and unprecedented set of data. The UNHCR registry data in Jordan and Lebanon were among the better quality registry data available worldwide and the UNHCR also conducted home visits in Jordan that, at the time of the study, covered over a third of all refugees. There were also sample surveys in both Jordan and Lebanon that were small in size but representative of the population present in the registry. The home visits and the surveys included questions on income and expenditure that could be used for the welfare assessment. Using these data, the study addressed ten questions defined as follows: 1) Who are the refugees? ; 2) How different are refugees from “regular” populations?; 3) How poor are refugees? ; 4) What are the main predictors of refugees’ welfare and poverty? ; 5) How vulnerable are refugees from a monetary and non-monetary perspective? ; 6) Do poverty and vulnerability statuses overlap? ; 7) How effective are refugee assistance programs? ; 8) What is the potential for alternative policies? ; 9) How does welfare compare across countries and data sets?; 10) How transferable are the findings between countries and data sets?

The study findings opened a window on a population little known to economists. Refugees were found to be a population with specific characteristics that derived from a multi-stage selection process that started well before the conflict in Syria for economic and environmental reasons. Each stage of this selection process further impoverished those who eventually would seek refugee status. The resulting profile of refugees was rather different from that of Syrians before the crisis and that of host populations, a relevant finding to study the impact of refugees on host populations. Poverty was found to be very high. Over 70 percent of refugees in Jordan and Lebanon resulted to be poor if the income threshold used to assign cash grants by the UNHCR was used as poverty line. It was estimated at over 90 percent in both countries if the poverty lines of the host countries were used. It was also found that refugees tend to leave poorer areas in the country of origin to reach poorer areas in the countries of destination inflating poverty numbers where they arrive. Predictors of poverty were relatively few if one compares with poverty assessments of regular populations. As refugees have little assets and constrained consumption, household size, the ability to pay rent, and few other individual and household characteristics were sufficient to predict poverty well. Predictors of vulnerability were also found to be similar to predictors of poverty and similarly few in number although poverty status did not always overlap with vulnerability status.

The study also found the existing UNHCR cash program and the WFP food voucher to be very effective in reducing poverty. The two programs combined had the potential to reduce poverty to almost seven percent if applied universally. However, reduced funding from donors forced these organizations to reduce the coverage of these programs and start targeting refugees based on welfare indicators. A targeting analysis showed that leakage (non-poor people targeted) was a relatively small issue but that under coverage (poor people non-targeted) was large.

Policy simulations based on welfare modelling were also conducted to test the potential poverty reduction capacity of alternative policies to handouts. It was found that, in the absence of access to the formal labor market, labor supply policies would have no effect on welfare. This pointed to the need of focusing on growth and job creation in areas affected by refugee inflows rather than focusing on redistributive social protection policies. Finally, findings were found to be almost inter-changeable between Jordan and Lebanon despite the slightly different populations of refugees that migrated to these two destinations and the different initial conditions of the host countries.

The study contributed to changing policies towards refugees in several respects. The welfare modelling used for the study has been adopted by the UNHCR to define predictors of poverty, improve its targeting capacity and its cash program. The organization shifted from the use of income to the use of expenditure to target cash assistance and is now paying increasing attention to the collection of variables that predict poverty well. The UNHCR has also been testing alternative targeting systems based on welfare modelling. Based on this experience, the UNHCR is now revising its worldwide data collection system and is making an effort to shift to a more data savvy and analytical framework, something the organization calls a "data revolution".

The World Bank, on its part, now considers refugees a population of concern and stepped up its cooperation with the UNHCR. The number of programs assisting refugee populations has grown dramatically between 2014 and 2017. Donors have responded and promoted these changes as witnessed by the IDA18 replenishment that has earmarked two billion USD for work on refugees alone. The World Bank is also testing innovative financial facilities and growth programs to support countries that host refugees such as the new credit facility and the special economic zones currently being tested in Jordan and Ethiopia. The new humanitarian-development paradigm discussed at the outset of this paper is being already implemented in a trial and error fashion. Economics can have a clear role in designing the trials and mitigate the errors.

6. CONCLUSION

The paper provided a first non-technical introduction to the economics of forced displacement. It showed how the forced displacement agenda came to global attention relatively recently because of the Syrian refugee and the EU migration crises and because of soaring numbers of forcibly displaced people. This renewed attention to the problem generated a response from the international community and the development of a new paradigm that sees humanitarian and development organizations joining forces to face the challenge.

In the wake of these changes, economics finds itself unprepared to respond to the challenge. For a combination of reasons that span from lack of data to lack of interest for a phenomenon largely considered as marginal by the profession, the number of published papers in journals is small for refugees and tiny for IDPs. These works are also all empirical in nature and there is no macro or micro theory on the economics of forced displacement that could help to structure the empirics.

To start filling this gap, the paper has highlighted some of the peculiarities of working on forced displacement and provided some initial references from neoclassical and modern economics that could serve as baseline to develop the economics of forced displacement looking, in turn, at utility theory and the modelling of choice in theoretical and empirical terms. We remarked how some branches of economics such as expected utility theory and game theory, or more recently neuroeconomics and behavioral economics, could provide useful models to develop the economics of forced displacement. We also remarked that data remain a big challenge. Good micro data are scarce, particularly for IDPs, and the work ahead to improve on this front is costly and time-consuming. Vast amount of micro data suitable for economics research will not be available anytime soon.

Using a recent study on the welfare of Syrian refugees, we then illustrated some of the benefits for research and policy that the economics profession could bring to refugee and IDPs studies. Welfare modelling, for example, can provide insights into poverty and vulnerability but also help to improve targeting of programs or model alternative policies for refugees and IDPs. These are not potential benefits of future work but concrete contributions that can materialize quickly with available data. While the economics profession works on improving data and models, there is much that can be done with existing data and models.

Forced displacement is here to stay for the foreseeable future and the scale of the problem does no longer justify silence on the part of the economics profession. The World Bank president, the new UN Secretary General (former head of UNHCR) and the UN High Commissioner for Refugees now meet regularly to discuss joint refugee and IDPs initiatives. OECD countries as donors and as recipients of refugees and migrants are dedicating increasing resources to manage forced displacement crises. Funding opportunities for researchers are increasing. This is the time for the economics profession to rise to the challenge.

REFERENCES

Allais, M. (1953) "Le Comportement de l'Homme Rationnel devant le Risque, Critique des Postulats et Axiomes de l'"Ecole Americaine", *Econometrica*, 21, 503-546.

Artuc, E. Chaudhuri, S. and McLaren, J. (2008) "Delay and dynamics in labor market adjustment: Simulation results", *Journal of International Economics*, 75, 1, 1-13.

Baez, J.E. (2011) "Civil wars beyond their borders: The human capital and health consequences of hosting refugees", *Journal of Development Economics*, 96, 2, 391-408

de Palma, A., Ben-Akiva, Brownstone, M. D., Holt, C., Magnac, T., McFadden, D. Moffatt, P. Picard, N., Train, K. Wakker, P. and Walker, J. (2008) "Risk, uncertainty and discrete choice models", *Marketing Letters*, 19, 3/4, 269-285.

Cameron, S., Chaudhuri, S. and MacLaren, J. (2007) "Trade Shocks and Labor Adjustment: Theory", *NBER Working Paper*, No. 13463.

Damm, A.P. and Rosholm, M. (2010) "Employment effects of spatial dispersal of refugees", *Review of Economics of the Household*, 8, 105.

Devictor, X. (2016) "Forcibly Displaced: Toward a Development Approach Supporting Refugees, the Internally Displaced, and Their Hosts", wired at:
https://openknowledge.worldbank.org/bitstream/handle/10986/25016/978146480938 5.pdf?sequence=2

Echevarria, J. and Gardeazabal, J. (2016) "Refugee gravitation", *Public Choice*, 169, 269.

Edgeworth, F. (1881) *Mathematical Psychics: An Essay on the Application of Mathematics to the Moral Sciences*, vol. 10, C.K. Paul and co.

Ellsberg, D. (1961). "Risk, Ambiguity, and the Savage Axioms", *Quarterly Journal of Economics*, 75, 4, 643-669.

Fisher, I. (1892) "Mathematical Investigations in the Theory of Value and Prices," *Transactions of the Cunnecticut Academy of Sciences and Arts*, 9, 1-124.

Kahneman, D. (2000) "Evaluation by moments, past and future", In Kahneman D., Tversky A., *Choices, Values and Frames,* Cambridge University Press.

Kahneman, D., and Tversky, A. (1979) "Prospect theory: An analysis of decision under risk", *Econometrica*, 47, 263-291.

Kreibaum, M. (2016) "Their Suffering, Our Burden? How Congolese Refugees Affect the Ugandan Population", *World Development*, 78, 262-287.

McClure, S.M., Ericson, K.M., Laibson, D.I., Loewenstein, G., Cohen, J.D. (2007) "Time Discounting for Primary Rewards", *Journal of Neuroscience*, 27, 21, 5796-5804.

McClure, S.M., Laibson, D.I., Loewenstein, G., Cohen, J.D. (2004) "Separate Neural Systems Value Immediate and Delayed Monetary Rewards", *Science*, 306, 5695, 503-507.

Ruiz, I. and Vargas-Silva, C. (2013) "The Economics of Forced Migration", *The Journal of Development Studies,* 49, 6.

Samuelson, P. (1938) "A Note on the Pure Theory of Consumers' Behaviour", *Economica*, 5, 17, 61-71.

Sanfey, A. G., Loewenstein, G., McClure, S. M., & Cohen, J. (2006) "Neuroeconomics: Cross-currents in research on decision-making", *Trends in Cognitive Sciences*, 10, 3, 108-116.

Savage, L. J. 1954 *The Foundations of Statistics*, New York, Wiley.

Sarvimäki M., Uusitalo, R. and Jantti, M., (2009) "Long-Term Effects of Forced Migration", IZA Discussion Papers, No 4003.

Tversky, A. and Kahneman D., (1979) "Prospect Theory: An Analysis of Decisions under Risk", *Econometrica*, 19.

Von Neumann, J. and Morgenstern O. (1944) *Theory of Games and Economic Behavior*, Princeton, NJ: Princeton University Press.

Verme, P., Gigliarano, C., Wieser, C., Hedlund, K., Petzoldt, M., Santacroce, M. (2016) "The Welfare of Syrian Refugees: Evidence from Jordan and Lebanon", Washington, DC, World Bank.

https://openknowledge.worldbank.org/handle/10986/23228 License: CC BY 3.0 IGO.

Verme, P. and Macleod, E. (2016) "The Syrian Refugee Crisis in the Medium-Term: What Next?", wired at:

http://cmimarseille.org/sites/default/files/newsite/library/files/en/What%20next%20for%20the%20Syrian%20Refugee%20Crisis-%20English.pdf

White, R. and Tadess, B. (2010) "The effects of refugee and non-refugee immigrants on US trade with their home countries", *The Journal of International Trade & Economic Development*, 19, 2, 289-317.

Zeager, L. A. and Bascom, J. B. (1996) "Strategic Behavior in Refugee Repatriation: A Game-Theoretic Analysis", *The Journal of Conflict Resolution,* 40, 3, 460-485.

World Bank (2016) ""Yes" In My Backyard? The Economics of Refugees and Their Social Dynamics in Kakuma, Kenya", Report No: AUS14056, Washington DC.

L'ÉCONOMIE DU DÉPLACEMENT FORCÉ : UNE INTRODUCTION

Résumé - *Les déplacements forcés – définis comme le déplacement de réfugiés et de personnes déplacées à l'intérieur de leur propre pays – ont atteint une ampleur et une attention sans précédent au cours des dernières années, en particulier avec la crise syrienne des réfugiés depuis 2011. Peu d'économistes ou d'institutions travaillent sur le déplacement forcé et peu d'articles sont publiés dans les revues scientifiques sur cette question. Les données sont rares, peu fiables ou inaccessibles. L'économie peut-elle relever le défi ? Comment jeter les bases d'analyse de l'économie du déplacement forcé ? Cet article fournit une première réponse à ces questions. Nous avançons à partir des travaux sur le développement et la pauvreté que les approches en termes d'utilité, de choix, de risque et d'information sont des clés d'entrée possibles. L'économie néoclassique manque de certains des ingrédients théoriques qui sont nécessaires, mais les développements récents de la théorie des jeux, de la neuroéconomie et de l'économie comportementale peuvent fournir des outils d'analyse pertinents. Les approches empiriques sont limitées par la qualité des données, mais un exemple est donné qui montre comment les économistes du bien-être social peuvent déjà exploiter utilement les données existantes.*

Mots-Clés - CONFLIT, RÉFUGIÉS, DÉPLACEMENT FORCÉ

TUNISIAN PENSION SYSTEM SUSTAINABILITY: TOWARDS A MULTIDIMENSIONAL REFORM

Tahar ABDESSALEM [*], **Houyem CHEKKI CHERNI** [**]

Abstract - *Using a computable general equilibrium model with overlapping generations we found that accounting reforms of the Tunisian pension system led to a dead end. The results point to the ineffectiveness of the reforms based only on changing pension parameters to ensure sustainability of the system. The effect of such measures will be limited, even in the short term. Such restricted impact can be attributed to the massive increase of pension system deficits, indicating that the pension situation is an undeniable urgency. Therefore, a wide-range reform of the current pension system is inevitable. In the medium and long term, a structural reform should be adopted. A new and fruitful direction of reform would consist in diversifying financing sources by expanding the contribution base for pension financing beyond labor income.*

Key words - PAY-AS-YOU-GO PENSION SYSTEM, FUNDED PENSION, AGEING POPULATION, OVERLAPPING GENERATIONS

JEL Classification - D91, H55, J26

We are grateful to the anonymous referee for his careful reading and valuable comments.

[*] Laboratoire d'Economie et de Gestion Industrielle (LEGI), Ecole Polytechnique de Tunisie ; abdessalem.tahar@ept.rnu.tn

[**] Laboratoire d'Economie et de Gestion Industrielle (LEGI), Ecole Polytechnique de Tunisie ; houyem.chekki@ept.rnu.tn

1. INTRODUCTION

The Tunisian pension system is under considerable financial pressure, threatening its viability and ability to honor its commitments to current and future retirees. This system is in fact affected by the confluence of long-term reasons and conjunctural factors: demographic mutations following fertility decline, increased life expectancy, resulting in ageing population; on the other hand, unfavorable economic conditions with high unemployment, low wage growth, and inflation. If pension schemes are expected to maintain current levels of contributions and benefits, financial deficit would be unsustainable and income security of future retirees would be challenged. Thus, the expected financial pension perspective requires some thinking and alternative working-out of appropriate reforms to ensure its viability.

Various prospective quantitative tools have been developed to answer the questions raised by the future of pensions to cope with ageing population and growing financial deficits. Different reform options are conceivable. The multiplicity of contradictory assessment options requires the use of a consistent quantitative modeling, based on explicit and credible assumptions. The approach currently preferred to analyze the pensions issue rests on the computable general equilibrium model with an overlapping generations structure (CGEM-OLG), given the magnitude of intergenerational transfers and changes in population structure. As for theoretical foundation, CGEM-OLG stands on the Solow (1956) model, the overlapping generations' model initiated by Allais (1947), Samuelson (1958) and developed by Diamond (1965). This theoretical framework integrates "the accumulation of productive wealth, demography and life-cycle hypothesis" (Le Cacheux and Touzé, 2002, p. 92). Strong microeconomic foundations and macroeconomic closure are present in such models. The model explicitly takes into account the interactions between the economic agents decisions. Initial versions of CGEM-OLG models date back to the early 1980s with Summers (1981) and Seidman (1983). In 1987, Auerbach and Kotlikoff provided a full numerical model with 55 generations, certain life period, exogenous technical progress and endogenous labor supply. Thereafter, depending on the models, some technical aspects have changed by considering uncertainty, endogenous technical progress, open economy, and individual heterogeneity. Several models, in line with the work of Auerbach and Kotlikoff (1987) were used to analyze pension systems evolution.

In Tunisia some studies, amongst our previous work, examined this issue:

- Ben Braham (2007) considered the introduction of a complementary funded pillar to finance 10% reduction of a pay-as-you-go (PAYG) pension benefits. The paper measured the impacts on consumption and saving profiles of households and therefore the effects on capital accumulation. Simulation results highlighted an important crowding out effect and a non Pareto-improving reform, in the sense that the burden of the reform was unequally supported by different generations. In such study, held with a 2003 data base, there are no parametric reforms, only a complementary funded pillar.

- Abdessalem & Chekki Cherni (2010 and 2016) considered parametric reforms and introduction of complementary funded pillar. Simulation results allowed comparing the opportunity of different reforms implementation according to particular targets. These studies were calibrated on a 2005 social accounting matrix.

- Ayed Zambaa & Ben Hassen (2013 and 2014), had a totally different approach from that of the two papers mentioned above: it is not a matter of computable model (no social accounting matrix and no calibration procedure for a base year). An analytical solution is driven from a theoretical overlapping generation model, simulated then by assigning values to the equation variables and parameters.

The present work differs from those above, mainly by taking into account the impact of 2011's turmoil through a reduction of both labor force and Total Factor Productivity (TFP) and a pension expenditure increase. More details on how simulations integrated these facts are explained in calibration paragraph. Therefore, the main objective of this paper is to draw a prospective analysis of relevant reform policies for the Tunisian pension system. This analysis could guide public action for effective pension reform. It is proposed to investigate, using a CGEM-OLG model, pension financing options, their effects on the system's financial stability and their socio-economic impacts.

The paper is organized as follows: section 2 presents a diagnosis of the current situation of the Tunisian pension system. Section 3 explains the model's structure. Simulation scenarios and results are detailed in section 4. Sensitivity analysis is carried out in section 5. Finally, we conclude in section 6.

2. DIAGNOSIS OF THE CURRENT SITUATION

In Tunisia, pension plans are managed according to sector activity, by two separate agencies: National Pension and Social Insurance Fund (NPSIF) for the public sector and National Social Security Fund (NSSF) for the private sector. The pension system has a PAYG benefit scheme. The two main schemes, which involve employees in the public sector and non-agricultural employees (SNAE) in the private one, have been experiencing financial difficulties for several years. Others, such as schemes for agricultural employees, have always been structurally in deficit. Emergence of deficits depends on the comparative evolution of contributions and benefits. A slowdown in the growth rate of revenue on the one hand, and an acceleration of expenditure on the other hand, created an imbalance in the financial position of pension schemes. There are several factors explaining this evolution.

2.1. Demographic factors

Two main factors are involved:

- Faster growth of pensioners from affiliated workers: this implies a deterioration of the demographic ratio, defined as the number of affiliated workers for a single pension beneficiary. Indeed, this demographic ratio, observed for the two social security funds, is in steady decline.

- Increase in life expectancy. Thus, pension period is lengthened. In 2012, life expectancy was estimated at 71.8 years for men and 76.3 for women, whereas in the early 60s it was estimated at 41.06 years for men and 43.01 for women. This continuous increase in pension period entails additional financial burden and intergenerational transfers of income in the PAYG.

2.2. Economic factors

Tunisia suffers from slow economic growth and high unemployment, in particular youth unemployment. Both factors negatively affect social security contributions by reducing the taxable earnings base. Financial difficulties were also heightened by privatization and the expansion of the informal sector, depriving the social security system from due contributions.

2.3. Other factors

These are mainly high replacement rates, which can reach 90% of gross wages in the public sector and 80% in the private sector, and increase in early retirement cases.

2.4. Quantitative indicators

Tunisia, as many other countries, has experienced a deep change in its population's pyramid structure. Fertility, the main component of population growth, has significantly decreased, as well as mortality. The pattern for population increase includes the following two features (Figure 1):
- A continuous decline in the proportion of young people in the total population.
- A higher proportion of older people.

Figure 1. Age structure of the Tunisian population (1999-2034)

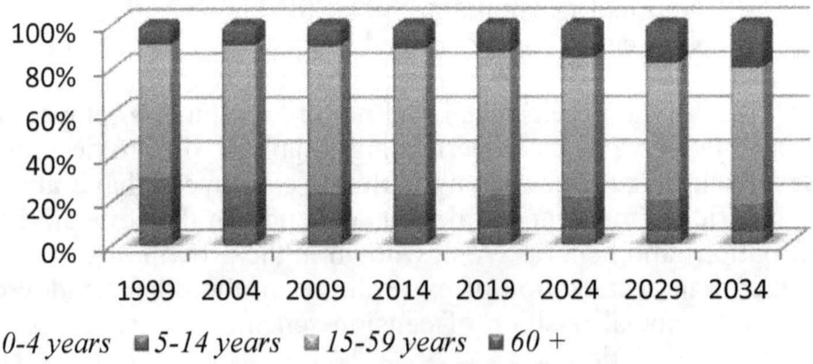

Source: Tunisian National Institute of Statistics.

The pension system deficit continued to widen (Figure 2), despite repeated reforms based on adjustment of key parameters (contribution rate, pension level and retirement age). Forthcoming demographic evolution is likely to exacerbate this trend.

Furthermore, post-revolution socio-economic conditions of the country add to threats on pensions. Indeed, social security resources depend on economic growth pace and on formal employment level. The political, social and economic upheavals the country is experiencing have serious impacts on the general economic situation and on that of pensions in particular. If these schemes are expected to maintain the same levels of contributions and benefits, financial deficit would be unsustainable and income security of future retirees would be challenged.

Figure 2. Technical balance evolution of pension schemes (Million Dinars)

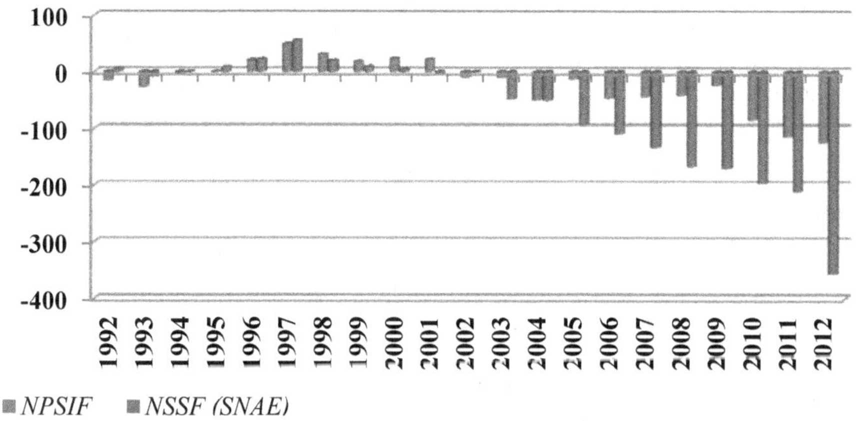

Technical balance: contributions - benefits.
Source: Research and Social Studies Center.

Hence, and given these evolutions, we propose, in the following, to simulate the effects of demographic change and the macroeconomic impacts of various feasible reforms of the Tunisian pension system. We present, first, our model's structure.

3. THE MODEL

Various prospective quantitative tools have been developed to answer questions raised by the future of pensions in response to ageing population and to propose an assessment of the different reform options. The computable general equilibrium models with overlapping generations (CGEM-OLG) appear particularly more appropriate to treat such a problem. Indeed, "all sectors of the economy are taken into account: cohorts of households, firms and public sector." (Dupont et al., 2003). The dynamics of the economy is explained by the behavior of rational optimizing agents.

In CGEM-OLG, a representative agent of the entire cohort maximizes his welfare. This latter is modeled by a utility function on his entire lifecycle. His optimal choice (savings, consumption, labor supply) depends on prices (wages, interest rates), expectations, different taxes, retirement age and other economic policy measures. Therefore, changes in economic policy modify the optimal behavior of consumers in each generation.

Our model's structure is similar to that of Kotlikoff and Auerbach presented in their pioneering paper (1987) and of Rasmussen and Rutherford (2004). The model developed explicitly takes into account interactions between decisions of households, producers and government. The model can be represented by a set of equations designing household's behavior, production sector, pension system (state) and equilibrium conditions. Economic agents operate under a closed economy with exogenous labor supply[1].

Complexity of economic interactions generally prohibits considering individual heterogeneity. Some works tried to integrate heterogeneity of individual trajectories, distribution of wealth and aggregate variables (Hairault, Langot and Sopraseuth, 2004). However, the extreme complexity of numerical calculation induces to oversimplify some key macroeconomic behaviors and mechanisms, otherwise it is impossible to solve. These works then lose their virtue in terms of quantitative evaluation. The use of individual heterogeneity is more appropriate with micro-simulations studies. Despite the one representative agent hypothesis, the CGEM-OLG model provides a rich description of the population generational structure, dividing population into different age-groups. Hence, aggregate labour supply is based on the size of the working-age population while pension expenditures depend on the size of retired age groups.

The model's version used here with exogenous labor supply neglects the distortive effects on labor supply, in particular for scenarios which adjust the contribution rate or the replacement rate. Using endogenous labor supply allows counting the different reforms' impacts on labor behavior. However, bearing in mind that labor becomes scarcer in an aging economy, increasing therefore its price, the positive effect of this wage increase may offset the negative impact associated with a possible contribution rate rise or a replacement rate decrease. Gonand (2007), in a simulation comparison of pension reform scenarios with exogenous and endogenous labor supply, shows that the use of an endogenous working time does not significantly change the macroeconomic dynamics of the model.

CGEM-OLG are not predictive models, their main objective being to draw a prospective analysis of relevant reform policies and to evaluate quantitatively socio-economic impacts. In this context, the use of CGEM-OLG aims to quantify, in a global coherent framework, the consequences of various measures of pension reforms and to assess how these reforms proceed to support financing pension system viability, within some schedule of constraints and targets. Numerical results reveal the magnitude of different economic variables' changes, compared to a baseline scenario. Thus, it is possible to draw conclusions that could help governments in their feasible financing reforms of pension system.

3.1. Household behaviour

Households are assumed to be rational and have perfect foresight. This is a usual assumption but a strong one; it neglects myopia of economic agents.

[1] Even though closed economy characteristic of the model prevents the evaluation of international effect of pension reforms, it is most likely a reasonably credible illustration of most countries given that the ageing process is widespread: all countries will face similar demographic trends.

Some studies have examined the consequences of myopia assumption in the context of an overlapping generation model with two periods (De la Croix and Michel 2002). In the case of several periods; it is possible to introduce this hypothesis using hyperbolic discount rate. Nevertheless, this more realistic assumption would have altered levels of variables but much less their overall dynamics. This does not matter for our analysis since we are interested in comparing macroeconomic effects of different pension reforms scenarios.

At each date t, N +1 generations coexist. Thus a household lives N +1 periods. Each period covers five years. Children are supposed totally dependent on their parents since birth until the age of 20 years when the individual begins working. He works during the first R periods, until retirement age. These working periods will be followed by N +1- R retirement periods. At each five-year period, the oldest generation dies (without leaving a bequest or inheritance) and a new generation enters its first period of activity.

In our modeling, we consider N = 10 which means that each generation lives 74 years, R = 8 which corresponds to a retirement age of 60 years. An individual of generation g, born at the beginning of the year t = g, lives N+1 periods and maximizes a utility function representing his intertemporal preferences. The utility function is of constant elasticity of substitution (CES) type:

$$U_{g,t}(c_{g,t}) = \sum_{t=g}^{g+N} \left(\frac{1}{1+\rho}\right)^{t-g} \frac{c_{g,t}^{1-\theta}}{1-\theta} \tag{1}$$

where $\frac{1}{\theta}$ is the intertemporal elasticity of substitution[2], $c_{g,t}$ the consumption of an individual member of age-group g at time t, ρ the pure rate of time prefer ence. At time[3] t, when the agent is active, he pays on his gross salary Wt contributions to the PAYG pension system at rate τ_t. Saving is noted e_t. During the periods of retirement, he receives a PAYG pension (Pen).

The intertemporal budget constraint is written as follows:

$$\begin{aligned} &c_{g,g} + \sum_{t=g+1}^{g+N} \prod_{j=g+1}^{g+N} (1 + r_{t+j})^{-1} c_{g,t} \\ &\leq W_g(1-\tau_g) + \sum_{t=g+R-1}^{g+R-1} \prod_{j=g+1}^{g+N} (1 + r_{t+j})^{-1} W_t(1-\tau_t) \\ &+ \sum_{t=R+g}^{g+N} \prod_{j=g+1}^{g+N} (1 + r_{t+j})^{-1} Pen_t \end{aligned} \tag{2}$$

[2] θ is the inverse of the intertemporal elasticity of substitution.
[3] When a variable is independent of the agent's birth date, it is not indexed.

This implies that expenditure value is less than or equal to the discounted income value, with:

$$Pen_t = \mu_t W_t$$

μ being the replacement rate.

Maximizing the utility function (1) under the intertemporal budget constraint (2) gives the optimal consumption of a household, belonging to generation g, at each period of its life cycle, according to the consumption of the previous period:

$$c_{g+1,t+1} = c_{g,t}\left[\left(\frac{1+r_{t+1}}{1+\rho}\right)\right]^{1/\theta}$$

The representative consumer behavior of each generation will be completely determined by its intertemporal budget constraint and the set of equations describing the optimal choice for consumption and thus for saving:

$$e_{g,t} = e_{g,t-1}(1+r_t) + W_t(1-\tau_t) - c_{g,t}$$

3.2. The production sector

Firms operate in a perfectly competitive market. They produce a single composite good whose price is equal to unity. The production function is specified as Cobb-Douglas with constant returns to scale:

$$Y_t = \Phi K_t^{\alpha} Le_t^{1-\alpha}$$

where Y represents real output, K the real value of the capital stock, Le the effective labour force, α stands for capital income share and *Φ*a scaling variable.

$$Le_t = L_t\, A_t$$

where L_t is the number of workers, A_t Technical Progress assumed to be exogenous and labor augmenting; it grows at a constant rate gpp:

$$A_t=A_{t-1}(1+gpp).$$

Factors and output are determined by the two profit maximization first-order conditions:

$$r_t = \Phi\alpha K_t^{\alpha-1} Le_t^{1-\alpha} - \delta$$

$$w_t = \Phi(1-\alpha) K_t^{\alpha} Le_t^{-\alpha}$$

where r_t is the interest rate, δ the capital depreciation rate and w the wage rate per unit of effective labor.

Capital stock evolves over time according to the following equation:

$$K_{t+1} = I_t + (1-\delta)K_t$$

where I_t is gross investment.

3.3. The pension system

At each date t, the total amount of contributions collected is:

$$COT_t = \tau_t SM_t L_t \text{ where } L_t = (1 + gap_t) L_{t-1}$$

SM_t : average wage; gap_t : growth rate of workers at period t.

The benefits are:

$$Prest_t = \mu_t SM_t L_t^{Ret}$$

L_t^{Ret} is the number of retirees; $L_t^{Ret} = (1 + gop_t) L_{t-1}^{Ret}$ where gop_t denotes the growth rate of retired population at period t.

3.4. Equilibrium conditions

To ensure the logical consistency of the model, three equilibrium conditions of labor market, capital market and composite good market should be met. These equilibrium conditions guarantee the closure of the model:

The Labor market:

$$L_t = \sum_{g=0}^{R-1} H_{g,t}$$

$H_{g,t}$ is the number of workers in age-group g at period t.

The Capital market:

$$I_t = S_t$$

S_t denotes aggregate saving.

The Composite good market:

$$Y_t = C_t + I_t \text{ where } C_t = \sum_{g=0}^{N} c_{g,t} H_{g,t}$$

3.5. Calibration

The parameters of CGE models are not all observable in reality. Unless there is an adequate econometric approach, it is often necessary to use a calibration[4].

In the following, we describe the choice of parameters related to preferences, production function, pension system and finally demographic parameters[5].

3.5.1. Preferences

Time preference rate ρ is determined by the calibration procedure. It is calculated using the first order conditions of the consumer's maximization pro-

[4] The model was solved using the General Algebraic Modeling System (GAMS), Anthony, Kendrick, Meeraus and Raman (1998).

[5] The selected values for the model's parameters and the results of calibration are reported in the appendix.

gram and respecting a constraint on the aggregation of household consumption (See Ramussen and Rutherford, 2004).

3.5.2. The production function

Capital income share, α, is determined from the expression of marginal productivity of factors and the respective values of Y and labor income for the base year[6]. Depreciation rate is calibrated, once interest rate is fixed, from observed values of the initial capital stock and capital income.

3.5.3. The pension system

Replacement rate, μ, is chosen to reproduce the value of the benefits for the base year. The value found is 0.67%, which is an average between the private (NSSF) and the public (NPSIF) systems. PAYG contribution rate is determined in order to provide a balanced budget for the pension system.

3.5.4. The demographic parameters

Some data on demographic variables and their rate of growth are taken from NSI's forecasts[7]; others (for the year 2034-2040) are taken from the United Nations' forecasts[8] and, to complete missing information, we made assumptions for long-term evolution.

3.5.5. The exogenous shock

Since the model was calibrated with a social accounting matrix for 2005, we introduce, in our present simulations, an exogenous shock in 2011 representing the Tunisian revolution. This shock consists in a reduction of both labor force and total factor productivity (TFP), because of social and economic turmoil. These modifications allow reproducing observable data in 2011, after the revolution, as well as taking into account future evolutions along with new Tunisian socio-economic challenges:

- In our previous publications (2010 and 2016) A_t is technical progress which is assumed to be exogenous; it grows at a constant rate gpp: $A_t=A_{t-1}(1+gpp)$. In this paper, gpp rate has been changed to take account of total factor productivity' decrease.
- We changed the growth rate of workers (gap_t), taking into account the unemployment increase after 2011.
- Due to the political decision of general amnesty, making early retirement for many officials, and the invalidity and death of many workers, pension expenditure increased. To deal with these facts, we changed L_t^{Ret}, the number of retirees and their growth rate gop_t.

4. SIMULATIONS OF DIFFERENT POLICY REFORMS (2015-2040)

To illustrate impacts of different pension system reforms on agent's behavior, pension system balance and on economic aggregate variables, we consider two main sections of our simulations. First, we study the consequences of de-

[6] The value found is consistent with the econometric estimates made for Tunisia.
[7] Population forecast, 2004-2034. INS, June 2007.
[8] http://esa.un.org/unpop/

mographic shock. The second section focuses on analyzing the effects of parametric changes: rise in contribution rate, reduction in pension level, rise in retirement age, and a combined reform.

4.1. Pension system perspectives under unchanged structure

What is the future of the Tunisian pension system under unchanged legislation? This investigation concerns the evolution of the current operating pension system, and provides the benchmark to compare various reform measures.

The basic scenario explored in this context allows for studying the viability of the pension system under future demographic evolution. Demographic shock is characterized by a change in age pyramid, represented mainly by an increase in the size of age groups over 60 years and the narrowing of the 20-59 years age cohort, in response to declining fertility rates and increasing life expectancy. This induces an increase in dependency ratios.

According to this scenario, it seems that pension system deficit would continue to increase very substantially throughout the analysis period. It would increase from 0.8% of the GDP in 2015 to 3.7% in 2020 and 10.6% in 2030. These numbers are significantly higher than those of a recent study of the Research and Social Studies Center (RSSC), which predicted 2.2% and 6.2% respectively[9]. The difference may result from the retroactive effects on investment taken into account in our study. Our analysis shows, for example, that in 2020 investment would be reduced by 16% compared to its value in 2015. This decrease is explained by the existence of a crowding out effect that comes from a diversion of a part of savings to the pension system to cover its financial deficit. In fact, our scenario assumes that financing requirement would be insured by borrowing from the financial market[10].

The pension system as currently defined could not survive demographic, economic and social developments expected in the coming years. Keeping the same parameters (replacement rate, length of contribution, contribution rate) involves an inevitable budget deficit. This worrying situation needs an implementation of reforms in order to sustain the pension system and alleviate the burden of its financial deficit on the rest of the economy. In what follows, we simulate parametric reforms, namely contribution rate increase, pension level reduction and rise of retirement age, and a combined reform.

4.2. Pension system reforms

4.2.1. SCENARIO 1: Contribution rate increase

Contribution rate increase could balance the financial situation of the pension system but at the cost of a significant reduction in savings. The equilibrium contribution rate should follow an increasing pace reaching unsustainable levels exceeding 36% in 2030 and 40% in 2040.

---

[9] Demographic and Financial Projection of RSSC, Internal memo (2012).

[10] See Abdessalem & Chekki Cherni (2010) and (2016) for more details on the modeling procedure.

Contribution rate increase pushes downward the net wage rate which negatively affects savings and therefore investment. For example, in 2020 investment would be reduced by 14% compared to its value in 2015. In the long term, savings would show a considerable drop, savings rate would be reduced from 16% of GDP in 2012 to 7% in 2040 and GDP growth rate would be greatly affected.

4.2.2. SCENARIO 2: Replacement rate decrease

The assumption assumed is that replacement rate will decrease by 5% from the base year. This scenario's first consequence is to change household consumption level. In fact, simulations show that household consumption profile throughout life cycle has been reduced. This decline reflects a change in intertemporal income (by reducing replacement rate). Consumption decline is beneficial to savings, which increase in turn. This behaviour is actually expected since households are forced to increase their savings to compensate for a lack of income once they reach retirement.

Replacement rate reduction by 5% from the base year could alleviate the pension system deficit, but it is not sufficient to balance the financial situation. We suppose that contribution rate will increase to achieve the need to finance pensions. Simulations results show that negative effects on savings and on the equilibrium contribution rate would be relatively reduced compared to the two other scenarios (scenario 4.1 with no reforms and scenario 4.2.1 with contribution rate increase). Investment decline would be 12% during the same period, and the equilibrium contribution rate would be 26% and 30% respectively in 2025 and 2030. However, these levels are reached at the expense of retirees' purchasing power.

4.2.3. SCENARIO 3: Legal retirement age increase

This measure increases pension system income and therefore reduces the scheme's deficit. We assume here that, from the base year, retirement age becomes 65 instead of 60 years. Increasing retirement age implies a higher intertemporal income, because, on the one hand, households are now working for a longer period, and on the other hand, equilibrium contribution rates are lower. They recorded a decline compared to those of replacement rate decrease and contribution rate increase scenarios. Increasing retirement age, influencing both resources and expenditure, contributes significantly in alleviating social contribution burden. This measure would have the least negative impact on employees' purchasing power and on firms' competitiveness. The equilibrium contribution rate is the lowest compared to the other scenarios, it would be 23.8% and 27.3% respectively in 2025 and 2030. Nevertheless, recourse to contribution rate increase is still high, reaching 32% in 2040.

4.2.4. SCENARIO 4: a complementary funded pillar

Besides the assessment of parametric reforms of PAYG system, we add here a complementary funded pillar scenario. The simulations results are presented, and also arguments drawn for why such a reform is not appropriate for Tunisian pension system in the ongoing and expected context (see Arrau & Schmidt-Hebbel (1993), Feldstein & Samwick (1997) and Feldstein (1995)).

Let's first point out that current situation of financial markets and the weak economic growth, after the recent turmoil, make the business climate too fragile, and considering a complementary funded pillar is very risky. For this, the financial system should be, first of all, reformed and reinforced.

Then, investigating this alternative solution, simulation results show that the financial problem is far from to be solved. In this scenario we assume a complementary funded pension accompanied by 5% decrease of PAYG pension benefits (for more details on implementation see Abdessalem and Chekki Cherni (2010) and (2016)). A crowding out effect is highlighted; investment falling by 11% in 2020 compared to 2015 level; the only positive effects, on capital accumulation, being long term impacts, need several years to be achieved.

4.2.5. SCENARIO 5: a combined reform

In this scenario we combine all the previous reform measures. But this is not the better option, for political and social reasons, especially in the current post-revolution Tunisian situation. As for a threshold level for the contribution rate, when we simulate such a scenario, the replacement rate decrease needed to balance the financial situation of pension system, could not be sustainable given the magnitude of deficits.

The combined reform scenario simulates the above mentioned measures together:

- A 5% replacement rate reduction,
- Retirement age increase for a period of 5 years,
- Introduction of a funded pillar with a 1% contribution rate,
- Contribution rate increase to ensure the financial equilibrium.

With this mix, the effect of the demographic shock is largely offset and the PAYG equilibrium contribution rate could reach 25% and 30% respectively in 2030 and 2040. In 2020 investment would be reduced by 2.4% compared 2015 level. However, if the latter scenario seems to be the best in the short term (in the medium and long term, the equilibrium contribution rate is still unsustainable), it is far from to be accepted because of political and social considerations as it's now the case about increasing retirement age for example. All simulations suggest that this reform should be compulsory, to alleviate the burden of pension deficits. But after union's protest the way would be rather optional.

Overall, these results confirm the dead end of the accounting reforms modifying system settings. The effect of such measures will be limited, even in the short term, given the extent and the massive increase of deficits (see Figure 3). Faced with the ineffectiveness of reforms based on changing pension parameters – even supplemented by funded pillar – to ensure the sustainability of the system, the pension situation remains an undeniable urgency. That's why other structural reforms are needed, specifically those expanding the financing base (contribution relying on all incomes, not only wages; various feasible taxes...) considered as multidimensional reforms.

Figure 3. Equilibrium Contribution rate according to different reforms

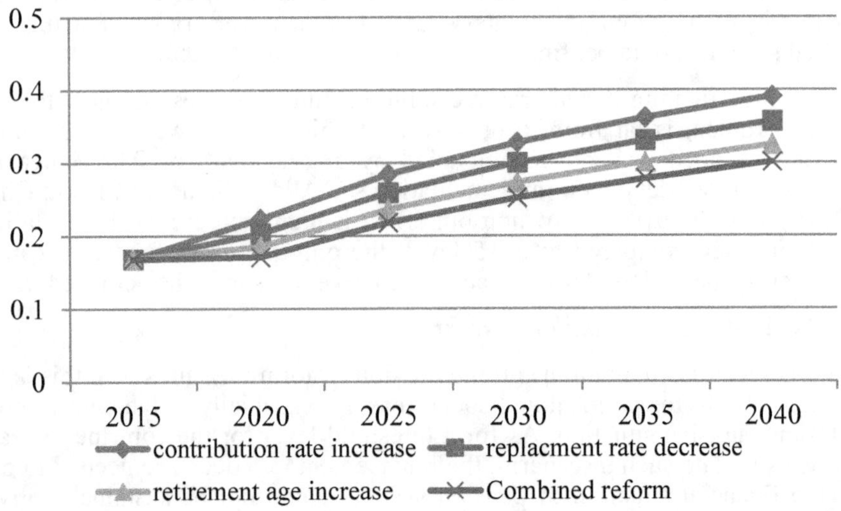

Let's now mention a technical remark: despite the high internal consistency of CGEM-OLG, this approach is not above all criticism. The main weakness comes from the calibration method. Some model parameters cannot be supplied by the econometric estimation but at the end of a calibration procedure. Therefore, they remain highly dependent on observed base year data. At this level, sensitivity tests of parameter values are typically used to overcome this deficiency. The following sensitivity tests evaluate the results' sensitivity to the crucial assumptions made on behavioral activity and technical progress growth rate.

5. SENSITIVITY ANALYSIS

We focus on a sensitivity simulation of the following parameters:

- productivity growth rate (gpp_t)
- capital depreciation rate (δ),
- capital income share (α),
- rate of time preference (ρ)
- value of interest rate in the calibration process ($\bar{r}$).

Tests were first carried out on different values of the productivity growth rate. The results indicate that the higher gpp_t is, the lower are the macroeconomic negative demographic shock effects. We proceeded by including the various reforms discussed on productivity gains. These latter could mitigate widely, in the short and long term, the negative effects of demographic changes and those of various reforms.

The simulation results for the alternative values of the key parameters indicate that the qualitative results are remarkably stable with respect to these parameters. The slight sensitivity to capital income share comes from the following mechanism. Namely, when capital income share becomes larger (lower), labor income share becomes lower (larger) which gives individuals a disincentive(incentive) to save less (more), which in turn lowers (increases) savings rate. However, sensitivity to changes in the assumed value of capital income share, α, remains sufficiently low, thus not raising serious concerns about the usefulness of the previous discussion, since saving rates decrease in the transition period, and equilibrium pension contribution rates are insensitive to these changes. In particular, the sensitivity tests indicate that the pension contribution rate dynamics are robust to realistic parametric changes, even though affecting considerably saving rates, since real wage changes affect revenues and expenditures of the pension system in the same direction.

While alternative assumptions about the nature of demographic transition and workforce participation behavior are also likely to affect results, absence of alternative population and workforce forecasts prevented us from carrying out sensitivity tests on changes in forecast population and workforce series. This, however, is one of the directions our study plans to take in near future.

6. CONCLUSION

This study aimed to contribute to the debate on pension reforms. A set of measures dealing with the financial problems of the PAYG pension schemes have been simulated. The results are used to specify the magnitude of changes in the various economic variables. Thus, it is possible to draw conclusions useful for policy making targeting pension system reforms.

Population ageing and the volatile economic environment, under no change in pension system parameters, lead to financial pressure and growing deficits. This raises the issue of the availability of public actions to restore the pension system's financial equilibrium and, at the same time, to avoid economic distortions caused by reform strategies, particularly those on capital accumulation.

In Tunisia some studies, amongst our previous work, examined this issue. The present work differs from those analyses, mainly by taking into account the impact of 2011's turmoil. We introduce in our present simulations, an exogenous shock in 2011 representing the Tunisian revolution. This shock consists in a reduction of both labor force and Total Factor Productivity (TFP) and a pension expenditure increase because of social and economic turmoil. These modifications allow reproducing observable data in 2011, after the revolution, as well as taking into account future evolutions along with new Tunisian socio-economic challenges. The main finding, making a difference from the existing studies, highlights the additional difficulties to cope with the massive increase of pension system deficits.

For this analysis, we have developed a general equilibrium overlapping generations model to examine the measures of balancing the Tunisian pension system's budget and their macroeconomic effects, particularly on savings and therefore on investment. The proposed reforms to ensure sustainability of the pension system are, increase in contribution rate, decrease in pensions' level, increase in retirement age and a combined reform.

Implemented simulations suggest the following results:

- Increase in pension contribution rate and a decline in national savings are inevitable, with or without the simulated policy reforms.
- Increase in retirement age seems to be the most effective in reducing the need for higher future contribution rates.
- No solution can solve the financial imbalance of the pension system and at the same time may have no negative effects on the rest of the economy. According to the considered assumptions, reforms may alleviate the pension system burden, but have different macroeconomic impacts.

The results point to the ineffectiveness of the reforms based only on changing pension parameters to ensure sustainability of the system, even supplemented by funded pillar, indicating that the pension situation is an undeniable urgency. A wide-range reform of the current pension system is inevitable. But immediately, the growing trend of deficits should be controlled. Our previous diagnosis points out the benefit of an increase in retirement age, as this is the less difficult solution. However, according to those advocating a substitution of youth employment with that of seniors, this could stand against reducing youth unemployment, because lengthening retirement age does not free up space for younger workers. This view bears on the erroneous belief in a fixed amount of work. Economists call this the "lump of labor fallacy" (Jousten et al., 2008, p. 9), i.e. removing older workers from the labor market reduces unemployment. Several economic studies reject this vision of labor market and propose empirical assessments of the correlation between retirement and employment (Layard et al., 1991, and St Paul, 2004). The results show, among others, that there is no significant negative effect on employment or youth unemployment. On the contrary, it seems that all youth participation goes together with that of the elderly. Youth employment is more affected by structural and institutional features of a given country.

In the medium and long term, a structural reform should be adopted. A direction of fruitful reform consists in diversifying financing sources by expanding the contribution base for pension financing beyond labor income, or using taxation. This approach considers that taking care of seniors in aging societies is a public service to be provided by the community at large.

APPENDIX 1. PARAMETERS VALUES

Parameters set	
θ	0.75
n (baseline)	0.01
r (baseline)	0.05
R	8

calibrated parameter	
ρ	0.022
A	0.828
δ	0.07
α	0.40
τ (base year)	0.14
μ	0.67

REFERENCES

Abdessalem T., Chekki Cherni H., 2010, “Pension Systems Reforms: Theoretical Essays and Empirical Analysis”. Ph.D., University of Tunis. 2010.

Abdessalem T., Chekki Cherni H., 2016, Macroeconomic effects of pension reforms in the context of aging populations: overlapping generations model simulations for Tunisia, *Middle East Development Journal*, 8, 1, 84-108 .

Allais M., 1947, *Economie et intérêt*, Imprimerie Nationale, Paris.

Anthony B., Kendrick D., Meeraus A., Raman R., 1998, "GAMS: A Users Guide", GAMS Development Corporation, 1998.

Arrau P., Schmidt-Hebbel K., 1993, "Macroeconomic and Intergenerational Welfare Effects of a Transition from a Pay-as-You-Go to a Fully Funded Pensions", Working Paper, World Bank.

Auerbach A.J., Kotlikoff L.J., 1987, *Dynamic Fiscal Policy*, London: Cambridge University Press.

Ayed Zambaa A., Ben Hassen L., 2013, The pension Reform Proposal for Tunisia: the case of the general NPSIF scheme”, *Journal of Economics and Business Research*, 2, 154-166.

Ayed Zambaa A., Ben Hassen L., 2014, Pension reform and macroeconomic impact: simulations for the case of Tunisia via overlapping generational models, *Journal of Public Administration Finance and Law*, 6, 131-138.

Ben Braham M., 2007, Impact de l’introduction d’une dose de capitalisation en Tunisie: simulation à l’aide d’un modèle à générations imbriquées, *Economie et Prévision*, 180, 4, 189-199.

De la Croix D., Michel P., 2002, "Myopic and perfect foresight in the OLG model", *Economic Letters*, 67, 53-60.

Diamond P., 1965, "National Debt in a Neoclassical Model ", *American Economic Review*, 55, 1126-1150.

Dupont G., Hagneré C., Touzé V., 2003, "Les modèles de microsimulation dynamique dans l'analyse des réformes des systèmes de retraites : une tentative de bilan", *Economie et prévision*, 160, 167-191.

Feldstein M., Samwick A., 1997, "The Economics of Prefunding Social Security and Medicare Benefits ", NBER Working Paper N° 6055.

Feldstein M., 1995, "Would Privatizing Social Security Raise Economic Welfare?", NBER Working Paper 5281.

Gonand F., 2007, "Essais sur la réforme des retraites, son impact sur la croissance et ses effets redistributifs", Thèse de Doctorat, CECO, Laboratoire d'économétrie de l'École polytechnique.

Hairault J.O., 2004, Langot Fand Sopraseuth T., 2004, "Retraites choisie et réduction des déficits", *Revue Française d’Economie*, 18, 75-136.

Jousten A., Lefèbvre M., Perelman S., Pestieau P., 2008, "The Effects of Early Retirement on Youth Unemployment: The Case of Belgium", IMF Working Paper, WP/08/30, 1-31.

Layard R., Nickell S., Jackman R., 1991, *Unemployment: Macroeconomic Performance and the Labour Market*, Oxford University Press.

Le Cacheux J., Touzé V., 2002, Les modèles d'équilibre général calculable à générations imbriquées: Enjeux, méthodes et résultats. *Revue de l'OFCE*, 80, 87-113.

Ramussen T.N., Rutherford T.F., 2004, "Modelling overlapping generations in a complementarity format", *Journal of Economic Dynamics and Control*, 28, 1383-1409.

Samuelson P.A., 1958, "An exact consumption-loan model with or without the social contrivance of money", *Journal of Political Economy*, 66, 467-482.

Siedman L., 1983, "Social security and demographics in a life cycle growth model", *National Tax Journal*, 36, 2, 213-224.

Solow R., 1956, "A contribution to the theory of economic growth", *Quarterly Journal of Economics,* 70, 65-94.

St Paul G., 2004, "Why are European Countries Diverging in Their Unemployment Experiences?," *Journal of Economic Perspectives,* 18, 49-68.

Summers L.H., 1981, "Capital taxation and accumulation in a life cycle growth model", *American Economic Review*, 71, 4, 533-544.

LA SOUTENABILITÉ DU SYSTÈME TUNISIEN DE RETRAITE : VERS UNE RÉFORME MULTIDIMENSIONNELLE

Résumé *- En utilisant pour la Tunisie un modèle d'équilibre général calculable à générations imbriquées, nos résultats soulignent l'inefficacité des réformes fondées uniquement sur la modification des paramètres de retraite pour assurer la viabilité du système. L'effet limité de ces mesures, même à court terme, peut être attribué à l'augmentation massive des déficits du système de retraite. Vu la situation, une réforme de grande portée du système de retraite actuel paraît inévitable à moyen et long terme. Nos simulations attestent qu'une voie de réforme prometteuse consisterait dans la diversification des sources de financement en élargissant l'assiette de contribution des régimes de retraite au-delà des revenus du travail.*

Mots-Clés - RÉPARTITION, CAPITALISATION, VIEILLISSEMENT DÉMOGRAPHIQUE, GÉNERATIONS IMBRIQUÉES

COMPTE RENDU

Joao Ferreira, Mario Raposo, Cristina Fernandes, Marcus Dejardin (ed.), *Knowledge intensive business services and regional competitiveness*, Routledge, 2016, 332 p.

Il est loin le temps où les services étaient considérés dans les pays développés comme des activités à faible productivité et où le progrès technique et la croissance économique reposaient largement sur le secteur industriel (Baumol, 1967). Aujourd'hui, mis à part les services « présentiels » à faibles économies d'échelle et fournis par une main-d'œuvre peu qualifiée, les activités de service, et notamment les « services supérieurs », sont reconnus comme des secteurs moteurs de la croissance dans les économies fondées sur la connaissance. Il en va notamment de ce qui a été appelé les KIBS (*Knowledge Intensive Business Services*), qui délivrent des inputs intermédiaires aux entreprises industrielles et de service. Ces services de soutien aux entreprises reposent sur une main-d'œuvre qualifiée, et même très qualifiée comme les « services intensifs en connaissance de haute technologie » (HKIS). Les KIBS se caractérisent par une croissance particulièrement élevée de leur valeur ajoutée depuis les années 1980-1990. Ils apparaissent comme un vecteur majeur de la transmission et de l'intégration des connaissances dans les processus de production. Ils contribuent au développement de l'innovation, technique et organisationnelle. Ils jouent un rôle fondamental dans l'évolution de la productivité et de la compétitivité régionales. Différentes études, en Europe, aux Etats-Unis..., tendent à montrer que depuis le milieu des années 1990 les KIBS se localisent particulièrement dans les grandes aires métropolitaines, et qu'ils contribuent, avec la croissance des activités à fort capital humain, à leurs dynamiques.

L'ouvrage coordonné par J. Ferreira, M. Raposo, C. Fernandes et M. Dejardin tente, en quatre parties et treize chapitres, et avec le concours de trente-quatre auteurs, de dresser un inventaire des travaux sur les KIBS, des différentes pistes de recherche qu'ils ont suscitées ou auxquelles ils peuvent être associés, des enjeux à considérer en termes de politique locale.

Une analyse bibliographique des travaux sur les KIBS est donnée au chapitre 1, s'appuyant sur des articles publiés entre 1994 et 2014 dans des revues internationales, mais on doit dire qu'elle est déjà dépassée depuis la parution de l'ouvrage[1].

L'ouvrage est riche et appréciable dans la diversité des approches proposées. L'analyse des KIBS est abordée, selon les chapitres, de différentes manières et touche à de nombreux domaines : les systèmes régionaux d'innovation, l'économie géographique de l'innovation, les clusters et leurs « cycles de vie » envisagés comme des systèmes adaptatifs complexes, les économies d'agglomération,

[1] On peut par exemple noter trois articles d'un apport intéressant parus très récemment : Lafuente et al. (2016), Pöschl et al. (2016), Zhang (2016).

les externalités de connaissance, les externalités pécuniaires et le marché de la connaissance, le degré de spécialisation/de variété reliée (externalités MAR, Jacobs) et le niveau de développement des territoires, les relations entre firmes et les réseaux informels, l'entrepreneuriat et l'essaimage (spin-off), la capacité d'innovation des PME, la recherche-développement et les TIC...

Les chapitres – certains formalisés, d'autres moins – sont appliqués à un large éventail de cas : les régions européennes, les régions allemandes, la région Wallonne en Belgique, la Norvège, la Suède, les *Midlands* au Royaume-Uni, Cracovie en Pologne, le Québec, des régions taïwanaises, la *Gold Coast* en Australie...

Parmi les lacunes de l'ouvrage, on regrettera une introduction qui se limite essentiellement à présenter les différents chapitres, sans réel effort de synthèse et de véritable cadrage sur le plan analytique. Il faut bien voir aussi que l'ouvrage, en privilégiant une démarche ouverte, n'est qu'un propos d'étape dans les innombrables recherches à venir sur le développement des services et la désindustrialisation, la localisation des services supérieurs et les mécanismes de la productivité régionale où les KIBS sont souvent au cœur.

Au final, ce livre sera d'une lecture stimulante pour les spécialistes en économie régionale, en économie de l'innovation et en économie des services, voire pour éclairer des décideurs locaux.

Références

Baumol W.J., 1967, Macroeconomics of unbalanced growth : The anatomy of urban crisis, *The American Economic Review*, 57.

Lafuente E., Vaillant Y., Vendrell-Herrero F., 2016, Territorial Servitization: Exploring the virtuous circle connecting knowledge-intensive services and new manufacturing businesses, *International Journal of Production Economics*, in press.

Pöschl J., Foster-McGregor N., Steher R., International R&D spillovers and business service innovation, *The World Economy*, 39, 12.

Zhang C., 2016, Agglomeration of knowledge intensive business services and urban productivity, *Papers in Regional Science*, 95, 4.

Maurice Catin
LEAD, Université de Toulon

Jacques Brasseul, *Histoire économique de l'Afrique tropicale des origines à nos jours*, Armand Colin, coll. « U », Paris, 2016, 366 p.

Jacques Brasseul qui a longtemps enseigné dans les universités en Afrique et à Madagascar associe ses compétences en matière d'histoire économique[2] et en économie du développement[3] pour nous offrir un ouvrage sur l'histoire économique de l'Afrique tropicale (au sud du Sahara) et qui aborde des questions non dénuées de controverses. L'histoire économique de l'Afrique (subsaharienne) soulève notamment trois questions qui font polémique : les causes du retard initial de l'Afrique, les effets de la traite et ceux de la colonisation. L'historien est donc contraint à un travail critique sur l'ensemble des matériaux dont il dispose, y compris les ouvrages des historiens qui l'ont précédé. Ce travail ne suffit pas toujours pour trancher. Dans ces cas-là le savant honnête doit donc avoir l'humilité d'avouer qu'il ne sait, ce qui revient à présenter les faits contradictoires, les diverses interprétations en présence sans prétendre en tirer une vérité. Dans le cas de l'Afrique tropicale, la difficulté est renforcée par l'absence de sources écrites jusqu'à la période récente. C'est le grand mérite de J. Brasseul de reconnaître son incertitude quand l'historiographie ne permet pas d'aller plus loin. Ainsi, les effets démographiques de la traite sont-ils « extrêmement controversés, ce qui laisse *in fine* une impression de brouillard » (p. 224). Cette modestie doit à elle seule servir de leçon à ceux qui affirment catégoriquement – et sans preuve probante – que la traite a provoqué une diminution en valeur absolue de la population africaine. Cela n'empêche pas l'auteur de rectifier les erreurs communément admises quand l'état des connaissances l'y autorise. Ainsi, toujours à propos de la traite, J. Brasseul souligne qu'elle n'est pas la cause du retard économique de l'Afrique mais que bien au contraire c'est ce retard-même, « bien antérieur à la traite, qui en est la cause » (p. 230).

Puisque l'absence séculaire de développement économique est le facteur déterminant de l'histoire politique de l'Afrique, c'est elle qu'il convient d'expliquer. Comment comprendre, par exemple, alors que les Africains maîtrisent des langues d'une complexité extrême, défiant les compétences des meilleurs linguistes, que tant de leurs sociétés en soient restées au stade néolithique jusqu'à une période récente. Selon J. Brasseul, cela tient aux ressources naturelles, non seulement les conditions climatiques défavorables qui expliquent les lenteurs de la croissance démographique mais plus largement une géographie qui a contribué à l'isolement de l'Afrique tropicale par rapport au reste du monde, avec le Sahara qui fait barrière au nord et, du côté des océans, des côtes disposant de très peu d'abris naturels et donc contraires au développement de la

---

[2] Il est, rappelons-le, chez le même éditeur, l'auteur d'une *Histoire des faits économiques* [mondiaux] en trois volumes, abrégés en une *Petite Histoire des faits économiques et sociaux* constamment rééditée.

[3] Jacques Brasseul publie par ailleurs la quatrième édition de son ouvrage sur l'économie du développement, dont la première édition date de 1989. La troisième édition en 2008, *Introduction à l'économie du développement,* a fait l'objet d'un signalement dans *Région et Développement* n°27-2008.
Jacques Brasseul et Cécile Lavrard-Meyer, *Économie du développement – Les enjeux d'un développement à visage humain*, Paris, Armand Colin, coll. « U », 4ème édition, 2016, 384 p.

navigation. Rien à voir avec l'Europe dont les rivages sont extraordinairement découpés, dont l'intérieur est lui-même divisé par des frontières naturelles mais non infranchissables qui ont favorisé la création d'États distincts en compétition les uns avec les autres, qui enfin a pu facilement recevoir et diffuser les innovations en provenance d'Asie.

L'empire d'Éthiopie constitue une exception avec son écriture propre, la seule monnaie frappée[4] et une longévité remarquable : en comptant le royaume d'Aksum (-100, +1000) dont il était l'héritier, il a duré près de deux millénaires. Au contact avec l'Égypte, en face de « l'Arabie heureuse », il a profité des influences chrétiennes et musulmanes. En comparaison, les autres empires africains dont l'économie reposait sur la trilogie du sel, de l'or et des esclaves, n'eurent qu'une existence éphémère (moins de trois siècles). Dépourvus de frontières géographiques précises, au peuplement hétérogène, sans cohésion autre que celle imposée par la force, ils étaient condamnés à disparaître dès que celle-ci faiblissait.

L'islamisation de l'Afrique subsaharienne se fera principalement sous l'impulsion des marchands, à partir du moment où les caravanes de dromadaires traverseront le Sahara (XIIe siècle) ; elle s'arrêtera au sud là où commence la forêt équatoriale. Cependant la traite des esclaves à travers le désert, dite orientale, avait commencé dès le VIIe siècle et se poursuivra jusqu'au début du XXe siècle avec la colonisation de la Libye par l'Italie. Elle aura son apogée au XIXe siècle avec des convois de plusieurs milliers d'esclaves (pieds nus sur le sable brûlant, avec des étapes entre deux points d'eau allant jusqu'à vingt jours). Cette traite qui empruntait également des boutres entre l'Afrique de l'est et l'Arabie jusqu'en Inde (et qui a concerné en tout quelque 29 millions de personnes) fut encore plus meurtrière que la traite atlantique (laquelle a touché quelque 12 millions de personnes entre 1450 et 1900).

Concernant les conséquences sur le développement économique, la réponse de J. Brasseul – qui s'appuie ici encore sur tous les travaux disponibles – est claire : il n'y a pas eu de conséquence globalement négative et il avance un certain nombre d'arguments : (i) Les régions de l'Afrique épargnées par la traite n'ont pas connu un développement plus rapide, au contraire, et (ii) en admettant même que la traite ait entraîné une certaine dépopulation, « dans une économie de subsistance… le retrait d'hommes et de femmes producteurs correspond très exactement à un retrait de consommateurs au même niveau de production » (p. 231) ; il n'y a dès lors pas de frein à l'accumulation du capital. Mais l'Afrique est vaste, toutes les régions n'ont pas été également touchées : la côte occidentale a connu un certain décollage en raison de la traite, certains souverains des pays exportateurs d'esclaves (Dahomey, Ashanti) se sont considérablement enrichis...

Quid des conséquences économiques sur les pays qui l'ont pratiquée ? Nul ne niera qu'elle a fait la fortune de certains ports, comme Liverpool ou Nantes, et de leur hinterland. Mais J. Brasseul montre bien qu'il serait abusif d'expliquer ainsi la croissance de ces pays. La comparaison entre l'Angleterre et la France est à cet égard éclairante. Au XVIIIe siècle, alors que les deux pays sont à peu près à égalité dans le commerce avec leurs colonies (bois d'ébène com-

[4] Avant l'arrivée des Arabes en Afrique de l'Ouest à partir du Xe siècle.

pris), la première s'engage dans la révolution industrielle et devient la première puissance économique mondiale tandis que la croissance française demeure plus lente et encore impulsée par les progrès de l'agriculture. Et que dire des pays musulmans « pratiquant la traite sur une période encore plus longue, et également restés à l'écart de l'industrialisation et du progrès économique » (p. 228).

Les facteurs de la colonisation sont multiples et contradictoires. Si les préoccupations humanitaires n'étaient pas absentes, le désir d'enrichissement fut certainement davantage déterminant et, plus encore, la volonté de ne pas se laisser « doubler » par d'autres conquérants. Cela explique pourquoi les puissances européennes se sont précipitées toutes ensemble sur le continent africain. Malgré leur supériorité numérique, les Africains insuffisamment armés et affaiblis par une longue période de sécheresse à la fin du XIXe siècle durent accepter leur défaite. Dans un chapitre intitulé « Pressions », J. Brasseul rappelle dans quelles conditions l'Afrique fut finalement conquise et à quel coût humain.

La période coloniale *stricto sensu* a duré soixante-dix ans, de 1890 à 1960. On a souvent souligné que le découpage de l'Afrique issu de la colonisation était artificiel. De fait « 177 groupes ethniques ont été séparés par des frontières ». En outre, « l'Afrique reste aujourd'hui le continent le plus divisé : elle contient une cinquantaine de pays, plus de trois fois qu'en Asie qui est une fois et demi plus vaste et « quinze pays africains sont sans façade maritime, davantage que dans le reste du monde dans son ensemble » (p. 299-300). Faut-il penser, malgré tout, avec J. Brasseul, qu'avec la réduction de milliers d'entités politiques à quelques dizaines, la colonisation a réduit les possibilités de conflits ? S'il est vrai que la période coloniale a été relativement paisible[5], la suite a montré que les guerres intertribales pouvaient facilement renaître.

La colonisation a apporté la médecine moderne et celle-ci a permis la croissance démographique. Cependant la population n'a pas crû partout au même rythme. Elle a même baissé au Congo belge, en Afrique Équatoriale Française au début du siècle avec en particulier une « mortalité effroyable » parmi les travailleurs forcés (p. 328). Le décollage démographique de l'Afrique n'a véritablement commencé qu'après 1940 (la population a plus que doublé entre 1950 et 1980).

Le cas des colonies de l'Afrique australe est à part avec un climat tempéré, un peuplement de blancs importants, des richesses minières abondantes. L'Afrique du Sud est autonome depuis 1910 ; l'apartheid y est officiel entre 1948 et 1994. Là, les fermiers d'origine européenne sont souvent la règle, contrairement au reste de l'Afrique où dominent des « régimes étatistes-paysans » caractérisés par « la superposition de l'autorité coloniale d'État et de l'agriculture africaine de petites unités où les paysans contrôlent leur propre terre » (p. 310). La commercialisation par l'intermédiaire des « caisses de stabilisation » permet aux colonisateurs (et plus tard aux nouveaux États indépendants) de prélever les surplus agricoles. Mesurés globalement « les termes de l'échange de revenu », c'est-à-dire la capacité d'importation de l'Afrique, se sont amélio-

[5] Ce qui n'a pas empêché des révoltes contre les occupants, par exemple celle du roi du Dahomey, Béhanzin, qui fut ensuite exilé en Martinique avec une partie de sa cour (p. 255, 302).

rés pendant la période coloniale, grâce surtout à l'augmentation des capacités exportées (doublement du pouvoir d'achat en importations par tête entre 1900 et 1960).

La colonisation a également apporté un réseau de voies de communication par fer et par route, mais celui-ci est voué prioritairement au transport des denrées agricoles. L'Afrique du Sud, à nouveau, fait ici figure d'exception, l'État afrikaner ayant fait du développement industriel une de ses priorités dès les années 1920. Le remplacement des monnaies traditionnelles (cauris, manilles, pièces d'étoffe) par la monnaie bancaire a accompagné l'introduction de la fiscalité au profit des États coloniaux.

L'alphabétisation, l'enseignement faisaient partie des premiers devoirs des pays qui mettaient en avance leur mission civilisatrice. Force est de constater qu'ils n'en ont pas fait leurs priorités, et cela est particulièrement vrai de la France. Un tableau qui donne « le pourcentage de la population ayant été scolarisée en 1953 », soit presque à la veille des indépendances, indique seulement 1,5% pour l'Afrique Occidentale Française contre 10% pour le Ghana (record absolu).

Si le bilan est donc mitigé pour les colonisés, il l'est tout autant pour les colonisateurs, ce qui permet de comprendre pourquoi ces derniers ne cherchèrent pas à se maintenir par la force lorsque les Africains réclamèrent leur indépendance. Le poids de l'opinion internationale hostile à la colonisation a joué également.

Le livre aborde bien d'autres thèmes que les questions évoquées ici. Ainsi retiendra-t-on, entre autres, le chapitre qui raconte comment les Portugais se sont taillés un véritable empire en Afrique aux XVe et XVIe siècles.

En conclusion, cette Histoire économique de l'Afrique tropicale apparaît comme une synthèse magistrale, en même temps qu'elle fourmille de détails et d'illustrations enrichissantes, remarquable aussi par son souci d'équilibre. Elle intéressera aussi bien les historiens que les chercheurs en socio-économie du développement.

Michel Herland

Philippe Hugon, *Afriques : entre puissance et vulnérabilité*, Armand Colin, coll. « Comprendre le monde », Paris, 2016, 272 p.

Philippe Hugon est un spécialiste reconnu de l'économie du développement, et particulièrement de l'Afrique. Il y a consacré de nombreux ouvrages et articles scientifiques. Il y a vécu, enseigné et a été sollicité à titre d'expert par différentes institutions internationales. L'ouvrage qu'il nous propose est de toute évidence enrichi par ces multiples expériences et on croit volontiers l'auteur lorsqu'il recommande la prudence et l'humilité pour qui veut comprendre, analyser et traiter les questions du développement du continent africain.

Structuré autour de cinq parties, seule la dernière est de nature économique et ce n'est pas un hasard. L'auteur pense que l'Afrique n'est pas uniforme, mais plurielle, complexe, troublante, où seule une démarche pluridisciplinaire est en mesure d'éclairer les relations multiples qui la caractérisent. Le « puzzle africain » actuel exige de connaître l'Afrique d'hier (partie 1) via le recours à l'histoire qui, avec ses tragédies et ses cicatrices, a impacté les trajectoires successives de ce continent peuplé d'1,2 milliards d'habitants en 2015 et de 2,4 milliards à l'horizon 2050. C'est dire si les enjeux et défis sont nombreux de sorte que l'afro-pessimisme côtoie l'afro-optimisme.

Les déterminants internes culturels, sociaux et politiques (partie 2) sont tout autant que l'histoire indispensables à la compréhension de la mosaïque africaine. La prégnance des cultures, le rapport au temps, les croyances religieuses, les pratiques linguistiques (plus de 1 500 langues, soit le plus grand patrimoine linguistique du monde), les structures familiales, les hiérarchies sociales, les espaces de solidarité, ne peuvent être réduits aux comportements d'une société d'économie de marché. Il est impossible de transposer les critères classiques de catégorisation des pays capitalistes où domine le salariat à des pays en développement (voire émergents comme l'Afrique du Sud) où l'extrême pauvreté, les conditions de vie difficiles et les vulnérabilités touchent le plus grand nombre et où l'informel est plutôt la règle.

Les enjeux géopolitiques internes et externes au continent et la place des Afriques dans la mondialisation sont analysés dans la partie 3. Les Afriques ne sont pas déconnectées de la mondialisation (révolution technologique, financiarisation de l'économie capitaliste, défis environnementaux, intégrisme religieux) mais elles sont plus dépendantes qu'actrices. Plusieurs puissances régionales tendent à émerger (l'Afrique du Sud en Afrique australe, le Nigéria en Afrique de l'ouest, l'Ethiopie dans la corne de l'Afrique, le Maroc et l'Egypte en Afrique septentrionale...) et coexistent avec de nombreux pays moins avancés (33 sur 49) et à IDH faible (36 sur 45). La population africaine représente 15% de la population mondiale mais 1,5% du PIB mondial et 3% du commerce mondial. Malgré tout, les Afriques attirent les puissances étrangères pour ses matières premières, ses terres arables et ses nombreux besoins à satisfaire source de débouchés et de marchés à conquérir. Les anciennes puissances coloniales doivent désormais cohabiter avec les nouvelles puissances émergentes comme la Chine : soit ce nouveau contexte conduira à une nouvelle dépendance, soit il débouchera sur une coopération « gagnant-gagnant ».

Les défis actuels et futurs (partie 4) sont massifs : l'explosion démographique, l'urbanisation, la pauvreté, les migrations internes et internationales, la sécurité alimentaire, l'éducation et la santé (tant sur le plan quantitatif que qualitatif), l'environnement (accès à l'eau, désertification, réchauffement climatique), la corruption, les conflits et le terrorisme. L'économie politique, au-delà des autres sciences sociales citées, aide à mieux comprendre les emboîtements des échelles territoriales allant du local au global ainsi que les interdépendances entre les facteurs internes et extérieurs.

La dernière partie traite de la croissance économique et de la crise. Philippe Hugon rappelle avant tout que la principale difficulté rencontrée par les économistes tient au poids du secteur informel : 50 % du PIB n'est pas enregistré de sorte que toute approche normative est à proscrire. Des questionnements relatifs aux pauvretés, au développement humain ou au bien-être exigent de se pencher sur les potentialités et les capacités propres aux personnes et aux sociétés. Les règles, les conventions, les organisations sont telles que la transposition des modèles de croissance des pays industrialisés aux pays africains est difficile, voire vouée à l'échec. De grandes interrogations demeurent : comment dépasser le modèle des économies rentières et diversifier la structure productive ? Faut-il lutter contre le secteur informel ou en faire un mode de régulation socio-économique ? Comment faire face aux nombreux défis à relever dans un contexte de contrainte budgétaire ?

In fine, Philippe Hugon différencie cinq scénarios : le scénario du largage, du rattrapage, des recentrages, des nouveaux arrimages et des décalages. Le lecteur y trouvera matière à réfléchir. La structure de l'ouvrage l'y aidera et l'incitera à éviter toute approche convenue. Les Afriques sont trop complexes, trop imprévisibles et au cœur d'enjeux multiples pour qu'on puisse les réduire à une évolution homogène. De toute évidence, comme le suggère le titre de l'ouvrage, elles se situent entre puissance et vulnérabilité.

En conclusion, l'ouvrage, pluridisciplinaire, qui se lit facilement, intéressera les chercheurs et les doctorants en socio-économie du développement. C'est à n'en pas douter un ouvrage de référence pour tous ceux qui étudient ou veulent comprendre le continent africain.

Jean-Claude Vérez
LEAD, Université de Toulon

REVUE RÉGION ET DÉVELOPPEMENT

Site Web : www.regionetdeveloppement.org

Recommandations aux auteurs

La Revue Région et Développement publie en français ou en anglais des articles originaux, des notes et documents et des comptes rendus de lecture. Pour soumission à publication, l'auteur doit adresser à la rédaction de la revue le texte par courrier électronique ou le manuscrit dactylographié en deux exemplaires. La présentation des chapitres, des références bibliographiques et des notes de bas de page doit être conforme à celle de la revue. Les articles doivent être accompagnés d'un résumé en français et en anglais d'une dizaine de lignes, des mots-clés correspondants et de la classification du JEL. Le nom de l'auteur, l'institution à laquelle il appartient et l'adresse complète doivent figurer en page de garde.

Les articles proposés à la revue Région et Développement sont évalués par le Comité de rédaction puis soumis de manière anonyme à un ou deux referees. L'auteur reçoit un rapport d'évaluation, lui aussi anonyme, concluant à publication, révision ou refus.

Après avis favorable à la publication dans la revue, il sera demandé à l'auteur un envoi par mail du texte en Word (y compris figures, tableaux et formules mathématiques compatibles avec Word 2010).

Les propositions d'articles doivent être adressées à la rédaction de la revue :

Professeur Maurice Catin
Revue Région et Développement
Université de Toulon
Laboratoire d'Economie Appliquée au Développement (LEAD)
Faculté de Sciences Économiques et de Gestion
70 Avenue Roger Decouvoux - 83000 Toulon

Mail : maurice.catin@univ-tln.fr

BULLETIN D'ABONNEMENT

Revue "Région et Développement"

• **Je désire souscrire un abonnement pour l'année 2016 (deux numéros) :**

☐ France, DOM-TOM : 37 €   ☐ Étranger : 40 €

• **Règlement :**

☐ CCP   ☐ Chèque bancaire   ☐ Mandat international

Pour l'étranger, merci d'effectuer un virement en euros sur le ***CCP 23 625 44 N Paris*** ou bien un règlement par chèque bancaire en euros sur une banque domiciliée en France ou par carte de crédit internationale.

N° de la carte : ☐☐☐☐☐☐☐☐☐☐☐☐☐☐☐☐

Date d'expiration : |__|__|__|__|__|__|__| Banque : ....

Nom et Prénom : ....

Adresse : ....

....

Code Postal : .... Ville : ....

Pays : ....

Date :

Signature :

Ce bulletin d'abonnement à la Revue "Région et Développement" et votre règlement sont à retourner à :

Éditions L'HARMATTAN - 7, rue de l'École-Polytechnique, 75005 PARIS
Tél. : 01 40 46 79 14 - fax : 01 43 29 86 20 - site web : www.librairieharmattan.com

Abonnement annuel : 2 numéros
France, DOM-TOM : 37 €
Étranger : 40 €

L'HARMATTAN ITALIA
Via Degli Artisti 15; 10124 Torino
harmattan.italia@gmail.com

L'HARMATTAN HONGRIE
Könyvesbolt ; Kossuth L. u. 14-16
1053 Budapest

L'HARMATTAN KINSHASA
185, avenue Nyangwe
Commune de Lingwala
Kinshasa, R.D. Congo
(00243) 998697603 ou (00243) 999229662

L'HARMATTAN CONGO
67, av. E. P. Lumumba
Bât. – Congo Pharmacie (Bib. Nat.)
BP2874 Brazzaville
harmattan.congo@yahoo.fr

L'HARMATTAN GUINÉE
Almamya Rue KA 028, en face
du restaurant Le Cèdre
OKB agency BP 3470 Conakry
(00224) 657 20 85 08 / 664 28 91 96
harmattanguinee@yahoo.fr

L'HARMATTAN MALI
Rue 73, Porte 536, Niamakoro,
Cité Unicef, Bamako
Tél. 00 (223) 20205724 / +(223) 76378082
poudiougopaul@yahoo.fr
pp.harmattan@gmail.com

L'HARMATTAN CAMEROUN
TSINGA/FECAFOOT
BP 11486 Yaoundé
699198028/675441949
harmattancam@yahoo.com

L'HARMATTAN CÔTE D'IVOIRE
Résidence Karl / cité des arts
Abidjan-Cocody 03 BP 1588 Abidjan 03
(00225) 05 77 87 31
etien_nda@yahoo.fr

L'HARMATTAN BURKINA
Penou Achille Some
Ouagadougou
(+226) 70 26 88 27

L'HARMATTAN SÉNÉGAL
10 VDN en face Mermoz, après le pont de Fann
BP 45034 Dakar Fann
33 825 98 58 / 33 860 9858
senharmattan@gmail.com / senlibraire@gmail.com
www.harmattansenegal.com

Achevé d'imprimer par Corlet Numérique - 14110 Condé-sur-Noireau
N° d'Imprimeur : 136610 - Dépôt légal : mars 2017 - *Imprimé en France*

www.ingramcontent.com/pod-product-compliance
Lightning Source LLC
LaVergne TN
LVHW010944061026
849535LV00007B/2556